Biblioteca storica

18 maggio 2018

I lettori che desiderano informarsi
sui libri e sull'insieme delle attività della
Società editrice il Mulino
possono consultare il sito Internet:

www.mulino.it

Lisa Roscioni

La badessa di Castro

Storia di uno scandalo

Società editrice il Mulino

ISBN   978-88-15-27367-3

Redazione e produzione: Edimill srl - www.edimill.it

Indice

Un manoscritto rubato

Alla fine di marzo del 1859 una grande asta si tenne da Sotheby & Wilkinson a Londra, in Wellington Street, accanto allo Strand. Si disperdeva la collezione di manoscritti del bibliofilo e matematico Guglielmo Libri, un ex patriota di origine italiana che aveva vissuto a lungo in Francia, dove era stato accusato di aver rubato centinaia di libri e manoscritti. Protestandosi innocente e approfittando dei disordini rivoluzionari del 1848, Libri era riuscito a fuggire a Londra prima della fine del processo che si era concluso con la confisca di buona parte della sua biblioteca e con una condanna in contumacia a dieci anni di reclusione. Il suo caso era ben noto alle cronache e nei circoli intellettuali d'oltremanica, dove però Libri era riuscito a rifarsi una reputazione. Grazie al suo fiuto per gli affari e alle sue consolidate relazioni nel mercato antiquario, in poco tempo aveva messo insieme una nuova collezione, forse una delle più cospicue d'Europa. A causa però di sopraggiunti problemi economici aveva deciso di alienarla, curandone personalmente il catalogo con gran sfoggio di erudizione.

Annunciata sulla stampa specializzata con toni enfatici, l'asta ebbe un discreto successo di pubblico. Tra i collezionisti, librai e agenti di ogni parte d'Europa presenti in sala il 31 marzo 1859 c'era un emissario della British Library, all'epoca diretta da un italiano, Antonio Panizzi, anch'egli esule, ma per motivi politici. Amico di lunga data di Libri, già molti anni prima aveva tentato di acquisirne la collezione, ma l'origine sospetta di molti volumi e la mancanza di fondi avevano fatto sfumare le trattative. Questa volta Panizzi non poteva farsi sfuggire la formidabile occasione e così, tra gli oltre mille lotti all'asta, il suo agente riuscì ad aggiudicarsi, oltre a un manoscritto attribuito a Galileo e una rara versione della *Divina Commedia*, anche un codice di duecentocinquantatré fogli intitolato *Inquisitionis Processus contra Elenam Orsini Abbatissam de Castro, pro fornicatione cum Episcopo Castrensi*[1].

Il titolo era quanto mai invitante. Come Libri illustrava nel catalogo, si trattava del processo intentato a fine Cinquecento, tra il 1573 e il 1574, contro la badessa di un convento di Castro, capitale dell'antico ducato farnesiano, accusata di essere stata l'amante del vescovo di quella città. Ricco dei più straordinari dettagli di *debauchery* – così lo descriveva Libri – il manoscritto, o meglio, i fatti che in esso venivano raccontati erano indicati come fonte d'ispirazione di un recente romanzo francese. Non si citava l'autore, ma qualunque lettore minimamente avvertito avrebbe potuto cogliere senza difficoltà l'allusione a *La Badessa di Castro* di Stendhal, forse la più celebre delle *Cronache italiane*, pubblicata per la prima volta in Francia nel 1839 e poi postuma, insieme ad altri racconti, nel 1855[2]. Tutti questi elementi, abilmente evidenziati nel catalogo, erano stati pensati per attrarre bibliofili e collezionisti. Del resto, era l'epoca della leggenda nera dell'Inquisizione, ma anche dei manoscritti ritrovati (veri o falsi che fossero) e dei *pastiches* su cui si fondava tanta letteratura del momento.

Non sappiamo quanto Thomas Boone, agente per conto della British Library, dovette combattere quel pomeriggio per aggiudicarsi il prezioso manoscritto[3]. Certo è che, esaminato oggi, a un'attenta analisi filologica e comparativa esso conferma solo in parte ciò che il titolo sembra promettere. Prima di tutto non si tratta di un processo del Sant'Uffizio, bensì di un altro tribunale, quello romano dell'Auditor Camerae. Un dettaglio che potrebbe sembrare di secondaria importanza per un pubblico non specialistico e che tuttavia, come tutte le menzogne, è indizio di qualcos'altro. Che il documento fosse autentico non v'è dubbio, se non altro per le firme originali apposte in calce agli interrogatori, tra cui quella malcerta della badessa[4]. Nulla però si dice, nel catalogo, a proposito della sua provenienza. Sicuramente, come risulta dalla doppia numerazione vergata sui fogli e dalla rilegatura, fu estratto da un più corposo volume, prassi tutt'altro che infrequente. Non era raro infatti che, allora come oggi, antichi codici venissero smembrati per poi essere venduti in più fascicoli con nuovi titoli e legature posticce. Come sembrerebbe provare una relazione inedita conservata presso la Biblioteca Vaticana, il manoscritto del processo si trovava in origine nell'archivio del tribunale dell'Auditor Camerae, ed è proprio da lì che fu evidentemente rubato e poi contraffatto per celarne le origini e renderlo più facilmente commerciabile[5]. Quando e da chi fu sottratto per immetterlo nel mercato antiquario è però ancora un mistero.

Quanto all'allusione a Stendhal appare anch'essa più che mai problematica. Potrebbe infatti trattarsi soltanto di un'ennesima *trouvaille*, di quello stesso espediente di cui anche lo scrittore si era servito per rendere il suo racconto più *vero* e dunque più appetibile secondo i gusti letterari dell'epoca. Fingendosi cronachista affermava infatti di aver esaminato gli «otto volumi in-folio»[6] del processo originale conservati in una biblioteca di cui però era obbligato a tacere il nome: alludeva forse, esagerando un po' sulla sua consistenza, al manoscritto successivamente messo in vendita da Libri? Per quel che sino ad oggi la critica ha potuto appurare, Stendhal per certo consultò una cronachetta seicentesca di poche pagine, rinvenuta a Roma nel 1833 e tratta dal processo che veniva riassunto per sommi capi dall'anonimo autore[7]. Ma in quel documento il nome attribuito alla badessa, adottato poi da Stendhal, era Elena di Campi Reale e non Elena Orsini, figlia di Giovan Francesco conte di Pitigliano, come risulta nel manoscritto venduto da Libri.

È una discrepanza non da poco, che potrebbe portare a un'immediata, ovvia conclusione. L'allusione al processo potrebbe essere soltanto una *supercherie*, l'ennesima mistificazione di uno scrittore che amava muoversi liberamente in un gioco di specchi nel quale l'io narrante, fingendosi cronachista, mescola presunta verità e deliberata invenzione, seppur dissimulata da uno sfondo storico apparentemente verosimile. Perché anche l'ambientazione, in questo come in altri racconti, è frutto di un duplice artificio.

L'Italia cinquecentesca descritta da Stendhal è quella che, nell'immaginazione del lettore, doveva essere invece l'Italia del momento: l'Italia risorgimentale, un paese che lottava contro la tirannide di governi stranieri, lacerato dalle passioni e infestato da briganti. Eppure, nel racconto, vi sono alcuni passaggi che non risultano nella cronachetta e che potrebbero invece essere stati ispirati dal processo originale o da altri documenti da esso derivati. Al di là delle congetture sulla genesi del racconto, un fatto comunque è certo: un processo effettivamente si tenne e si concluse in un modo che neanche la fervida immaginazione di Stendhal avrebbe potuto mai contemplare.

Rimasto sepolto per oltre centocinquant'anni nei depositi, il manoscritto conservato alla British Library testimonia dunque una storia che attende ancora di essere raccontata. Ci si potrebbe però chiedere di quale storia si tratti, se quella del processo o invece quella della relazione sacrilega che diede luogo allo scandalo e al processo che ne derivò. Nell'uno e nell'altro caso sarebbe sin troppo facile immaginare un percorso lineare da ciò che è *veramente* accaduto alla sua trasfigurazione letteraria, in una concatenazione temporale caratterizzata da un progressivo, inesorabile allontanamento dalla verità. In realtà siamo in presenza non di una sola storia che si trasforma nel tempo, ma di più storie concatenate tra loro che, pur emergendo tutte a partire dal processo originale, si articolano poi su più piani dai quali affiora una serie di versioni dei fatti in parte elusive e discordanti tra loro. In questo quadro, il confronto tra quanto *narrato* durante il processo – là dove per narrazione non si intende necessariamente invenzione o finzione ma qualcosa che ha a che fare con la radice di *fingere* inteso come «dare foggia, il formare e modellare gli elementi»[8] – e quanto rielaborato nei racconti successivi può permettere non soltanto di ricostruire una verità plausibile, ma anche di evidenziare come quest'ultima, o pretesa tale, sia stata di volta in volta piegata a scopi di ordine diverso – difensivi, polemici o letterari.

Ciò non vuol dire, naturalmente, che dei fatti non siano accaduti o che dietro la verità processuale non vi sia una realtà da poter ricostruire. Il punto è invece quale peso si debba dare a quella fitta trama di allusioni, omissioni, rimaneggiamenti e interpolazioni che, dal processo al racconto e viceversa, lega scritture apparentemente così diverse per stile e finalità. Ci si chiede insomma se occorra limitarsi al ristretto perimetro della verifica documentale, scartando tutto ciò che non è suffragato da altre evidenze, o se non si debba invece considerare il concetto stesso di *verità*, ma anche di *fatto*, come costruzione complessa, sostanzialmente argomentativa, frutto di negoziazione tra amministrazione della prova, interrogazione delle fonti e modalità narrative di ricostruzione dei fenomeni[9].

Che un sacrilegio si fosse compiuto, non v'era dubbio: la nascita del bambino, frutto di una relazione proibita, ne era la prova tangibile. Tuttavia, in un'epoca in cui la Chiesa era impegnata su più fronti a riacquistare credibilità dopo la ferita inferta dallo scisma luterano, non era affatto semplice, come il Concilio di Trento aveva da poco stabilito, intervenire nella complessa riorganizzazione della vita claustrale, controllare l'operato dei vescovi e reprimere la diffusa criminalità ecclesiastica e gli scandali che ne derivavano, soprattutto quando, come nel caso di Castro, erano coinvolti personaggi di alto rango. Ma le carte, in questo caso, possono dirci qualcosa di più.

Tra le righe del manoscritto – inizio di ogni possibile racconto, e racconto esso stesso di un preciso rituale, quello giudiziario, con le sue formalità ma anche con le sue inevitabili finzioni – si possono intercettare frammenti di vita vissuta, tracce di esistenze che riemergono per un istante per essere poi di nuovo inghiottite nell'oscurità da cui sono venute. Se non fosse stato celebrato il processo, nulla o quasi dell'esistenza della badessa sarebbe arrivato a noi fuorché poche, laconiche tracce sparse in archivio, a cui forse nessuno avrebbe mai dato peso: un nome di battesimo, un paio di date a segnare le tappe principali, e nemmeno tutte, di una vita oscura, uguale a migliaia di altre, qualche affare sbrigato, qualche piccola, insignificante controversia locale, un lutto, la richiesta pressante ma banale di sovvenzioni. E poi il vuoto assoluto, nemmeno un ritratto, neppure la data di nascita o di morte. Del vescovo potremmo dire forse poco di più, se non altro per le cariche pubbliche che assunse, ma comunque mai abbastanza per ricostruire vite di donne e uomini i cui sentimenti, modi di pensare e comportamenti erano legati a un mondo così irriducibilmente distante dal nostro.

Il processo dà consistenza a quelle tracce, a quei documenti scarni che a loro volta riempiono i vuoti, rispondono a quelle domande che durante gli interrogatori nessuno ha posto o alle quali nessuno ha dato una risposta *vera*, ma magari soltanto *verosimile*, frutto di una deliberata strategia difensiva, dove oltre alle parole pesano anche i silenzi, le omissioni[10]. Perché in questa, come in ogni storia, c'è sempre un *prima*, un groviglio indistinto di persone, incontri, episodi più o meno fortuiti che, correlati l'uno all'altro, possono contribuire a delineare il profilo umano e psicologico dei protagonisti, e forse anche un movente, colmando così il divario tra realtà e possibilità, tra fatti oggettivamente provati e una loro interpretazione che non sia puramente congetturale. E tuttavia c'è anche qualcosa di più impalpabile e al tempo stesso più concreto di cui tener conto, qualcosa a cui di solito si tende a dare scarso peso ma che in questa storia contò invece moltissimo. Si tratta delle atmosfere, degli spazi fisici, dei luoghi entro cui la relazione tra la badessa e il vescovo maturò, luoghi che però, ormai da tempo, non esistono più. Ottant'anni dopo il processo, la città di Castro fu rasa al suolo, demolita con i picconi palazzo per palazzo, casa per casa, quasi a cancellarne l'ombra sinistra che da sempre aleggiava, come una maledizione, sulla rupe su cui era stata costruita. Oggi non ne rimangono che le rovine, ed è da lì che cominceremo.

Parte prima

I luoghi, le persone

Capitolo primo

Una città «imperfetta»

Non più di trecento passi separavano il convento della Visitazione dal vescovado, trecento passi che il vescovo di Castro e i suoi servitori furono visti più volte percorrere nell'inverno del 1572, di giorno e anche dopo il calar del sole. Era un continuo andirivieni di persone e cose – come un «formicaro»[1] riferì un testimone durante il processo. Il vescovo e la badessa si scambiavano doni e favori: il vescovo, quasi ogni giorno, mandava in convento «limoncelli, melangoli, amandole con la guscia, pollastrelli e starne», mentre la badessa non soltanto ricambiava con «maccheroni, zuccari et altre cose da monache», ma lavava «lenzole, camisce et altre sorte di panni» appartenenti al presule[2]. La strada che collegava i due edifici era quella che da porta Lamberta costeggiava il convento e altri palazzi fino ad arrivare, dopo un'ampia curva, in piazza Maggiore. Qui si trovavano l'Hostaria ducale, il palazzo del Podestà e la Zecca; proseguendo si arrivava al vescovado, dirimpetto alla cattedrale di San Savino che dominava l'intera città. Un altro percorso era quello che, salendo per una ripida scalinata situata in prossimità della porta, permetteva di arrivare dal convento direttamente all'entrata laterale dell'edificio vescovile e viceversa, al riparo da sguardi indiscreti[3].

Di questi luoghi che furono teatro dello scandalo faremo fatica, oggi, a trovare traccia tra i cumuli di rovine della rupe di Castro. Malgrado i recenti scavi, la città è quasi del tutto sepolta, coperta da una fitta boscaglia. Nell'area dove si trovava il vescovado sono stati rinvenuti frammenti di architravi in travertino e pezzetti di intonaco dipinto di rosso, mentre del convento, situato vicino all'ospedale di San Giovanni e affacciato sulla rupe «a tiro di moschetto»[4], non restano che alcuni pezzi di muratura ricoperti da una folta vegetazione. Rimasto «imperfetto» dopo l'arresto della badessa, il convento fu poi abbandonato e lasciato andare in rovina. All'inizio del Seicento era diventato un deposito di «polveri, salmitri, et li grani delle munitioni»[5]. A quell'epoca l'unico ambiente ancora riparato da un tetto era l'antico refettorio delle monache, coperto da una volta, mentre nell'ampio chiostro resisteva intatta la cisterna, un «bellissimo vaso, tutto cavato in sasso con lo scalpello».

Nulla di tutto ciò rimase in piedi. Strade di accesso, mura, palazzi, chiese e monasteri furono demoliti nel 1649 per ordine di Innocenzo X Pamphili. Il *casus belli* fu l'omicidio del vescovo di Castro Cristoforo Giarda, di cui il duca Ranuccio II Farnese, signore di Castro, veniva ritenuto mandante. Quando la città capitolò, il comandante delle truppe pontificie Davide Vidman ricevette l'ordine di raderla al suolo[6]. Alcune fortificazioni e la torre campanaria, da dove il parroco di San Savino era stato visto sporgersi per sparare ai soldati del papa, erano state già cannoneggiate durante l'assedio, ma andava demolito tutto. Il papa avrebbe voluto che fossero i castrensi ad abbattere la loro stessa città, ma molti si erano dati alla fuga e i pochi rimasti non erano in grado di assolvere un così penoso compito. Furono quindi assoldati degli operai ai quali venne ordinato di lasciare sul posto «li rottami»[7] e accatastare a parte il legname proveniente dalla demolizione dei solai, delle porte e delle finestre. Frammenti delle mura furono gettati tra le rupi, mentre un'immensa mole di calcinacci, mattoni, pietre, fregi, colonne, capitelli, tegole e tufi si accumulò sul suolo, inizialmente saccheggiata per ricavarne materiali costruttivi e poi ben presto ricoperta da una selva impenetrabile.

Scompariva così la capitale di un ducato creato nel 1537 da Paolo III Farnese per il figlio Pier Luigi in una posizione strategica nel Lazio settentrionale, al confine con il ducato di Toscana (Granducato dal 1569), in un'area dove la famiglia possedeva già alcuni feudi[8]. Attraversato da due importanti arterie consolari come l'Aurelia verso Montalto e la Cassia Cimina verso Viterbo, il ducato si estendeva dal lago di Bolsena fino ad affacciarsi sul mar Tirreno e comprendeva anche, seppur non direttamente confinanti, la piccola contea di Ronciglione e alcuni feudi lungo il Tevere. Vera e propria spina nel fianco per i successori di Paolo III, che mal ne tolleravano l'esistenza, formalmente si trovava nel Patrimonio di San Pietro, ma di fatto era indipendente, con una milizia propria e una zecca per battere moneta[9]. Godeva inoltre dell'esenzione dalla tassa sul sale e la sua dogana vicino al ponte dell'Abbadia esercitava pesanti dazi sul transito delle merci in entrata o in uscita dal ducato. A Castro si produceva il salnitro, utilizzato per ottenere polvere da sparo, ma anche come conservante per le carni, e ogni attività del circondario – pascoli, mulini, osterie e persino la «cannara» del Marta, dove si catturavano le anguille che, uscendo dal lago di Bolsena, si immettevano nel fiume – era per i duchi occasione di rendita mediante tributi e affitti[10]. Già Urbano VIII Barberini nel 1641, prendendo a pretesto i forti debiti contratti dai Farnese – per far fronte alle ingenti spese militari e di corte avevano ipotecato l'intero ducato, – aveva mosso un'inutile e dispendiosa «guerricciola»[11]. Dopo tre anni infatti, anche grazie alle pressioni della diplomazia internazionale, era stato costretto a restituire Castro al duca Odoardo I, che aveva potuto contare sull'appoggio di Venezia, Modena e del Granducato di Toscana[12]. Il successivo assedio segnò l'inizio della fine per il ducato: i Farnese cercarono in tutti i modi di recuperarlo, finché nel 1659 fu definitivamente inglobato nel Patrimonio di San Pietro, mentre la sua capitale non fu mai più ricostruita. Del resto, a quell'epoca, non era più da tempo la città ideale che Paolo III aveva immaginato per il figlio. Ma forse, si potrebbe osservare, non lo era mai stata veramente, se non per una brevissima stagione.

Difesa da alte muraglie di tufo all'incrocio tra due affluenti del Fiora, seppur decentrata rispetto ad altri luoghi farnesiani come Caprarola, Castro poteva sembrare il luogo perfetto per stabilirvi la capitale di un piccolo Stato, anche se il suo acquisto, in cambio di Frascati, non fu propriamente un affare per i Farnese[13]. Situata vicino allo scalo portuale di Montalto, alla foce del fiume Fiora, era circondata da una terra fertile, ricca di legname e di selvaggina. I suoi pascoli, passaggio obbligato per la transumanza del bestiame dal ducato di Toscana a Civitavecchia, così come l'affitto dei molini e la tassa sul macinato avrebbero potuto garantire consistenti introiti, necessari per sostenere la politica e i fasti di una famiglia in vertiginosa ascesa. Nel 1527 era stata già occupata da Pier Luigi e dai soldati imperiali, in concomitanza con il sacco di Roma, e a seguito di ciò devastata per rappresaglia dalle truppe inviate da Clemente VII[14].

Spopolata e ridotta a una «bicocca di zingari»[15] (così l'aveva descritta Annibal Caro visitandola poco tempo dopo), se vista dal basso, incamminandosi lungo la profonda gola da cui era circondata, aveva qualcosa di spaventoso. Le rupi e le caverne che l'attorniavano potevano dare l'impressione, a chi vi si fosse avvicinato, di entrare «piu tosto in una oscura spelonca, da selvaggi animali abitata più che da domestici huomini»[16]. Così almeno scriveva Leandro Alberti intorno al 1550, senza aggiungere altro, come a suggerire l'idea che da quel luogo così sinistro non ne sarebbe potuto venire nulla di buono. Una terra di banditi, una terra che da sempre produceva soltanto «rovine, disgratie et maledicenze»[17] si disse in seguito quando, dopo la distruzione, nel profluvio di libelli e di scritti antifarnesiani circolati durante e dopo le guerre di Castro, fu riesumato lo scandalo che aveva travolto il vescovo e la badessa.

Eppure un periodo felice, seppur effimero, a Castro c'era stato. In seguito all'investitura di Pier Luigi l'antica città dall'impianto medievale era diventata oggetto di un ambizioso programma di fortificazione e di abbellimento affidato ad Antonio da Sangallo il giovane, l'architetto fiorentino prediletto da Paolo III[18]. L'obiettivo era probabilmente quello di farne una nuova e più splendida Pienza, la città ideale che il pontefice Pio II, al secolo Enea Silvio Piccolomini, aveva fatto edificare a metà del Quattrocento vicino a Siena. Secondo i piani del Sangallo, l'antica piazza dei Bandi sarebbe dovuta diventare la piazza Maggiore, ingrandita e lastricata con mattoni a spina di pesce. Qui si sarebbero dovuti affacciare, come in un foro, oltre al preesistente palazzo del Podestà, ornato con gli stemmi delle famiglie residenti, i nuovi e più importanti edifici della città: il palazzo ducale, una foresteria per i visitatori illustri denominata Hostaria, la Zecca, con la facciata in travertino simile a quella di Roma, a cui si sarebbero dovute affiancare, come in una corte principesca, costruzioni private «ornate e agiatissime» volute da «diverse persone terrazzane e forestiere»[19] disposte a spendere qualunque cifra, osservò maliziosamente il Vasari, pur di compiacere il papa e guadagnarne i favori. Un progetto grandioso, quello immaginato dal Sangallo, una sorta di *theatrum farnesianum*[20] le cui quinte erano rappresentate dagli edifici ducali porticati all'antica, con le facciate in travertino bianco a contrasto col tufo giallo adoperato negli edifici circostanti. In questo modo, come è stato scritto, si celebrava la grandezza dei Farnese cristallizzando in pietra quegli apparati effimeri, composti da una spettacolare sequenza di archi istoriati, che Francesco Salviati aveva ideato per l'ingresso trionfale di Pier Luigi a Castro[21].

Nel giro di poco tempo la città si era quindi trasformata in un immenso cantiere, che però non impediva lo svolgersi di tutte quelle attività degne di una corte principesca. «Sua Santità» scriveva Paolo Giovio il 18 dicembre 1541 «vuol partir per Castro, fatta l'Epifania, ove si faranno giostre, cacce, bagordi, commedie, livree e archi di trionfi». E ancora, il 5 gennaio 1542: «Papa Paolo andrà a intronizzare il duca di Castro, dove si correranno palii, si daranno pregi, e a far qualche altra cosa che non si può scrivere»[22]. Più tardi, scrittori e cronachisti avrebbero ricordato quell'epoca felice, quando la città fioriva di «sette, o ottocento uomini a pigliar arme di persone di valore» e di «bonissime ricchezze»[23], ma si trattò di una breve stagione. L'investitura di Pier Luigi a duca di Parma e Piacenza nel 1545 e la morte, l'anno successivo, dell'architetto fiorentino, lasciarono la città «imperfetta». Buona parte dei lavori non fu portata a termine ridimensionando i progetti o abbandonando i cantieri, mentre tutta quella pletora di «signori, gentil'huomini et cavalieri»[24] che aveva seguito il duca se ne andò con lui. Gli successe Ottavio – il terzo dei cinque figli che Pier Luigi aveva avuto da Gerolama Orsini del ramo di Pitigliano – che però non ebbe il tempo di rimettere mano seriamente al progetto sangallesco: dopo soli due anni, in seguito alla morte cruenta del padre vittima di una congiura di palazzo, fu obbligato a trasferirsi a Parma, lasciando il ducato al fratello Orazio.

Quando Orazio Farnese morì nel 1553 durante l'assedio di Hesdin nelle Fiandre, ancora una volta la città si svuotò: cavalieri, mercanti e artigiani che si erano fatti edificare «nobilissime fabbriche» o che avevano avviato l'arte della seta e della lana insieme a «molti altri trafichi»[25] se ne andarono. La cura del ducato, di cui era tornato titolare Ottavio, fu quindi affidata a un altro fratello, il «gran cardinale» Alessandro che, nel maggio 1552, costituì un governo provvisorio sotto il controllo della madre, la duchessa Gerolama, e del condottiero Sforza Monaldeschi della Cervara. Ma la decadenza sociale ed economica della città era inarrestabile: si spopolava di anno in anno e a poco serviva la minaccia di pesanti tributi imposti dal duca Ottavio a tutti coloro che avessero deciso di abbandonarla[26]. Come riferisce una relazione di inizio Seicento, non soltanto «le case grandi non mai perfetionate», ma anche molti altri palazzi cominciarono ad andare in rovina «per non esserci habitatori»[27]. Del resto, il cardinale e la madre evitavano di soggiornare in città se non per lo stretto tempo necessario, preferendo le più confortevoli e prestigiose dimore di Caprarola e Valentano.

La residenza ducale, in effetti, non era stata mai terminata e forse mai neanche veramente iniziata. Confrontando le fonti antiche con le risultanze degli scavi, soltanto l'Hostaria appare portata a termine, mentre il «palazzo del Principe» fu cominciato «con grandi princìpi, ma non gran cosa fatto»[28]. Quando Castro fu distrutta, delle ambizioni di Paolo III e del progetto iniziale di Sangallo non rimanevano che le arcate appena accennate di un porticato mai terminato e una «superbissima pianta»[29], come una sorta di scenografia teatrale, ritenuta sufficiente a celebrare i fasti di una famiglia che, dopo la morte di Pier Luigi e del pontefice, aveva finito per investire altrove. Ciò che si era voluto cancellare radendo al suolo la città non era dunque il ricordo di quello che non era riuscita ad essere, ma piuttosto la dignità ducale ch'essa simbolicamente ancora rappresentava. Le ragioni della sua decadenza e poi della sua tragica fine non dipendevano però soltanto dalle alterne vicende del casato né dai deliberati quanto fallimentari calcoli economici o di opportunità politica che avevano spinto i duchi a puntarvi prima ad abbandonarla poi. Un male oscuro, che sempre i Farnese cercarono di tener nascosto, mieteva vittime più d'ogni guerra: la malaria.

Era una piaga antica, che avrebbe continuato ad infestare tutta la zona ben oltre la fine del ducato. Gli effluvi mefitici provenienti dalle campagne paludose della Maremma e dell'agro romano arrivavano infatti anche a Castro, che da maggio fino ad autunno inoltrato diventava invivibile per la calura e la «cattiv'aria». Così almeno si diceva attribuendo alla piccola capitale la fama di luogo malsano, da cui tutti prima o poi fuggivano. A confermare questa nomea, nel vano tentativo di contrastarla, è il medico condotto Mariano Ghezzi, che nel 1610 pubblicò il *Discorso sopra la salubrità dell'aria di Castro*. A suo parere era stato l'abbandono da parte dei duchi e la «commune sfortuna d'altri mali di peste vagata pur per l'Italia» ad aver provocato il progressivo spopolamento di una città dove l'aria era invece purissima, dove i bambini crescevano tutti «belli di colore, sani, agili, vivaci»[30] e dove, nel mese di agosto, gli abitanti di Corneto, Montalto e Orbetello andavano a rifugiarsi per sfuggire alle esalazioni nocive delle lagune circostanti. Un paio di decenni più tardi, Benedetto Zucchi, cittadino di Castro e podestà di Capodimonte, tentò un'ennesima difesa della città dalla reputazione che la perseguitava: «l'aria non è cattiva sebbene per tale la tengono»[31] scriveva nella sua *Informazione e cronica*. Sarebbero bastati – a suo dire – nuovi abitanti e nuovi traffici per risollevare un luogo così ricco di opportunità. Perché sempre c'erano stati un'aria e un cielo, concludeva Zucchi, e ciò che affliggeva Castro erano soltanto l'ozio e la mancanza di buon governo. Sono testi, quelli del Ghezzi e dello Zucchi, nei quali non è difficile riconoscere un intento apologetico che contrasta palesemente con quanto rivelano le informative inviate con regolarità ai duchi. Pochi anni prima dell'apologia del Ghezzi, un'ennesima pestilenza aveva travolto la città provocando, come scriveva il gonfaloniere al duca Ranuccio I nel novembre del 1592, una gran mortalità di cittadini che l'aveva resa più afflitta che mai e «abandonata»[32].

Che fosse malaria, o un altro male, gli abitanti venivano decimati da ricorrenti epidemie ed è in questo clima, in questa città imperfetta e malsana, in cui nulla veniva mai portato a termine, che erano arrivati la badessa, nel 1566, e il vescovo tre anni dopo. La badessa proveniva dal monastero della Visitazione di Viterbo, fondato dalla duchessa Gerolama Orsini e per suo ordine trasferito a Castro, mentre il vescovo, originario di Milano ma vissuto per alcuni anni a Roma, proveniva da Orvieto, dove dal 1564 era governatore. Entrambi avrebbero ben presto misurato sulla propria pelle la pesantezza del vivere. Così, nell'ottobre del 1568, un informatore scriveva al duca Ottavio: «l'Illustrissima Signora Duchessa Madre sta bene, et hoggi è andata à Castro a veder l'abbadessa che sta per morire, et tutte quelle monache son ammalate, e ne va sempre morendo qualcuna, et sono meze sbigotite»[33].

Capitolo secondo

«Intollerabil dolore»

Porzia Orsini – questo era il vero nome della badessa – entrata in convento nel 1557, prese i voti l'anno successivo con il nome di Elena. Ignoriamo quanti anni avesse, ma è presumibile che fosse ancora molto giovane: entrò infatti insieme ad altre ventiquattro «zitelle», cioè fanciulle, la maggior parte delle quali «intendendo di farsi monache»[1]. Della sua vita precedente non conosciamo quasi nulla, se non che era figlia di Giovan Francesco Orsini, conte di Pitigliano, e di Rosata Vanni, soranese di umili origini[2]. Sposata in seconde nozze ma già amante del conte, Rosata ebbe oltre a Porzia altri sei figli: Orso, Latino, Giovan Francesco, Ludovico, Camilla e Ippolita[3]. Orso, nato intorno al 1524, era un uomo d'arme come Ludovico, che divenne cavaliere di Malta, mentre di Latino si sa soltanto che morì a Pitigliano «quasi all'improvviso per haver mangiato troppo d'un'insalata di citroli, e porcacchia rinfrescata nella neve alla foce della Nova»[4]. Non conosciamo con esattezza l'ordine di nascita dei vari fratelli, anche se tra le femmine Porzia dovette essere la maggiore[5]. C'erano poi altri fratellastri, che Giovan Francesco aveva avuto dalla prima moglie Ersilia Caetani: Niccolò, futuro conte di Pitigliano, Giulia, che «per esser malsana, e stroppiata non si maritò»[6] e Virginia, che sposò un Savelli di Albano. Ma per Porzia il legame più forte fu quello con Orso, in conflitto perenne col fratellastro Niccolò per la successione alla contea di Pitigliano: una storia violenta, come violenti e tirannici furono tutti i suoi protagonisti.

Non sappiamo dove fosse Porzia quando, l'11 giugno del 1547, il palazzo fortificato degli Orsini a Pitigliano fu messo a ferro e fuoco dai vassalli del conte Giovan Francesco, sobillati dal figlio Niccolò. I ribelli saccheggiarono l'antica fortezza da poco ampliata e abbellita da Antonio da Sangallo il giovane. I leoni di travertino che decoravano l'ingresso del castello furono scagliati a terra, mentre le tombe degli avi che si trovavano nella collegiata furono profanate. I ritratti dei conti Orsini affrescati nella sala della loggetta furono raschiati e tutti i documenti privati e pubblici furono bruciati, creando un vuoto documentale che rende ancora oggi difficoltosa la ricostruzione della storia della famiglia e della contea[7]. Giovan Francesco nel frattempo si era dato alla fuga passando per il camminamento sotterraneo che dalla fortezza di Pitigliano portava alla rocca di Sorano. La moglie restò mortalmente ferita durante il saccheggio, mentre gli altri familiari, tra cui anche la piccola Porzia, riuscirono a trarsi in salvo. Niccolò, sopraggiunto nel frattempo dalla Germania, dove stava combattendo a fianco di Ottavio Farnese nella guerra contro i protestanti, fu proclamato conte dai pitiglianesi[8].

Iniziava così una contesa tra padre e figlio che sarebbe durata per un paio di decenni. Furono odiati entrambi per i continui soprusi e le violenze, comportamento non insolito per le grandi famiglie baronali dell'epoca, che negli Orsini di Pitigliano, accusati di dar ricetto ai peggiori banditi della zona, fu descritto a tinte particolarmente fosche, funzionali alle mire espansionistiche sia dei Medici sia dei Farnese nei confronti della contea, in posizione strategica e al confine con il ducato mediceo e quello di Castro[9]. Tra rivolte, congiure e processi, alla morte di Giovan Francesco sopraggiunta nel 1567 sarebbe entrato nella contesa con Niccolò per il possesso della contea il fratellastro Orso, uomo egualmente brutale, le cui malefatte avrebbero dato gran pena e angoscia alla badessa.

È in questo clima di sopraffazione e di violenza che Porzia crebbe, ostaggio di decisioni non sue, come del resto la maggior parte delle giovani donne della sua epoca. Avrebbe dovuto probabilmente sposarsi con un Colonna ma per via dell'opposizione dei fratelli, forse a causa della dote, le nozze non ebbero luogo[10]. Non è improbabile tuttavia che vi possa essere stata una qualche opposizione di Gerolama Orsini, sorella di Giovan Francesco, e dunque zia di Porzia. Molti anni prima Gerolama si era opposta al progettato matrimonio della figlia Vittoria con Fabrizio Colonna voluto invece dal padre Pier Luigi, ma l'opposizione di Paolo III aveva finito per prevalere e Vittoria si era sposata con il duca di Urbino[11]. In ogni caso, grazie ai buoni uffici della zia, per Porzia fu scelto il convento.

La sua presenza avrebbe dato lustro al nuovo monastero fondato a Viterbo da Gerolama con l'intento di accogliere giovanette per lo più «vassalle»[12] e senza dote che all'epoca venivano chiamate *pericolanti* perché esposte al rischio di finire sulla strada o in luoghi di malaffare. Era un gesto di generosità da parte della duchessa, che rientrava in una prassi che di lì a poco fu vietata dalle nuove norme imposte dal Concilio tridentino. Per evitare commistioni pericolose per l'osservanza della clausura, il versamento di una dote diventò obbligatorio accentuando così il carattere elitario dei monasteri, mentre le fanciulle più sfortunate furono destinate ad apposite istituzioni[13].

Porzia al momento dell'entrata in convento disponeva della dote per monacarsi. Non ne conosciamo l'entità ma sicuramente era di importo assai meno elevato rispetto a quella matrimoniale. Non fu versata interamente al momento dell'entrata in convento, ma avrebbe dovuto essere probabilmente liquidata tramite censi annui, una pratica molto diffusa anche se vietata dalle autorità ecclesiastiche[14]. In ogni caso, come quella attribuita alle sorelle per sposarsi, anche la sua divenne oggetto della contesa che divideva il padre e i fratelli, rendendo il suo futuro sempre incerto, alla mercé del favore altrui[15].

La cerimonia solenne di vestizione dell'abito cistercense fu celebrata il 1° gennaio del 1558 a Viterbo[16]; qualche mese dopo Porzia fu ammessa alla professione di fede. Di quei riti non conosciamo che la data, ma possiamo presumere che si siano svolti secondo quanto stabiliva la tradizione. Molti decenni più tardi, nel suo *Inferno monacale*, la veneziana Arcangela Tarabotti ne avrebbe dato questa drammatica descrizione:

> Gittata boccone a terra, vien ricoperta di nero drappo, postale a' piedi una candela et una al capo, sopra se le cantan le littanie: tutti i segni che la dinottano estinta. Ella stessa sente i suoi proprii funerali e sotto quella bara gl'accompagna lacrime e singulti, sacraficando tutti i sensi alla passion e dolore[17].

Non sappiamo con quale stato d'animo Porzia entrò quando prese i voti. Mai nelle sue lettere o durante il processo fece un accenno alle circostanze che la portarono in convento, se non in termini di convenzionale gratitudine verso la zia. Ciò non esclude naturalmente che prima o poi non abbia potuto provare quei sentimenti di disdetta o di frustrazione che gettarono nella disperazione tante monache quando, nel 1563, fu ribadito dal Concilio tridentino l'obbligo della clausura. Per molte «malcontente»[18] e per le loro famiglie fu vista come una forma di intollerabile carcerazione[19].

Quando Porzia entrò in convento nel 1557 è probabile che si fosse ritrovata in un'istituzione ancora relativamente aperta al mondo esterno, dove la clausura veniva violata costantemente, come del resto attestano le numerose deposizioni rese durante il processo[20]. Ciò che contava prima di tutto era lo *status* di provenienza che dava accesso alle cariche più ambite, come quello della priora o dell'abbadessa. Quest'ultima in particolare aveva il compito non soltanto di sovrintendere alla disciplina, di selezionare le postulanti, ma anche di curare gli affari economici del monastero. Erano posizioni di potere e di prestigio che se da un lato permettevano alle famiglie di provenienza di esercitare il controllo su istituzioni profondamente radicate nelle città, dall'altro rendevano meno amaro l'isolamento attraverso una serie di vantaggi, come la possibilità di derogare alle norme sull'abbigliamento, di «privatizzare» gli spazi monastici in aperta violazione delle regole comunitarie disponendo di una cella propria, arredata a proprio gusto con oggetti personali, oppure di prendere come domestiche le converse, socialmente inferiori, che prendevano soltanto i voti semplici[21]. Tutto questo naturalmente aveva poco a che fare con il voto di povertà ma rientrava in una prassi che a fatica le nuove norme tridentine riuscirono a scardinare[22].

Non disponendo dello strumento dotale di Porzia, non possiamo sapere se quando entrò in convento si fosse portata quel corredo che in genere le giovani nobili portavano con sé, simile alla «cassa» o «cassone» nuziale, contenente biancheria, vestiti, oggetti di casa[23]. Dal processo emerse però che la sua stanza, separata dalle altre, poteva essere chiusa con una chiave di cui soltanto lei era in possesso, era arredata con mobili e vasi e che vi invitava spesso alcune consorelle a dormire[24]. Quando in seguito all'arresto dovette abbandonare il convento, furono ritrovati nella sua cella «quattro forzieri di corami»[25], un tipo di oggetto costoso rinvenibile in molti inventari nobiliari dell'epoca, che poteva essere anche di pregevole fattura e ricoperto di cuoio stampato e istoriato, destinato a conservare oggetti personali e di valore, come denaro, preziosi e libri.

Come da consuetudine, Porzia seguì il *cursus honorum* previsto per lei. Nel 1562 venne eletta priora e nel 1565 divenne abbadessa (o badessa a seconda degli usi), incarico che rappresentava con ogni probabilità il punto di arrivo della strategia di Gerolama[26]. Attraverso di lei avrebbe potuto controllare la vita interna del convento, la scelta delle novizie ma anche gli interessi economici derivanti dai beni e dalle rendite di cui lo aveva provvisto. La carica di abbadessa sarebbe dovuta durare al massimo un anno ma di fatto, come avveniva in molti altri monasteri, diventò un ufficio permanente e così probabilmente sarebbe stato se Elena – così la chiameremo d'ora in poi – non fosse stata travolta dallo scandalo dando alla luce un bambino.

La tranquilla vita nel convento di Viterbo fu turbata, un anno dopo la nomina di Elena, dalla decisione di Gerolama di spostare il monastero a Castro. La badessa e le sue consorelle tentarono in tutti i modi di opporsi a causa dell'«inclemenza del luogo poco salubre»[27] di cui evidentemente erano a conoscenza. Per costringerle a piegarsi alla sua volontà, Gerolama adoperò ogni mezzo, arrivando addirittura a privarle degli elementari mezzi di sussistenza. Le monache si videro quindi costrette a procurarsi da vivere con il lavoro e l'elemosina finché la duchessa non ottenne l'intervento del vicario generale dell'ordine che comandò alle monache di non opporsi al volere di Gerolama e di partire subito, sotto minaccia di scomunica.

Quando arrivarono a Castro il 21 marzo 1566, insieme a tre professe e quindici tra novizie e converse, trovarono un luogo tutt'altro che adatto alla loro condizione di monache di clausura. Un «bellissimo sito principiato, che non so per quale errore fu levato»[28] avrebbe scritto trent'anni dopo lo Zucchi, calando un velo di oblio sullo scandalo che ne aveva determinato la chiusura. Il monastero era in realtà il risultato dell'accorpamento di alcuni immobili presi a pigione che si affacciavano lungo la «strada nuova», progettata dal Sangallo, che da porta Lamberta conduceva alla piazza Maggiore[29]. Non disponeva di una cappella propria e le monache per la celebrazione delle messe si servivano della chiesa di Santa Lucia che si trovava sulla strada di fronte all'entrata del monastero, a cui era stata collegata tramite un ponte coperto di assi di legno. Entrando nella chiesa, a sinistra dell'altare, si accedeva a una porticina che portava al coro delle monache. Da lì, tramite il ponte coperto, si arrivava al monastero, imbattendosi subito, sul lato destro, nella camera dell'abbadessa, per poi proseguire verso gli altri ambienti e il chiostro[30]. Una posizione dunque di grande visibilità che rivela la volontà da parte della sua fondatrice di fare del convento un simbolo di grandezza del casato, come era usanza di tante famiglie nobili nelle città italiane dell'epoca, per le quali i monasteri non erano soltanto uno strumento per sistemare le figlie in eccesso, ma anche un'emanazione dei potentati locali che se ne garantivano il controllo affidando la carica di abbadessa alla propria discendenza, esattamente come aveva fatto Gerolama. Tuttavia, a giudicare dalla visita eseguita nel dicembre del 1573 dal visitatore apostolico monsignor Alfonso Binarini, mentre il processo alla badessa era ancora in corso, più che un monastero era ancora un agglomerato di quattro casette, con troppe finestre senza grate e troppi punti di contatto con il mondo esterno[31]. Lungi dall'essere l'emblema della gloria dei Farnese alla stregua degli altri edifici progettati dal Sangallo e mai terminati, avrebbe dunque necessitato di grandi modifiche che però, iniziate dalla badessa, non furono mai portate a termine se non parzialmente, dopo il suo arresto.

Dalle carte non emerge altro, se non queste poche, scarne notizie di una vita in cui tutto era provvisorio, deciso da altri, una vita che corrisponde perfettamente allo stereotipo della monaca schiacciata dal dispotismo di strategie familiari opprimenti e ricattatorie che tanto avrebbe affascinato nei secoli a seguire scrittori e polemisti[32]. A questo proposito c'è però un dettaglio, sottaciuto forse non casualmente dalle relazioni ricavate dal processo, che può far luce su questioni rimaste fino ad oggi oscure permettendo di valutare il ruolo attivo che Elena cercò di avere nel sovrintendere alla vita del monastero, ma anche le sue profonde frustrazioni. In quanto nipote di Gerolama, la badessa era anche cugina prima dei figli di Gerolama e Pier Luigi Farnese, ovvero del duca Ottavio, signore di Parma, Piacenza e Castro, e del fratello cardinale Alessandro: particolare non da poco, sfuggito forse a Stendhal e sicuramente ai suoi critici, ma decisivo per comprendere – come si vedrà – l'avvio stesso del processo, l'origine delle relazioni da esso derivate e di quel cognome Campi Reale, palesemente fittizio, ideato con lo scopo di proteggere dall'infamia non soltanto il nome degli Orsini ma anche quello dei Farnese[33]. Del resto, ben prima che lo scandalo scoppiasse, fu proprio lo stretto rapporto di parentela con i signori di Castro a determinare il primo incontro tra la badessa e il vescovo.

L'occasione fu puramente formale. Era l'inverno del 1569 e Francesco Cittadini – questo il nome del vescovo – era appena arrivato a Castro[34]. La duchessa lo introdusse subito nella sua piccola e defilata corte tra Castro, Valentano e Capodimonte, una corte nella quale proprio in quegli anni aveva trovato accoglienza una fanciulla tenuta volutamente lontano da sguardi indiscreti: Clelia, la figlia naturale del cardinale Alessandro Farnese. Di avvenenza leggendaria, Clelia ebbe una vita forse più fortunata della badessa, ma egualmente oppressa, alla mercé delle ambizioni del padre a cui tentò in tutti i modi di opporsi, mostrando una personalità e una forza di carattere straordinarie che non le impedirono tuttavia di soccombere, come Porzia, alla volontà del padre[35]. La duchessa, poco prima di recarsi a Roma per introdurre alla vita di corte la dodicenne Clelia, già promessa in matrimonio, ricevette il nuovo vescovo di Castro non mancando di presentarlo non soltanto ai notabili e dignitari del luogo, ma anche, con un gesto che potrebbe sembrare irrituale, alla badessa.

L'incontro avvenne in monastero. Non sappiamo cosa si dissero Elena e il vescovo alla presenza della duchessa e del duca Ottavio, anche se è probabile che si sia trattato soltanto di poche frasi di circostanza. Sappiamo però che, come dichiarò il vescovo durante il processo, la badessa fu chiamata a baciargli le mani[36]: un semplice gesto di deferenza e tuttavia rivelatore. Quando il monastero era stato fondato, il pontefice Paolo IV lo aveva dichiarato esente da qualsivoglia giurisdizione e visita da parte dell'ordinario, ossia del vescovo; l'unica autorità alla quale il monastero avrebbe dovuto soggiacere, oltre a quella dell'ordine di appartenenza, era quella del cardinal protettore, a quell'epoca il penitenziere maggiore Ranuccio Farnese, altro figlio di Gerolama, da lei amatissimo. Al momento dell'incontro tra la badessa e il vescovo, però, non soltanto il cardinal Ranuccio era morto da tre anni, ma erano da poco entrate in vigore le nuove norme dettate dal Concilio di Trento nelle quali si stabiliva l'obbligo da parte dei vescovi di sovrintendere alla clausura anche nei monasteri esenti[37].

Ma per la duchessa non si trattava di questo. Il suo gesto al contrario andava nella direzione di ciò che il Concilio, proprio in quegli anni, avrebbe voluto combattere, e cioè l'ingerenza delle grandi famiglie nella vita monastica, con tutto ciò che ne derivava, dalla ripartizione delle cariche tra parenti alle munifiche sovvenzioni che finivano per diventare, come puntualmente era avvenuto per il trasferimento del monastero da Viterbo a Castro, un formidabile strumento di vessazione e di ricatto. La duchessa, ormai sempre più di rado in città per via dell'aria malsana che l'affliggeva, con quell'incontro aveva voluto far capire al vescovo quanto quel monastero rappresentasse non soltanto il simbolo della sua pia devozione, ma soprattutto l'emblema della signoria dei Farnese e del controllo che rivendicavano sopra ogni istituzione presente a Castro.

L'importanza del legame a doppio filo tra Elena e la zia si manifestò poco tempo dopo, quando Gerolama si ammalò tanto da temere per la sua vita. Per la badessa si prospettava il baratro. Ne è testimonianza una drammatica missiva rivolta al cardinale Alessandro, che trascriviamo lasciando le asperità e le sgrammaticature di una scrittura faticosa, dettata da un'istruzione approssimativa, tipica di molte nobildonne dell'epoca, ma forse anche dall'angoscia di un futuro sempre appeso alla benevolenza altrui:

> Agostino mia dato la lettera di Vostra Signoria Illustrissima e Reverendissima e da lui e per essa ho inteso quantto la Signoria Vostra Illustrissima si e dengniato farmi sapere inttorno alla crausa [causa] del male inche si trova la Signora duchessa mia Signora del che sento tantto intollerabil dolore quanto siaparttiene a una serva tantto ublichata [obbligata] quale sono io vissa [vissuta] senpre sotto quella amorevol protetione che sua eccellentia si è dengniata tener di me e io più di altra cossa del mondo mi son conttenttata ora per me partticole [particolare] serva e per tutte queste infilicie [infelici] mi butto con ungni [ogni] umile priecho [preghiera] nelle praccia [braccia] di Vostra Illustrissima e Reverendissima avendo in quello ungni indubitata fede e prechandolo umil mentte [umilmente] cifacia dengnie della sua presenttia[38].

È una lettera toccante, nella quale l'«intollerabil dolore» provato alla notizia della malattia esprime il sentimento di gratitudine e di attaccamento per la zia che, accogliendola nel monastero, le aveva offerto un rifugio sicuro da una famiglia violenta, dilaniata da lotte intestine. E tuttavia, le lodi nei confronti della sua benefattrice seguite dalla richiesta accorata di una visita del cardinale a nome suo e delle altre «infelicie» tradiscono quello che doveva essere un grumo di sentimenti ambivalenti e inconfessabili. Se infatti la morte della duchessa avrebbe potuto rappresentare la liberazione da una tiranna che l'aveva trascinata contro la sua volontà in un luogo dove le sue consorelle continuavano ad ammalarsi e dove lei stessa qualche mese prima aveva rischiato di morire, d'altro canto poteva esporla a una condizione d'improvvisa povertà, simile a quella che aveva già patito a Viterbo e di cui doveva conservare ancora ben vivo il ricordo.

La duchessa morì di lì a qualche mese, nel luglio del 1569. Nel successivo, intenso carteggio con i cugini, il cardinal Farnese e il duca di Parma, la badessa rese esplicito ciò che nella lettera sopra riportata si era limitata ad accennare, per comprensibile prudenza. Ora, senza reticenze, da un lato lamentava il continuo pericolo di vita provocato dall'insalubrità dei luoghi e, dall'altro, non faceva mistero dell'assillante preoccupazione su come, da quel momento in poi, si sarebbe mantenuto il convento visto che non poteva più contare sulle generose elargizioni della duchessa. «E intanto travalglio quanto inporta» scriveva al duca Ottavio nell'agosto del 1569 «el peso di questo infilicie locho»[39] dove era difficile attirar novizie e osservare la clausura[40]. Un incidente, in particolare, turbò lo scorrere già travagliato della vita del convento.

Una certa Cencia aveva avuto l'inaudito ardimento – così scriveva irata la badessa al cardinale Alessandro nel gennaio del 1570 – di rivolgersi a lei pretendendo di aver avuto il permesso da parte del cardinale di riprendersi la figlia per farla maritare. Non poteva credere che il cugino avesse autorizzato un simile disonore, tanto più che la ragazza rivendicava di essersi monacata «volintierissima»[41] otto anni prima. In queste poche righe venivano sfiorate qui due questioni essenziali riguardanti, da un lato, il ruolo che la badessa aveva nel monastero e, dall'altro, la questione delle «monacazioni forzate» sulla quale, seppur in modo relativamente blando, si erano concentrate le disposizioni tridentine in vigore, almeno teoricamente, dal 1563[42]. Fino ad allora la selezione delle postulanti era di fatto controllata, più che dagli organi superiori degli ordini, dalle stesse abbadesse e per conseguenza dalle loro famiglie. Come risulta evidente dalla lettera, era nella prassi che il cardinal Farnese vi interferisse, così come probabilmente aveva fatto la madre Gerolama. Ora che quest'ultima era morta, Elena tentava di rivendicare un'autonomia decisionale almeno su questo argomento.

In quel superlativo «volintierissima» si cela inoltre tutta la questione delle *malmonacate*, e cioè di quelle fanciulle obbligate ad entrare in convento dalle famiglie: l'aver specificato che la giovane donna non rientrava in quest'ultima categoria va letto come un segnale che il tema era in un modo o nell'altro entrato nella valutazione delle postulanti o nella limitazione delle ingerenze delle famiglie nelle vocazioni. Tuttavia, questa vicenda non era che un'inezia se messa a confronto con ciò che la badessa chiedeva con insistenza per sé e per le consorelle al cardinale: tornare a Viterbo, nel vecchio monastero. Una «fantasia»[43] alla quale il cardinale rispose che mai, fintantoché fosse stato in vita, avrebbe potuto venir meno alla promessa fatta alla duchessa sua madre di lasciare il convento a Castro.

Elena fu presa dalla disperazione. Trovandosi «sola al convento», non in grado di poter osservare «nisona cosa promessa a idio nella profezion [professione] nostra», chiedeva al cardinale di essere liberata e trasferita altrove:

Preco Vostra Signoria Reverendissima sia conttento darmi bona licentia chio penzo colla cratia deidio andarmi a quietare in un monesterio antticho dove in ubidientia o senpre deziderato finire la vita mia parendomi stato piu sichuro per conquistare la salute mia che a tener cura dellanime daltri[44].

Anche questa supplica non fu ascoltata. Seguì un lungo, eloquente silenzio che si interruppe solo qualche mese dopo, quando la badessa fece pervenire al cardinal Farnese una nuova, irata missiva. Protestava vivamente contro la prepotenza del vescovo di Castro che pretendeva «esserlli pagato e restitoito alcuni beni delle lassite fatte perlla bona memoria della signora duchessa»; chiedeva quindi che il cugino desse ordine al vescovo «chel monasterio non sia molestato»[45]. Era un gesto forte, quello che richiedeva, che sortì l'effetto desiderato. Qualche mese dopo, il vescovo tentò di difendersi dalle «molte buggie» che, a suo dire, erano state messe in giro dalla badessa, e in particolare che lui volesse «de facto spogliarla, cosa lontanissima da ogni mio pensiero»[46]. Non era così, contestava il vescovo, chiedendo che, per il futuro, il cardinale non desse credito a simili infamie. Così argomentava il suo disappunto:

Mi duole infinitamente che mentre io procuro con parole et con fatti di usare ogni sorte di amorevolezza e di cortesie alle monache di Castro come si conviene a' buon Pastore, et servitore amorevole di Vs. Illma esse non le riconoscono. Dico questo perche ritrovando io che il detto monasterio possiede certi prati della Chiesa *nescio quo iure*, poi che non trovo che ne sia stata data ricompensa alcuna, ho detto più volte alla Signora Abbadessa e alli suoi ministri che volessero mostrarmi come possedeno detti prati, et che quando esse non havessero raggione, delli frutti d'essi delli quali io posso disponere, n'havrei fatto sempre dono, et elemosina all'Abbadessa[47].

Una schermaglia dunque, se non un vero e proprio scontro, si erano consumati col vescovo su un terreno delicatissimo, che toccava sul vivo la badessa, e non solo lei. La questione del mantenimento dei conventi, del ritorno alla povertà originaria, ma al tempo stesso della liberazione dal giogo dei ricatti familiari permettendo ai monasteri di possedere beni immobili, era stato infatti uno dei temi all'ordine del giorno della seppur breve discussione del Tridentino su questo punto[48]. Elena per questa volta aveva saputo difendersi dalla prepotenza del vescovo ottenendo l'appoggio del cugino, e la maldestra ritirata di Cittadini ne era il risultato. Vittoria effimera, poiché con la morte della duchessa si era dissolto non soltanto il principale sostegno economico per il monastero, ma anche il controllo occhiuto sulle mosse del vescovo, il cui arrivo a Castro era avvenuto non proprio sotto i migliori auspici.

Capitolo terzo

«Confinato a Castro»

«Questa citta m'è parsa molto bella, et un principio di città regia»[1]: così scriveva Francesco Cittadini al cardinal Farnese il 16 marzo 1569 per dargli notizia del suo arrivo a Castro. Due giorni prima era giunto per la solenne presa di possesso della diocesi, una cerimonia disciplinata sin nei minimi particolari e dal denso valore simbolico: secondo il cerimoniale post-tridentino il vescovo sarebbe dovuto arrivare su di un mulo fino alle porte della città, come Gesù nella domenica delle Palme, per poi raggiungere la cattedrale a cavallo, espressione massima non solo di imperio sin dall'antichità ma anche di distinzione sociale[2]. Non sappiamo come si svolse esattamente la cerimonia: sappiamo soltanto che, ammantato nella «cappa pontificale»[3] dal lungo strascico rosso, Cittadini entrò nella cattedrale di San Savino dove lo aspettavano il clero e i notabili della città, disposti secondo un preciso ordine che rifletteva cariche e gerarchie. La duchessa, in partenza per Roma, lo aveva accolto «con tanta benignità et amorevolezza»[4] che Cittadini si rammaricava di aver tardato così tanto a venire. In effetti erano passati parecchi mesi da quando era stato designato vescovo, cosa che aveva indispettito non poco il cardinale, già irritato per la sua nomina.

Quando, nell'agosto del 1568, il vescovo di Castro Girolamo Maccabei aveva annunciato di volersi dimettere «non conoscendosi più atto a sostener quel carico»[5], il cardinal Farnese si era affrettato a scrivere al suo agente a Roma, il potente Ascanio Celsi, affinché intercedesse presso il cardinal vicario Giacomo Savelli a sostegno di un candidato di suo gradimento, naturalmente senza «farne romore»[6]. La diocesi, puntualizzava il cardinale, doveva andare «in mano di persona in chi noi possiamo confidarsi liberamente» e perciò proponeva il piacentino Cristoforo Scotti «per la sua antica servitù con casa nostra»[7]. Formalmente i Farnese non avevano diritto di nomina, ma di fatto la esercitavano, o provavano a farlo, considerandola una tacita estensione della loro autorità feudale sul ducato. Alla fine però Scotti era stato scartato e al cardinal Farnese non era restato che accettare Cittadini, proposto da Maccabei, cappellano maggiore di suo nonno Paolo III, e dal cardinal vicario[8]. Nella minuta della lettera indirizzata al Savelli non aveva mancato di lamentarsi dell'esclusione di Scotti dalla rosa dei candidati, ma poi nella versione finale aveva cassato questa parte mostrandosi invece bendisposto nei confronti del giovane milanese «per essere egli molto amico et domestico mio»[9]. Nella minuta della successiva lettera al pontefice, perorando la nomina di Cittadini, lo aveva presentato come il candidato ideale, ricco di quelle qualità e quei meriti di cui lui stesso dichiarava di aver avuto prova; poi, per prudenza, aveva cancellato questa parte mantenendo un tono più distaccato[10].

Sostenuto dalla figura più prestigiosa della curia romana, ma di fatto imposto al cardinal Farnese, Cittadini era quindi arrivato a Castro dove, passati i festeggiamenti, si era subito reso conto che la città era deserta – «molto sola» scrisse – e che il clero era «povero et pochissimo»[11]. Quanto al clima, non aveva ancora riscontrato «quell'aere cattivo che si dice», almeno nella zona intorno alla cattedrale e al vescovado, esposti alla tramontana, ma il fatto stesso di sottolinearlo rivelava il timore, tutt'altro che infondato, di ammalarsi. Non sappiamo perché fosse giunto così in ritardo, sappiamo però che il suo precedente incarico a governatore di Orvieto aveva provocato in lui la sensazione di esilio da Roma, dove, protetto dal fratello Ottaviano già bene inserito in curia, aveva iniziato una brillante carriera ecclesiastica godendo anche di tutte quelle piacevolezze che la città e la corte romana potevano offrire[12].

«Ovunque eserciti il tuo sacro ministero, Francesco Cittadini, non vivere per il mondo come se fossi un esule dalla tua amata patria»[13] gli aveva scritto in un'*epistola* Juan de Verzosa, segretario dell'ambasciata spagnola a Roma. Oltre a essere un fine umanista, Verzosa era anche in costante contatto con i *novellanti* e redattori di *avvisi*, fogli di informazione manoscritti ad uso e consumo delle ambascerie di ogni parte della penisola italiana e d'Europa, nei quali veniva riportato di tutto: eventi politici e militari, esecuzioni capitali, fatti di cronaca nera, feste, banchetti, lutti, matrimoni, indiscrezioni e dicerie di ogni tipo[14]. Bene inserito nelle varie corti nobiliari e cardinalizie di cui, grazie a una fitta rete di relazioni, Verzosa conosceva ogni più recondita piega, nei suoi versi descriveva in tono moraleggiante e al tempo stesso ironico il mondo di cui faceva parte anche Cittadini.

Da quando era partito, scriveva Verzosa, erano successe molte cose: «Pio ha cambiato Pietro in Marco», ovvero il papa Pio IV de' Medici aveva donato palazzo San Marco all'ambasciata della Repubblica di Venezia; Cesare d'Avalos, fratello del cardinal d'Aragona, si era trasferito a Napoli e senza di lui la corte era come «un anno qualunque senza primavera», mentre l'abate Bernardino Brisennio, «intimo e caro» di Carlo Borromeo (nipote del papa) poteva finalmente partecipare ai banchetti di corte, salire in carrozza, «coricarsi con il cappello abbassato, o rimanere seduto» e introdursi per ogni pertugio segreto, compresa la scala a chiocciola che dal palazzo del Belvedere permetteva di arrivare, passando per i giardini, direttamente alle stanze pontificie[15]. Era un mondo, quello descritto da Verzosa, nel quale le relazioni costituivano lo strumento essenziale per far carriera nella complessa macchina pontificia o anche per difendersene qualora si fosse caduti in disgrazia; un mondo, almeno negli anni nei quali Cittadini aveva vissuto a Roma, nel quale, soprattutto sotto il pontificato di Pio IV e per reazione agli anni bui vissuti sotto papa Carafa, il rigore controriformistico era ancora lungi dal venire. In un'altra epistola, rivolgendosi all'«Apollo di corte» – così Verzosa definiva scherzosamente l'amico diplomatico e novellante Cointrel (Matteo Contarelli) – ne lodava non soltanto l'abilità politica, ma anche le qualità mondane e i sontuosi banchetti ai quali, a dispetto di tonsure e cappelli, partecipavano alti prelati e funzionari pontifici, come il fiorentino Antinori, il futuro nunzio Frumenti e lo stesso Cittadini[16].

Se già si era sentito esiliato a Fano e a Orvieto, possiamo immaginare quale senso di desolazione potesse avergli provocato Castro. Si ripromise comunque di proseguire i lavori di restauro della cattedrale e della «casaccia del vescovado»[17] – così l'aveva definita vent'anni prima Antonio da Sangallo – iniziati dal suo predecessore Maccabei, che però non era riuscito a portarli a termine[18]. Ma subito, con l'arrivo dell'estate, si ammalò e solo dopo molti mesi di «longa et grave infirmità»[19] tornò a Castro col proposito di visitare la diocesi, i cui confini si spingevano ben oltre il confine con il ducato di Toscana. «Come sia racconcio il tempo» scriveva al cardinal Farnese nel gennaio del 1570 «io voglio fare la visita della mia diocesi et andando a Manciano et

Capalbio mi ritrovarò vicino a Porto Ercole et Orbetello». La sua attività pastorale proseguì con la convocazione di un sinodo diocesano di tenore assai meno incisivo rispetto a quello del suo predecessore Maccabei che, avendo preso parte all'ultima fase del Concilio di Trento, nel 1564 si era affrettato ad avviare alcune riforme «ad abusus tollendos, bonos mores revocandos»[20]. Prima del giuramento di obbedienza al pontefice prescritto dal Concilio, Maccabei aveva fatto leggere al clero nove decreti tridentini, tra cui quelli sulla confessione, sulla vita ed onestà dei chierici e sui concubinari, ma la sua azione si era però concentrata soprattutto sulla tradizionale difesa dei privilegi e delle immunità, e così fece anche Cittadini[21]. Nel frattempo i suoi rapporti con il cardinal Farnese erano più che distesi anche grazie alla sua disponibilità a sbrigare alcuni affari per conto del porporato. Questi contraccambiò intercedendo per lui a proposito di un certo debito che Cittadini aveva con il cardinale di Santa Fiora e per il quale era intervenuto in soccorso anche il fratello Ottaviano, canonico di San Pietro[22].

Assolto senza eccessivo impegno il suo ufficio pastorale, Cittadini si concentrò nel cercare di incrementare le rendite del Capitolo di San Savino e della mensa vescovile, ma, come abbiamo visto, entrò subito in conflitto con la badessa sulla questione di quei «certi prati della Chiesa *nescio quo iure*»[23]. I suoi sforzi nel mantenere buoni rapporti con il cardinal Farnese si vanificarono in un istante, e quando un anno dopo si ritrovò in una controversia assai più grave con la comunità di Castro, fece fatica ad ottenere il suo appoggio. Oggetto del contendere erano il diritto di pascolo ed erbatico su alcuni terreni che la comunità di Castro rivendicava come propri, ma che invece secondo il vescovo appartenevano al Capitolo e alla mensa episcopale. Come riferirono poi durante il processo alcuni testimoni, nel corso della lite volarono molte cattive parole e del Cittadini si disse: «il vescovo a chi tolle un campo et a chi l'altro»[24]. Turbato dalle malignità e dalle «velenose saette»[25] indirizzate contro di lui, il vescovo si rivolse quindi al duca supplicandolo di intervenire a sua difesa visto che non era «poco merito, overo piccola pena d'ogni grave peccato, l'esser nato gintilhuomo a Milano, et allevato in Corte di Roma et poi confinato a Castro»[26].

In questa breve frase si condensava lo stato d'animo del vescovo, amareggiato da un'atmosfera che si faceva sempre più

ostile. Erano passati soltanto tre anni da quando era arrivato a
Castro ma, tra liti e malattie, la sua permanenza in città si era
fatta sempre più difficile. In attesa di un intervento del duca, che
tardava a venire, si decise a scrivere al cardinale, preoccupato della
«bella imbasciaria»[27] che, da quanto aveva saputo, il porporato
aveva ricevuto da alcuni castrensi. Questi ultimi avevano appro-
fittato della sua assenza per mettere in giro voci che intaccavano
la sua reputazione

d'huomo da bene et honorato gintilhuomo la quale io mi sono sforzato
d'acquistare et conservare con un continuo et laborioso corso di vita
nella Corte di Roma, dalli primi anni della mia fanciullezza a quest'età
presente, senza mai commettere cosa che puotesse dare ombra di macola
alla conscienza o all'honore mio.

Non sappiamo con esattezza in che cosa consistessero le
dicerie nei suoi confronti, se cioè si riferissero alla contesa sui
pascoli o a qualcos'altro. In ogni caso, il rimpianto per ciò che
aveva lasciato a Roma si faceva di giorno in giorno più cocente.
Alla base di tutto, secondo Cittadini, vi era la questione dei
terreni, forieri di ricche rendite, questione che aveva messo in
difficoltà anche il suo predecessore Maccabei a tal punto che a
un certo momento aveva persino pensato di lasciare Castro e
spostarsi a Canino.
Il duca intervenne a favore del vescovo al quale, da quel
momento in poi, la comunità avrebbe dovuto versare le dovute
decime, da destinarsi al restauro della cattedrale. Fu dunque
concluso un patto che però si rivelò subito fallimentare: come
scrisse il vescovo al cardinal Farnese, «le decime le pagano, come,
quando et quanto vogliono, con gravezza de poveri, et molta
ingiustitia, e di qual piglia esempio il resto della diocesi»[28]. I
castrensi, dal canto loro, si lamentavano del danno economico
scaturito da quell'accordo e delle continue vessazioni che subivano
dal vescovo. «Che Monsignore si queti»[29] scrisse il gonfaloniere
al cardinale che, insoddisfatto per questi continui contrasti,
rimproverò il vescovo di aver mal gestito l'affare. Cittadini gli
rispose con risentimento che non avrebbe dovuto dar credito a
gente che non sapeva o non voleva «aiutarsi con altra industria»
se non con l'«usurpare qualch'altra cosa di questa meschina
Chiesa»[30]. L'unico suo fine era quello di «stare in questa città
con honore» con «debito et comodo servitio» poiché «quanto

più saranno queste cose honorate, sarà più splendore della casa sua». Ma il peggio, per lui, doveva ancora venire.

Circa un anno dopo l'auditore Ottaviano Lalatta così riferiva al duca:

> Giovedì prossimo passato andando il vescovo di Castro fuori della terra a fare essercitio appiedi colli suoi servitori fu assaltato da un famosissimo assassino che si domanda dal Mengaccio, et sopra nome il Gamba al quale la felice memoria della signora duchessa et il capitano Paolo Tagliaferro mille volte mi hanno ben fatto dare la caccia a questo tristo che con altri doi par suoi fecero priggione il Vescovo et volevano che facessi taglia di cento scudi. Finalmente si contentò d'un anello che il vescovo haveva in mano e di venticinque scudi appresso, et perche il vescovo non haveva li denari dietro volse che gli lasciasse per ostaggio uno suo servitor et cosi il vescovo subbito gli mandò gli denari e riscattò il servitore[31].

Che dei malviventi assalissero i viandanti nei dintorni della capitale del ducato non era certo una novità. Tutta la zona era infestata da ladri e banditi, come del resto lo erano tutti gli Stati confinanti, dalla contea di Pitigliano – dove si diceva che il conte Niccolò Orsini, fratellastro della badessa, desse loro protezione – al ducato di Toscana e allo Stato Pontificio, e a nulla servivano i reiterati bandi e le pesanti sanzioni previste per chi ardisse «raccettare, conversare o dar da mangiare ad alcun homicida bandito»[32]. Il tentato rapimento del vescovo aveva però rivelato, secondo quanto riferiva Lalatta, scenari ancora più inquietanti. Il bandito, dopo aver liberato il servitore preso in ostaggio, aveva fatto sapere al vescovo che, come provavano due lettere in suo possesso, il mandante del rapimento era un tal Paolo d'Ermete – un nemico giurato del vescovo sulla questione dei pascoli, come poi emerse durante il processo – che gli aveva offerto cinquanta scudi per uccidere il presule. Cittadini, raccontava l'auditore al duca, era rimasto molto «adombrato» da quell'ambasceria, ma di più non aveva voluto riferire. Lalatta non sapeva quindi cos'altro aggiungere, se non che il bandito aveva molte spie in città e che, con l'intento di arrestarlo, gli aveva fatto dire di presentarsi da lui per spiegargli bene la questione di quelle lettere, cosa che Mengaccio ovviamente si era ben guardato dal fare.

Era una storia strana che, come si vedrà, si intrecciava con le dicerie a proposito delle sempre più frequenti visite che il vescovo ormai da mesi faceva al monastero su pretesto dei lavori di adeguamento dell'edificio alle esigenze della vita monastica che finalmente il duca Ottavio si era deciso a sovvenzionare. Frustrata su ciò che più avrebbe voluto – andarsene da Castro – almeno in questo la badessa era stata accontentata. Forse aveva sortito qualche effetto l'appello accorato che, in una lettera scritta non di suo pugno ma solo firmata con grafia tremolante, ella aveva rivolto alla consorte del duca di Parma nell'agosto del 1571 affinché l'aiutasse a liberarsi dalle «incomodità et travagli» in cui si ritrovava «per esser in luoghi stretti, et angusti, essendo il monastero restato imperfetto, quale per la povertà nostra, è, impossibile posser condurlo a fine»[33]. Alla fine però era stato il vescovo ad intercedere direttamente per lei presso il duca e il cardinale.

Così almeno sostenne la badessa quando, durante il processo, rivelò che era stata proprio lei a chiedere al vescovo, in partenza per Roma, di rivolgersi al cardinal Farnese affinché le concedesse «un poco di comodità»[34]. In quell'occasione Cittadini aveva visitato insieme a lei e al confessore le stanze del convento e l'orto per farsi un'idea dei lavori, circostanza poi confermata dal presule. «Mi lassavo guidare da loro» disse Cittadini all'auditore della Camera che lo interrogava «et mo che mi recordo desideravano che io vedesse il mal stato loro per che io lo riferisse al signore duca come io feci, et facesse officio che se provedesse»[35]. Il concreto interessamento del vescovo è del resto confermato dalla lettera inviata al duca di Parma nel gennaio 1573 con la quale lo supplicava di considerare «col'occhio della benignità et carità sua infinita queste povere monache»[36].

Molto tempo dopo, quando il vescovo e la badessa erano già morti, nelle relazioni desunte dalle carte processuali che cominciarono a circolare alla stregua di altre storie a tinte forti come quella di Beatrice Cenci o di Vittoria Accoramboni, la «fabbrica del convento» diventò, con una metafora rozza ma efficace, «la fabbrica dei loro amori»[37]. Non è chiaro tuttavia di quali lavori si trattasse, se fossero cioè finalizzati al miglioramento delle condizioni abitative generali, come sembra chiedere insistentemente la badessa, oppure, come i decreti tridentini imponevano, si trattasse invece dell'adeguamento dell'edificio monastico alle esigenze cultuali e di clausura, in chiave quindi assai più restrittiva rispetto alla possibilità, seppur limitata al parlatorio, di rapporti con il mondo esterno di cui la badessa e le consorelle avevano potuto beneficiare fino a quel momento[38]. In questo caso, se l'intervento del vescovo può apparire più che giustificato dalle norme tridentine, che attribuivano all'ordinario il ruolo di controllo della clausura, d'altro canto può sembrare paradossale che proprio l'attuazione di quelle norme facilitasse quei contatti «scandalosi» che invece si sarebbero voluti combattere.

Sicuramente i restauri rappresentarono un'occasione d'incontro più frequente e forse anche un diversivo rispetto alle angustie sofferte. Ma c'era qualcosa in più che accomunava la badessa e Cittadini: a Castro si sentivano entrambi in trappola. E se il vescovo poteva comunque andar via in estate, quando l'aria si faceva pesante, oppure durante l'inverno per conto del cardinal Farnese, Elena invece era sepolta viva e vedeva ogni giorno le sue consorelle ammalarsi o morire.

È in questa dimensione claustrofobica che germogliò quel qualcosa che le carte non potranno mai descrivere. Una fuga dalla realtà, una ribellione, un sentimento impedito dalle circostanze, e per ciò stesso più forte, oppure un capriccio, un cedimento, dovuti forse alla noia di un'esistenza già predeterminata: al di là di ogni possibile congettura, un bambino era nato in convento, «roscetto»[39] di capelli e dagli occhi neri. Soltanto quando si ebbe notizia di questa piccola, fragile esistenza, si consumò lo scandalo ed ebbe inizio il processo.

Parte seconda

Il processo

Capitolo quarto

«Examinare l'abbadessa»

«Si tiene per certo che la badessa di Castro ha parturito uno putto, dicesi il padre esser il vescovo»[1]: questo riferiva da Roma un agente dei Farnese al duca Ottavio il 9 settembre 1573. In realtà, la voce che «la badessa era gravida et che il vescovo l'havia impregnata»[2] si era già sparsa a Castro dalla fine di luglio. Volendo dar credito a quanto testimoniato durante il processo, una delle prime persone a diffondere la notizia fu una fornaia di nome Simona. Così testimoniò Lorenzo Scaramucci, cittadino di Castro:

Da un mese in circa che io intesi dire che la madre abbadessa havia parturito et vi dirò come et da chi l'ho inteso la prima volta. Essendo io retornato a casa mia, mia moglie mi disse: «Tu non sai, la fornara Simona me ha detto che la madre abbadessa ha parturito d'un figliolo maschio» et io facendomi maraviglia di questo quasi non credendolo, de lì poi a dui a tre giorni da più e più persone et in diversi lochi io intesi dire questo et se dicia publicamente cusì: la matre abbadessa ha parturito un figlio maschio. [Michele alias] il Gatto, et una donna Theodosia se dicevano che l'haviano visto et che Il vescovo di qui era stato quello che l'havia ingravidata l'abbadessa et che un messere Cesare Del Bene, che sta con il vescovo, havia portato via il putto et questo come dico l'ho inteso dire da diverse et più persone, che li particulari io non vi li saprei dire tutti et mi recordo bene d'averli intesi dire da questi: da messere Antonio Maria, messere Egidio de Castro, Gabriele Del Bene et da molti altri che io non ho a mente et in più volte et in diversi lochi ho inteso dire questo[3].

Simona, come risultò poi dal processo, aveva aiutato la badessa a partorire; in cambio aveva ricevuto cinque scudi d'oro – una somma molto alta per l'epoca – con la richiesta di mantenere il segreto. Ma poi, temendo che il marito l'accusasse di qualche «ruffianaria»[4], non resistette e raccontò tutto. La notizia si diffuse rapidamente di bocca in bocca, fino ad arrivare alle orecchie del cardinal Farnese che mandò subito qualcuno a visitare la cugina per accertarsi delle sue condizioni di salute. Elena se ne addolorò moltissimo anche perché in quell'occasione fu riferita al cardinale la voce, sempre più insistente anche in convento, che il padre della creatura fosse il vescovo, visti «li presenti che gli havia mandati, li panni che se lavavano et le carezze che se facìano»[5].

La notizia che la badessa aveva avuto un figlio fu subito associata a quella delle frequenti visite del presule in monastero: quell'intenso brusio che da mesi accompagnava le mosse dei due si trasformò nella *notitia criminis* su cui si fondò l'inchiesta istruita dal podestà di Castro, su disposizione del cardinal Farnese.

Il primo ad essere imprigionato fu Cesare Del Bene, servitore del vescovo. Non si trattò di un'operazione semplice e il cardinal Farnese la seguì passo passo attraverso le missive inviategli da Ottaviano Lalatta che così, il 5 settembre, scriveva:

> Ho replicato al signor colonnello, che seguiti usar diligenza, che questo messer Cesare non eschi, anzi veda con qualche occasione di farlo far rumore con qualche soldato, et reuscendoli, lo facci metter prigione, che facil cosa sarà che un giorno o una notte si scali fuora[6].

Due giorni dopo Cesare veniva arrestato a Ischia di Castro, ma «per essere egli molto gravato dal male»[7] Lalatta aveva preferito consegnarlo al castellano del posto. Malata era anche la fornaia Simona, arrestata a Castro e imprigionata a Valentano. «Sin hora non ci è pericolo di vita» avvertiva, suggerendo che venisse subito interrogata «prima che il male apporti impedimento»[8].

Non conosciamo con esattezza per quale capo d'accusa si fosse mosso il podestà, possiamo tuttavia ipotizzare che, tra i vari reati contemplati dagli Statuti farnesiani, potesse essere quello di complicità in uno *stuprum*, inteso nel senso di rapporto sessuale illecito, anche senza violenza, con una donna onesta. Era un reato detto di misto foro, perché poteva essere giudicato sia da un tribunale secolare sia da un tribunale ecclesiastico[9]. Se la persona che aveva compiuto il delitto era un religioso, la competenza poteva essere secolare, nel caso in cui si fosse trattato di un crimine atroce, come l'omicidio o la deflorazione violenta; se si trattava invece di un crimine *leggero* il religioso poteva essere giudicato dai propri superiori, godendo così del privilegio conferitogli dal suo *status*. Secondo gli Statuti farnesiani, in caso di fatto notorio, il podestà poteva procedere nelle indagini anche *ex officio*[10]. Quanto all'arresto però, avrebbe potuto imprigionare un sospetto solo su esplicita autorizzazione del duca – nella fattispecie Ottavio Farnese – o di un suo luogotenente[11]. In questo caso però, almeno secondo quanto risulta dai documenti, fu il cardinale a prendere l'iniziativa. Non era di per sé un fatto insolito: sin da quando sua madre Gerolama era stata nominata governatrice del ducato, era di fatto lui che si occupava in prevalenza degli affari di Castro. In ogni caso, che avesse o meno agito di concerto con il fratello, non è inverosimile supporre che, affidando l'inchiesta alla giustizia feudale, avesse pensato di poterla controllare meglio e di riuscire a circoscrivere lo scandalo localmente.

In gioco vi erano non soltanto la reputazione della cugina del cardinale e di conseguenza dei Farnese, ma anche altri interessi. La badessa era un'Orsini di Pitigliano e, come si è accennato, da tempo la contea, feudo imperiale al confine tra lo Stato Pontificio, il ducato di Castro e la Toscana da poco divenuta granducato, era oggetto degli appetiti territoriali dei Farnese ma anche dei Medici, ai quali Giovan Francesco, padre della badessa, aveva lasciato la contea. In quel momento in particolare Pitigliano era contesa fra Orso Orsini, fratello della badessa, e il fratellastro Niccolò, appoggiato dai Farnese[12]. Il cardinal Farnese era addirittura arrivato al punto di far falsificare – o così almeno si sosteneva – il testamento di Giovan Francesco, morto l'8 maggio del 1567, in favore di Niccolò, che si trovava a Roma processato dall'Inquisizione per i suoi presunti eccessi[13]. Assolto dalle accuse, alla fine Niccolò nel 1571 aveva ottenuto dall'imperatore Massimiliano II il riconoscimento dei suoi diritti, ma la decisione era stata impugnata da Orso, sostenuto dal cardinale Ferdinando de' Medici, imparentato con gli Orsini di Bracciano e acerrimo nemico del cardinal Farnese[14]. La situazione era precipitata quando, nel marzo del 1573, Orso aveva ucciso durante una battuta di caccia un Farnese del ramo di Latera, il duca Galeazzo, fratello di Ferrante, in quel momento vescovo di Montefiascone e Corneto e di lì a poco di Parma[15]. Che fosse per motivi di gelosia nei confronti della moglie Lucrezia degli Atti, uccisa poi a Pitigliano dallo stesso Orso nell'ottobre 1573, o per altre ragioni, l'episodio aveva turbato profondamente Elena, presso la quale si era subito recato il vescovo «sotto spetie di volerla consolare» tanto che per parecchi giorni, come disse un testimone, «ad ogni ora o lui o suoi servitori erano lì»[16]. Ciò potrebbe far supporre non soltanto che la badessa parteggiasse per Orso ma anche che, in ragione di ciò, il cardinal Farnese seguisse personalmente il caso proprio per la questione di Pitigliano.

Se Elena fosse stata condannata, la reputazione degli Orsini facenti capo ad Orso ne sarebbe uscita gravemente compromessa, e ciò sarebbe tornato utile nella contesa con i Medici per la contea; ma trattandosi comunque di sua cugina era bene che ciò avvenisse direttamente sotto il suo controllo in modo che tutta la colpa ricadesse sul vescovo e la cugina ne uscisse con il minore scandalo possibile. Tuttavia, lo *status* dei due principali indiziati e il reato compiuto, che poteva configurarsi non soltanto come uno *stuprum* ma anche come sacrilegio con l'aggravante della nascita di una creatura e del pubblico scandalo – comparabile, quanto a gravità, alla profanazione dell'ostia o al dire la messa senza aver preso gli ordini[17] –, non facilitavano le manovre del cardinale soprattutto in quel «groviglio»[18] rappresentato dai diversi organi giudiziari che avrebbero avuto titolo a giudicare quello che avrebbe potuto essere un evidente caso di criminalità ecclesiastica[19].

Se il diritto canonico prevedeva pene molto severe – immurazione per la sedotta, deposizione e confino perpetuo per il vescovo – gli Statuti farnesiani erano ancora più drastici prevedendo per il reato di stupro anche la condanna a morte. Ed è probabilmente per questa ragione che Cittadini, non appena saputo di essere stato «calunniato appresso il cardinale Farnese» per aver «commesso errore con moneche», si affrettò ad informare i fratelli Ottaviano e Giovanni Donato, con aderenze a Milano e a Roma, e il cardinale Giovanni Girolamo Albani, notoriamente molto vicino al pontefice, «scrivendoli di questa imputatione»[20] nella speranza di ottenere un qualche intervento di Gregorio XIII, da poco più di un anno eletto al soglio pontificio. Su suggerimento dell'auditore dello Stato di Castro, Galeazzo Cossa, scrisse persino al cardinal Farnese, mostrandosi disponibile a presentarsi al suo cospetto per difendersi dalle accuse, e poi a monsignor Alessandro Riario, auditore del tribunale della Camera Apostolica che avrebbe potuto avocare a sé la causa su ordine del pontefice, pregandolo «che facesse opera» affinché fosse «condutto a Roma et posto dove voleva

Sua Santità a giustificare questa calumnia»[21]. Era una mossa che potrebbe sembrare azzardata ma, come si vedrà, alla fine avrebbe ottenuto l'effetto desiderato.

Il 9 settembre 1573 l'agente Pietro Ceuli, nel riferire al duca Ottavio Farnese le voci che circolavano a proposito della «figlia del signor conte Giovanni Francesco di Pitigliano»[22], lo informava anche che il cardinal Farnese aveva già parlato della questione con il pontefice il quale, quello stesso giorno, aveva dato ordine al Riario di avviare il «processo del caso occorso nel monasterio di Castro» autorizzandolo, secondo il *modus procedendi* del tribunale dell'Auditor Camerae, a «examinare l'abbadessa et altre persone di maggior autorità»[23]. In una lettera inviata al Riario dal nipote del papa, il cardinale di San Sisto Filippo Boncompagni, questi si raccomandò di tenere costantemente informato il Farnese. Come si è visto, un processo era già stato istruito a Castro: uno dei servitori del vescovo era stato imprigionato, alcuni testimoni erano stati ascoltati e altri sarebbero stati interrogati anche dopo l'inizio del processo presso il tribunale dell'Auditor Camerae, e precisamente fino al 15 settembre 1573[24]. In quella data un familiare del cardinal Farnese riferiva al duca Ottavio di aver parlato col pontefice dei progressi della causa istruita dal Riario «che tutto ne sia col Cardinale»[25]. Il giorno successivo, con il primo interrogatorio della badessa, l'affare passava definitivamente al tribunale dell'Auditor Camerae. Volendo dar credito a questi dati, si potrebbe supporre che il cardinal Farnese, a causa della fuga di notizie provocata dallo stesso vescovo di Castro, avesse ritenuto opportuno o fosse stato obbligato a rivelare egli stesso l'accaduto al pontefice, accettando quindi l'avvio della causa presso il tribunale romano.

Questa ipotesi sembrerebbe confermata dalla *Relatione distinta del successo occorso in Castro città del duca di Parma già demolita sopra gl'amori di D. Elena Orsina figliola di Gio. Francesco conte di Pitigliano con Monsignor Francesco Cittadino nobile milanese vescovo di quella diocesi*[26]. Malgrado il titolo ad effetto e la sua datazione *post* 1649 risulta, come si vedrà, molto più aderente al processo rispetto alle altre cronache e con due interessanti documenti allegati. Il primo, nel quale si fa riferimento esplicito alle «molte scritture» circolate durante il processo a causa dei «contrasti fra la casa Cittadini e quella di Parma», è sicuramente una rielaborazione successiva di un testo originale più antico, nel quale il cardinal Farnese veniva accusato di aver tentato, con la scusa del «successo menzognero»[27] attribuito al Cittadini, di coprire uno scandalo che lo vedeva personalmente coinvolto proprio a Castro con una dama del luogo:

Il cardinale Farnese però fu imputato anch'egli di qualche delitto in Castro sopra l'amori di Caterina Leonina fra le belle dame di quel luogo, che era sorella di Camillo, protetto dalli Venetiani che poi altro Camillo figliolo della sua Vedova, e nipote dell'Abbate, che erano stati dal Cardinale Farnese mantenuti in faccia al palazzo di San Marco dove per morte della vedova [...] se ne andorono à Venetia e chi vogliono dire in Parma; che questa signora fosse protetta dalla casa Farnese si hanno chiari rincontri ma scoperta poi dai venetiani, fu dal Farnese abbandonata, e levatogli la Carrozza, et i cavalli, e due servitori[28].

A giudicare dai particolari riportati, l'estensore di questo scritto faceva allusione a un episodio di cui evidentemente si era molto parlato nel flusso di *avvisi* o in altri scritti antifarnesiani[29]. A suo dire, le manovre del cardinale avevano addirittura rischiato di far saltare l'ascesa al cardinalato di uno dei protettori del Cittadini, il vescovo e cancelliere di Francia Renato Birago, che aveva trattato personalmente presso Gregorio XIII affinché non fosse dato credito alle «tante calunnie inventate dal Popolo nella violatione di una monaca» e a causa di ciò era stato «perseguitato da Parmigiani»[30].

Il secondo documento è la trascrizione di un manifesto «contro i detrattori, nella pubblicatione de manifesti contro la Casa Farnese»[31] in cui viene riportata una versione dell'accaduto che, al di là delle finalità palesemente apologetiche dello scritto, appare coerente con quanto emerge dai carteggi a tal punto da supporre che possa essere stato scritto da un agente dei Farnese che conosceva bene i retroscena della vicenda. Vi si afferma infatti che il cardinale Alessandro, benché avesse a cuore la reputazione della «casa orsina», nel momento in cui l'episodio era diventato «pur troppo pubblico in Castro, et in Ronciglione», si era visto obbligato a far procedere il podestà contro il vescovo e poi a denunciare il misfatto al pontefice supplicandolo però di far esaminare il vescovo «in luogo appartato, acciò non si pubblicasse l'eccesso di quel fatto in Roma». Quanto al duca Ottavio, per evitare «il dishonore di una Casa la più grande e sublime», si sarebbe astenuto dall'intervenire lasciando «correre il tutto a discretione del papa fingendo esso non saperne cosa alcuna di ciò che gl'era di già stato palesato e con lettere del signor cardinale e con quelle del podestà»[32]. Ma se il coinvolgimento del cardinale può apparire scontato, se non altro per il rapporto di parentela con la badessa e per gli interessi su Castro e Pitigliano, l'istruzione della causa presso l'Auditor Camerae non è invece un passaggio così ovvio.

Sin dalle riforme avviate da Pio IV e poi proseguite da Pio V e dallo stesso Gregorio XIII, al tribunale dell'Auditor Camerae era stata conferita piena facoltà di istruire non soltanto cause civili ma anche cause criminali contro vescovi e clero «tam in Urbe et Curiae prefatis, tam extra eas»[33]. Concepito come tribunale autonomo nell'ambito della giustizia romana e curiale, era di misto foro e poteva giudicare sia laici sia ecclesiastici. All'auditore della Camera – in questo caso il Riario – erano stati così progressivamente attribuiti vasti poteri, se pur con qualche limitazione, come nel caso dell'invio di mandati di comparizione ai vescovi per i quali non poteva procedere senza esplicito ordine del pontefice che, secondo quanto affermato nel Tridentino, restava comunque il giudice ultimo[34]. Primo passo verso l'ascesa al cardinalato, l'auditore generale era una carica di particolare rilievo, come osservò a fine secolo un ambasciatore veneto quando scrisse che «presso di questo si trattano grandissime et importantissime differenze, nate per qual si voglia tra persone ecclesiastiche di ogni Stato e provincia»[35]. Sotto questa luce, l'avocazione del processo presso il tribunale romano potrebbe essere interpretata nel quadro della politica accentratrice della Chiesa post-tridentina, in particolare di Gregorio XIII: nel sottrarre il vescovo al giudizio secolare e la religiosa a un provvedimento disciplinare interno al suo ordine, il pontefice affermava la sua supremazia non soltanto sul foro feudale, ma anche il primato della giurisdizione centrale rispetto a quella degli ordini regolari, ponendo nel contempo un ulteriore tassello del disegno più ampio di controllo sull'attività dei vescovi[36]. Tra le prerogative dell'auditore della Camera vi era infatti anche quella di procedere, con facoltà di sospendere *a divinis* e consegnare al braccio secolare, contro quei vescovi che avessero violato l'obbligo di residenza imposto dai decreti conciliari[37].

La questione riguardava da vicino anche la vicenda di Castro: come si vedrà, Cittadini fu interrogato più volte su questo punto, così come sulla liceità delle sue visite al monastero, allo scopo di verificare se e quanto fosse edotto delle nuove normative tridentine in materia. Dal tenore delle domande rivolte al Cittadini era comunque chiaro che, al di là delle norme del Tridentino, il processo verteva sul principale reato di cui il presule era accusato, e cioè il sacrilegio di una monaca, ed è soprattutto intorno a questo che si concentrarono gli interrogatori.

Non era probabilmente il primo processo istruito dal tribunale romano riguardante quel delitto, ma la mancanza di uno studio sistematico sui primi decenni di attività della sezione criminale del tribunale, dovuta anche alla lacunosità documentale per il periodo in esame, non rende facile una valutazione sul grado di severità delle pene comminate, e quindi su cosa il vescovo e la badessa concretamente avrebbero potuto rischiare[38]. Nel richiedere l'intervento dell'auditore della Camera, possiamo presumere che Cittadini avesse sperato in una qualche forma di clemenza o comunque di vantaggio dovuto all'appartenenza alla medesima casta. Si era mosso però su un crinale assai pericoloso: a giudicare dallo svolgersi degli interrogatori, il Riario si fece abbastanza presto un'idea di come fossero andate realmente le cose, e cercò sin dall'inizio di portarlo a una confessione.

Capitolo quinto

Raccogliere l'anima

Un fiume di parole, racconti, congetture, giustificazioni si riversò sull'auditore Riario, sul suo luogotenente Fabio Minichini e sul commissario Bernardino Cerbelli. Tra il 13 settembre del 1573 e il 5 maggio del 1574, furono ascoltate tra Castro, Ronciglione e Roma oltre sessanta persone, tra cui dodici consorelle della badessa[1]. Un'enorme mole di informazioni fu quindi passata al setaccio pesando parole, esitazioni, silenzi. L'insistenza su alcune domande e l'ordine stesso degli interrogatori riflettono il procedere di un'inchiesta che doveva apparire sempre più complessa a fronte delle contraddizioni anche vistose tra un interrogatorio e l'altro. Rilette oggi, quelle deposizioni vanno considerate con estrema cautela: come si sa, in quanto fonti giudiziarie, esse non sono necessariamente traccia di una verità oggettiva, ma piuttosto di un procedimento condotto secondo uno stile inquisitorio, scritto, basato sulla centralità della parola, quella data all'accusato e quella «che gli viene presa»[2] con l'inflizione di dolore o grazie all'abilità dell'interrogante. Accuse, confessioni e ritrattazioni, vergate con grafia spesso affrettata dal notaio-stenografo, senza punteggiatura, in un misto di latino burocratico e di volgare ricco di espressioni che denotano diversi livelli sociali e d'istruzione, rinviano a una vicenda che potrebbe sembrare simile a molti scandali di cui gli archivi giudiziari sono pieni, non ultimo quello celeberrimo della monaca di Monza. Simile ma, come si vedrà, per certi versi più elusivo, a tratti indecifrabile.

Domande pressanti, spesso suggestive o poste sotto tortura, furono rivolte agli indiziati e alle persone informate dei fatti. Le loro risposte spesso erano dettate dalla paura o, quando si trattava di personaggi d'alto lignaggio, da una certa arroganza, come a voler sottolineare l'appartenenza a una casta che poteva contare, a meno che non si trattasse di crimini atroci, su una serie di privilegi. Il notaio nel frattempo verbalizzava, correggeva come poteva la sintassi talvolta incerta o comunque legata all'espressione orale, normalizzava frasi che riportavano fatti, nomi, circostanze che possono apparire, a chi le esamina oggi, talvolta esposte freddamente e con reticenza, come a non voler lasciare trapelare emozioni o a suggerire possibili moventi. In poche parole, quanto di più insincero e meno autentico si possa immaginare. Significativo, in questo senso, è il continuo duello – tipico delle procedure inquisitorie – che si svolse tra interrogati e interroganti intorno alla pretesa *verità* di quanto dichiarato dai primi e la non *verosimiglianza* contestata dai secondi. Era un procedimento asimmetrico, nel quale si pretendeva che l'imputato parlasse «contro se stesso» e durante il quale potevano emergere «verità provvisorie, *fumi et odores*, vacillazioni o trepidazioni capaci di indicare ipotesi da coltivare o direzioni da prendere»[3]. «Che vole vostra signoria che io gli dica» esclamò Cesare Del Bene, probabilmente impaurito ed esasperato dall'insistenza dell'auditore, soggiungendo: «se questo non è verisimile, che vole vostra signoria che io ci facci?»[4].

Dalle deposizioni non emergono soltanto informazioni e indizi utili all'inchiesta, ma frammenti di realtà, racconti e suggestioni non sempre strettamente attinenti all'indagine in corso che tuttavia possono gettar luce non soltanto sull'ambiente e sulle circostanze in cui il delitto contestato maturò ma più in generale su un microcosmo di varia umanità che va dal garzone di bottega al più alto prelato. Il monastero, per esempio, risulta organizzato ancora secondo il tradizionale sistema a celle, permeabile al mondo esterno e con una limitata osservanza della disciplina monastica. Scarsi sono i riferimenti alle attività sacramentali e devozionali gestite dai padri confessori e dai predicatori inviati dall'ordine, sul corretto adempimento delle quali la badessa avrebbe dovuto sovrintendere. Nessun cenno viene fatto riguardo alle preghiere comuni e men che meno a meditazioni private: potrebbe trattarsi dell'involontaria omissione di qualche cosa che si dava per scontato, ma potrebbe anche essere interpretato come segnale di una certa povertà nella cura dell'anima, registrata d'altronde in molti altri conventi coevi. Sicuramente pesava la scarsa alfabetizzazione delle monache, alcune delle quali ammisero di saper a malapena leggere, come d'altronde era frequente tra le donne anche d'alto rango; in ogni caso, non una parola su letture comuni o sul semplice possesso di libri, se non un accenno al breviario della badessa.

Per quel che riguarda ciò che avveniva al di fuori del convento, Castro viene ritratta come una città in affanno, nella quale tutto prima o poi veniva abbandonato, dove la violenza e le liti erano all'ordine del giorno come del resto in tutte le città di antico regime, una città sostanzialmente ostile al vescovo e alle sue pretese, dove nessuna azione, increspatura o tensione seppur sotterranea poteva sfuggire allo sguardo indiscreto di chi l'abitava e di chi la governava. In questo contesto ebbe luogo la prima parte degli interrogatori, svolti tra il monastero, il vescovado e la residenza dei duchi, condotti principalmente dal Riario quando si trattò di interrogare la badessa e il vescovo, e dai suoi sostituti giudici per la maggior parte degli altri indiziati e testimoni. Di quel che veniva detto e dell'effetto che produceva a Castro e a Roma davano quasi quotidiano resoconto gli agenti del cardinal Farnese e del fratello, duca Ottavio, che venivano informati di ogni cosa, mentre le voci passavano di casa in casa, di bocca in bocca in tutto il ducato.

Il primo ad essere interrogato fu Cesare Del Bene, il fedele servitore del vescovo che tutte le testimonianze raccolte dal podestà di Castro indicavano come il primo complice del sacrilegio. Alla domanda di prassi se fosse a conoscenza delle ragioni del suo arresto, Cesare rispose che immaginava fosse «per causa sopra la quale sonno stato examinato in Hischia dall'auditore del Stato de Castro sopra un putto che io ho portato a lattare e sonno stato menato qui legato stretto come un gatto»[5]. Raccontò quindi nuovamente di esser venuto a servizio del vescovo nel giugno di quello stesso anno, dopo aver passato qualche tempo alla corte di Spagna con Giovanni Donato Cittadini, fratello del presule, e poi a Milano e ai Bagni di Lucca con l'altro fratello Ottaviano. Dal vescovo era giunto per via di una «burla» che, a quanto aveva appreso, era stata fatta al presule qualche tempo prima. Non sappiamo a cosa si riferisse, ma è possibile che si trattasse di uno di quegli sgradevoli incidenti che Cittadini lamentava da mesi[6]. Accompagnato il vescovo dal capitano delle guardie di Castro, si era quindi avviato verso il vescovado quando una fanciulla, mai vista prima, gli era venuta incontro consegnandogli un biglietto. Non sapeva dire da chi fosse stato scritto, ma ne ricordava bene il contenuto. Gli si chiedeva di recarsi fuori dalla porta di Castello per fare un servizio ad un altro servitore del vescovo, tale Giovanni Battista Dolera, dell'età di circa ventotto o ventinove anni, in quel momento fuori Castro.

Pur credendo che si trattasse di uno scherzo aveva comunque deciso di andare a vedere e, con sua grande sorpresa, aveva trovato una donna con un bambino in braccio. «Che fate voi qui?», aveva esclamato e lei aveva risposto: «Io sto aspettando qualcheduno che mi levi questo putto». Era quindi andato a cercare un cavallo e, preso il bambino, lo aveva portato a Montefiascone, in un'osteria, dove gli era stato presentato un certo messer Camillo al quale aveva dato sei scudi d'oro affinché la moglie allattasse il bambino. Aveva detto alla balia che il bambino si chiamava Alessandro e «per segno», prima di andar via, aveva spezzato in due una medaglia che aveva al collo: una metà l'aveva lasciata alla balia e l'altra metà l'aveva tenuta per sé dicendole: «Chi ti portarà questa mezza medaglia dacci il figlio». Tornato in vescovado, non aveva detto nulla a Cittadini ma aveva aspettato che tornasse il Dolera. Questi non appena lo aveva visto gli aveva strappato il biglietto di mano dicendogli: «Non ne dite niente a nisuno, perché se monsignor vescovo lo sapesse saria l'ultima ruina».

Non è difficile immaginare come questo racconto potesse sembrare al Riario più che mai sospetto e lacunoso. Con una sequenza di domande sempre più incalzanti l'auditore cercò di mettere alle strette l'interrogato: quanti anni aveva la fanciulla che gli aveva dato il biglietto? L'aveva mai vista prima? Perché quel servitore del vescovo si era rivolto proprio a lui? Che fine aveva fatto? Quante altre persone erano al servizio del vescovo? Da quanto conosceva Cittadini? E via dicendo. Cesare cercò di rispondere punto per punto, arricchendo di nuovi particolari il suo primo racconto. Disse di aver saputo dalla donna che gli aveva consegnato il bambino che quest'ultimo era già stato battezzato, ma non sapeva «in che casa, né in che loco» e che si era limitato a portarlo a balia. Quanto al Dolera disse che «se ne moreva ben di voglia» di vedere il bambino ma che poi, a fine agosto, si era ammalato ed era morto. Nel corso dell'interrogatorio un paio di domande, vòlte evidentemente a pressarlo e a farlo cadere in contraddizione, lo innervosirono. Quando gli fu domandato se avesse chiesto alla donna se la creatura fosse maschio o femmina, rispose affermativamente e alla successiva domanda sul perché lo avesse fatto, rispose: «Andate molto sottilmente, non sapete che

quando se vede una creatura si dimanda se è maschio o no?».
E poi ancora, alla domanda se volesse bene a quel bambino,
rispose: «Vole vostra signoria che voglia bene ad uno putto che
non conosco? Ma como creatura gli voglio bene».

Terminato l'interrogatorio di Cesare fu la volta di Simona
Agostini, la fornaia, che così raccontò al commissario Cerbelli:

> Un giorno che fusse il fine di giugno o il principio di luglio venne a
> casa mia uno ragazzo chiamato Bartolomeo et mi disse che la portinara
> del monasterio gli havia detto che io andasse da parte della signora abba-
> dessa, et cusi io ci andai subito e quando fui a mezzo scala me incontrai
> in messere Gismondo medico e mi disse: «Simona, qui nel monasterio
> è occorso un gran caso», e io dicendoli se che cosa era, lui mi disse
> che essendo andato lì al monasterio a visitare l'amalati, havia trovata la
> signora abbadessa che havia le doglie e che di gratia io volesse andare
> a raccogliere questa anima e io dicendoli che non mi bastasse l'animo
> di saperlo fare, lui mi disse: «Va via che Dio ti aggiutarà, fa meglio che
> tu poi, perche lì ci sonno dui altre giovene che ti aggiutaranno, agiute
> meglio che poi che servemo causa di guadagnare questa anima», et cusi
> io me ne andai alla spitiarìa, dove bussai cusi con le dita, et una monicha
> chiamata suor Bernarda mi aperse e io entrai dentro e trovai la signora
> abbadessa che havia le doglie forte e cusi non stette mezza hora che la
> signora abbadessa partorì. Io recolsi la creatura, sora Vittoria gli tagliò il
> bellìco e poi pigliassemo questa creatura e la involtassemo in una cami-
> sera e in una tela d'un lenzolo e mi dettero una fascia lunga un braccio
> e aviluppai questo putto in quelli panni e poi lo portai giù in cantina[7].

Da questo momento in poi il racconto coincideva soltanto
parzialmente con quello di Cesare: d'accordo con suor Vittoria,
Simona era andata in quella grotta fuori dalle mura e aveva
aspettato il servitore del vescovo che l'aveva salutata subito con
un cenno, cosa che invece Cesare, chiamato al confronto, negò
risolutamente. Simona reagì con rabbia: «La mia è verità et la
sua è buscia»[8]. A conclusione dell'interrogatorio, la fornaia riferì
che la badessa, prima di congedarla, si era premurata di posare
sul petto del bambino «una cosa d'argento piena di cose sante»
che poi avrebbe dovuto riportarle.

Il giorno dopo fu ascoltato di nuovo Cesare, che ammise di
aver fatto chiamare una «commara» quando era arrivato all'osteria di Montefiascone e che soltanto allora il bambino era stato
battezzato, ma che lui non aveva partecipato alla cerimonia. Il
nome Alessandro l'aveva proposto lui, di sua spontanea volontà[9].
Riario, Cerbelli e il notaio si spostarono quindi a Montefiascone,

nell'osteria al segno della Chiave, dove fu ascoltato l'oste che risultò l'unico, insieme al marito della balia, a riferire di aver sentito dire che il bambino era figlio del vescovo e della badessa, e che lo aveva udito in giro in campagna, tra i poderi, e dal podestà che lo aveva interrogato[10]. La moglie dell'oste disse di essersi subito presa cura del bambino, aggiungendo nuovi particolari, uno dei quali in evidente contraddizione con la deposizione di Cesare:

> Et cusi veddi questo putto, lo sfasciai, et lo trovai che tutto era insanguinato, che anco non era stato lavato che poco prima potria essere nato. Et cusi lo custodì senza altrimente lavarlo et lo reinfasciai, et quel giovene [Cesare] se pigliò quello putto et lo tenne nella sua camera nella mia culla. La matina poi a bon hora io mandai a chiamare la mammana che se chiama Comara Biancha, la quale venne lì a l'hosteria mia et lì lavò il putto et gli detti io la incappatora, li mantelli et le fasce mie et lo mandammo a battesimo a Santa Margarita, che la comara lo portò, et il giovene andò insieme con essa, et voleva che ci andasse ancora io, ma non possetti per non lassare l'hostaria[11].

Il bambino dunque era stato battezzato, come confermò anche la mammana, nella cattedrale di Santa Margherita a Montefiascone e non in casa, come aveva dichiarato Cesare[12]. Ed era stato proprio quest'ultimo a partecipare al battesimo insieme a lei, vestito «di un colletto negro, un giuppone bianco con taffettano rosso dentro li trinci, le calse di carrozza rosse, un paio di calsette di seta bianca con un ferraiolo»[13]. Finita la funzione il bambino era stato consegnato alla balia. Ridolfa si chiamava e aveva perso appena una figlia, partorita morta, e dunque aveva ancora il latte. Interrogata anche lei, disse che Cesare non le aveva voluto dire chi fossero i genitori del bambino, cosa che l'aveva piuttosto inquietata tanto che in seguito, quando era tornato a trovarla, lo aveva minacciato di non tenere più il bambino non volendo «allevare una creatura et non sapere di chi fusse figliolo»[14]. Il luogotenente le chiese di vederlo.

Ridolfa portò il bambino nella chiesa più vicina e lo affidò al parroco, consegnandogli anche il mezzo medaglione e il corredino composto da «otto mantelli, quattro rosci et quattro turchini, et cinque fasce et certi coralli da portare al collo e alle mano»[15] essenziali per identificarlo. Così lo descrisse il parroco alla presenza del viceparroco di Santa Margherita, dove il bambino era stato battezzato:

Il putto mostra di essere di giusta statura, li capelli più presto tirare il roscetto, che altrimento l'occhi più presto un poco negri, il naso cortarello et grosso et di colore olivastro et bianco et per essere il putto tanto picculo non posserse cognoscere tutte le qualità, et esso putto haveva una mezza medaglia d'oro, da una banda l'imagine de un Cristo in piede con la croce et dall'altra banda una madonna con il figliolo in braccio, fasciato con una mantella roscia di panno terzarolo et cenci fasciatori che mostravano essere lenzoli perché anco si cogniscano le cosciture et non erano grossi ne sottili[16].

Terminato il riconoscimento, il piccolo Alessandro fu trasferito presso il convento domenicano di Santa Maria della Cerqua (o Quercia), nei pressi di Viterbo[17]. Non sappiamo se e quanto restò in vita: di lui, durante il processo, non si ebbero più notizie ed è probabile che strappato alle cure della balia non sia sopravvissuto.

La mattina seguente furono interrogate le due monache che avevano assistito al parto. Suor Vittoria raccontò che una domenica mattina, nel mese di luglio, la badessa l'aveva fatta chiamare: era febbricitante e, chiedendole di avvicinarsi, le aveva detto: «Io vorrei dirve una cosa, ma dubito che non me lo tenghiate secreto»[18]. E mentre la badessa le faceva prendere il breviario per farle giurare di non riferire a nessuno quello che stava per dire, aveva cominciato a piangere confessandole che «si trovava gravida» e supplicandola di aiutarla. E così era stato tre giorni dopo, quando la badessa aveva partorito nella spezieria del convento, una «bona stantia ariosa» da dove «non se posseva sentire troppo rumore perche è un poco piu separata dalle altre stantie». Subito dopo il parto, la badessa aveva scritto un biglietto a Cesare, che era stato mandato a chiamare alla ruota del parlatorio da suor Ludovica, la portinaia. Sentendolo arrivare, suor Vittoria aveva detto «Ave Maria» e Cesare aveva risposto «Gratia plena» e, assicuratasi che fosse davvero lui, gli aveva consegnato il biglietto. Ma come aveva fatto a riconoscerlo – le chiese il commissario – e a sapere il suo nome? Suor Vittoria si giustificò dicendo che in convento passavano tante persone e che qualche volta aveva sentito parlare di lui, ma il commissario mostrò di non crederle. Suor Bernarda espose la stessa versione dei fatti, confermando di aver fatto spostare la badessa dalla sua stanza alla spezieria, dove avevano chiesto alla partoriente «che facìa quanto più posseva di non gridare troppo»[19]. Negò anche lei, come suor Vittoria, di sapere chi fosse il padre del bambino, cosa che il commissario Cerbelli, che le interrogava, ritenne del tutto inverosimile.

Agli occhi del Riario e del commissario il quadro cominciava a delinearsi in modo abbastanza chiaro, malgrado le lacune e le contraddizioni. A dar credito alle due monache, non era stata una «putta stracciata»[20] di sette, otto anni a consegnare il biglietto al servitore del vescovo – come questi aveva dichiarato durante il suo interrogatorio – ma suor Vittoria, in convento. La posizione di Cesare si aggravava di ora in ora: all'evidente complicità nel sacrilegio si aggiungevano le palesi menzogne che, tra nuove versioni e ritrattazioni, avrebbero trascinato lui e le due monache fino alla tortura. A questo punto non restava che ascoltare la badessa per sentire che cosa avesse da dire a proposito del parto. Perché in questa primissima fase del processo era la nascita del bambino al centro della scena: il resto sarebbe venuto subito dopo, quale inevitabile corollario di ricerca di una verità già data, da confermare in base a un sistema di prove collaudato ma, come si vedrà, fallace[21].

È possibile che nelle settimane e nelle ore di attesa delle doglie, la badessa, forse consigliata dalle consorelle e dalla fornaia, avesse pensato a quale nome dare alla creatura – Alessandro era forse un omaggio, un segno di appartenenza alla famiglia Farnese? –, a come fare a separarsene e a cosa lasciarle come segno di riconoscimento, ma non sono che congetture. I verbali ci parlano soprattutto di gesti, figure, oggetti che rimandano a un universo prevalentemente femminile nel quale ogni cosa aveva un senso, una storia: il medaglione spezzato, quella «cosa d'argento piena di cose sante» posata sul corpo del bambino come a proteggerlo, la scelta del nome, le strisce di lenzuola in cui era stato avvolto, le prime cure dell'ostessa, della levatrice e della balia, e infine il corredino. D'altro canto però, contava anche quell'espressione – «raccogliere questa anima» – su cui il medico aveva tanto insistito. Alludeva a due questioni che, a partire dal Concilio di Trento, erano diventate fondamentali: il timore dell'infanticidio e la fretta di somministrare il battesimo, al centro di uno sforzo di disciplinamento vòlto a ribadirne il significato salvifico e di una intensa discussione teologica sul limbo e sulla «forma dell'anima»[22]. Ma si trattava di sottigliezze: le donne che assistettero la badessa e il suo bambino cercarono prima di tutto di salvarli.

Nella scena della nascita descritta dall'ostessa era stata decisiva la figura della levatrice, raccoglitrice, comare, mammana. Nella varietà di questi nomi e nel loro diverso etimo si racchiude un insieme di concezioni ed esperienze riguardanti quell'evento misterioso e imprevedibile che era il parto, con tutto quell'apparato di credenze, ma anche di sospetti, che portava con sé. Subito dopo questa scena poteva esserci quella dell'abbandono dei figli, per miseria o, quando si trattava di illegittimi, nella speranza che in qualche modo potessero sopravvivere. Era caratterizzata da una precisa ritualità, di cui facevano parte anche i segni di riconoscimento – bigliettini, immagini sacre, medagliette, nastrini – che venivano consegnati insieme al corredo, anche misero, dell'esposto. Convenzionali o affettivi che fossero erano comunque, come è stato scritto, «segni di incontro»[23] destinati a raccontare qualcosa riguardo alla provenienza del bambino e alla speranza, vera o presunta che fosse, di ritrovarlo un giorno.

Di tutto questo, e di altro, la badessa si apprestava a dare dolente resoconto.

Capitolo sesto

«Questa è una bella istoria»

«Io parturì in una stantia qui dentro il monasterio»: così la badessa esordì il 16 settembre 1573 davanti al Riario, giunto da Caprarola per interrogarla[1]. Gli indizi raccolti durante le deposizioni dei giorni precedenti e soprattutto il ritrovamento del bambino, avevano reso improvvisamente reali, o quanto meno plausibili, tutti quei mormorii, quegli sguardi indiscreti che da mesi accompagnavano, forse a sua stessa insaputa, la sua vita nel chiostro. Era vero, confessò, aveva commesso un errore. Quando aveva sentito arrivare le doglie aveva chiamato angosciata le due consorelle, ma il medico le aveva fatto capire che avrebbe avuto bisogno di una donna esperta, e non di quelle due monache che non sarebbero state in grado di aiutarla. E così era stata chiamata quella «poverella» di Simona, alla quale era stato consegnato il bambino. Sfinita e ancora «adolorata», aveva scritto di suo pugno quel biglietto indirizzato a Cesare Del Bene affinché informasse dell'accaduto quel suo amico, Giovanni Battista Dolera, che la badessa indicava come padre della creatura[2].

Trent'anni dopo, l'8 agosto 1604, in circostanze analoghe Virginia Maria de Leyva, la monaca di Monza, diede alla luce una bambina. Durante il processo descrisse una scena del parto non dissimile da quella riportata dalla badessa di Castro:

> Alli 8 di agosto tre anni or sono di meggio dì il giorno di domenica alla presenza di sor Ottavia sor Bernadetta Silvia, Candida partorii una putta quale fu risposta nel camerino d'asse ch'io avevo nella mia camera et ivi fu conservata fino alla notte seguente che poi fu consegnata da sor Ottavia a detto Osio acciò che la facesse batezare et alevare […] e quando partorii il putto le suddette monache si ritrovorno presenti ancora loro e sor Benedetta fu quella che lavò la creatura e sor Silvia la fasiò[3].

Era una scena alla quale quasi ogni donna prima o poi avrebbe assistito, da cui gli uomini, e prima di tutto i medici, erano quasi sempre esclusi, e in cui una serie di gesti di accudimento venivano compiuti, in un misto di sacro e profano: dal bagno del neonato, una sorta di rituale di separazione/purificazione dalla madre, alla fasciatura del corpo[4]. Ma se la monaca di Monza confessò subito, come sollevata da un'angoscia che l'aveva portata a tentare di buttarsi nel pozzo e a provare ogni genere di «malefitii» pur di affrancarsi da un legame che l'aveva resa complice dei più turpi delitti, la badessa di Castro tentò di scagionare il vescovo cercando di costruire, vera o falsa che fosse, una storia credibile.

Alle domande che si facevano sempre più incalzanti, Elena rispose con frasi brevi, separate talvolta da lunghi intervalli: le si chiedeva di indicare quando, dove e in quali circostanze avesse incontrato il Dolera, intimandole di dire la verità. Disse di averlo conosciuto circa due anni prima alla grata del parlatorio quando era venuto su ordine del vescovo per chiederle dell'acqua di assenzio (utilizzata nella farmacopea popolare per le «febbri longhe» o come addensante per pillole contro i «cattivi humori»[5]). Era alto di statura e portava la barba, sempre vestito di nero, senza cappa o tabarro; le avevano detto che era genovese ma parlava «toscano come che noi». In quel primo incontro le aveva offerto i suoi servigi e «dopo queste parole ne vennero delle altre, delle altre, delle altre, et poi semo venuti a questo che mi vedete».

Arrivò la domanda più difficile – *in quo loco in prima vice habuit rem cum supradicto Johanni Baptista*. La risposta fu secca, senza dettagli: a novembre nella camera da basso, di notte, passando dalla porta principale, e poi a Carnevale, sempre dopo il tramonto. Non aggiunse né le fu chiesto altro. Riguardo al vescovo, ammise di averlo incontrato in monastero un paio di volte alla grata del parlatorio per la questione dei lavori e di aver chiesto qualche volta il suo parere quando si trattava «di fare qualche instrumento o qualche cosa che importasse». Confermò poi, come era già emerso dalle deposizioni delle sue consorelle, di aver tenuto in custodia alcuni oggetti personali del presule: un boccale, un bacile d'argento, una coperta di taffetà, «una cassetta di cipresso con robbe dentro come dire haveri d'oro et di seta, un crocifisso, un braccio longo indorato et uno scrignetto napoletano». Un unico, laconico cenno al bambino le uscì di bocca quando Riario le chiese se era vero che avesse posato sul corpicino una medaglia tonda d'argento[6]. «Io posso giurare» rispose Elena «di non havere visto il putto quando naque perché stavo in affanno», soggiungendo: «che lo neghi o confessi mi pare che sia di poca importanza». L'interrogatorio si concluse così, senza altre domande. La badessa approvò il verbale, sottoscrivendo di suo pugno: «Io sora Elena o deposto come di sopra per la verità».

L'inchiesta era soltanto all'inizio e, a giudicare dagli interrogatori che seguirono, le palesi reticenze della badessa dovevano essere apparse al Riario quanto meno singolari a fronte delle notizie già raccolte. Furono sentite sei monache e altri testimoni, che fornirono nuovi particolari sull'assidua frequentazione tra i due. Oltre allo scambio continuo di doni c'era anche la biancheria che il vescovo mandava a far lavare in convento. Il vescovo – riferì suor Lucia Benedetti – «mandava li panni negri qui a farli bianchi et metterli in bucata et una volta mandò certe camisce sue a raconciarsi alla madre abbadessa»[7]. Una volta, riferì un altro testimone, il vescovo era stato sentito esclamare: «questa camiscia è brutta che se vadino a pigliare le brache nel monasterio»[8]. Le ceste piene di panni venivano lasciate alla ruota del parlatorio o alla porta del convento, i panni venivano mandati a lavare fuori e poi riconsegnati direttamente nella stanza della badessa, che provvedeva a piegarli. Suor Serafina Mattei disse che subito dopo il parto il vescovo era andato a trovare la badessa insieme al medico, particolare confermato anche da altri testimoni, ma che da quando si era diffusa la voce della nascita del bambino, Cittadini non si era fatto più vedere, né aveva mandato regali o panni da lavare[9]. Quanto al Dolera, la maggior parte delle monache disse di non averlo quasi mai visto, e non se ne stupivano.

«La madre abbadessa» commentò suor Ludovica Blasi «non ci parlava troppo volentieri perche dicìa che era un poco balordo et era un giovene di poche parole»[10]. C'era poi quella lunga scala che un contadino e il colonnello delle guardie di Castro avevano ritrovato nascosta nella «fossa della muraglia»[11] proprio sotto il vescovado, come se fosse stata messa lì per facilitare una fuga. Infine tale Giulio Antonio muratore di Milano, che stava a far la sentinella in cima al campanile di San Savino l'ultima volta che il duca Ottavio Farnese era venuto a Castro, affermava di esser riuscito ad intravedere il parlatorio del monastero, e di avervi notato un uomo e una monaca seduti uno di fronte all'altro: l'uomo, ne era quasi certo, era il vescovo, mentre la monaca, girata di spalle, non aveva potuto identificarla[12].

La svolta arrivò a una settimana dall'inizio del processo. La sera del 20 settembre la badessa fu interrogata di nuovo nella stanza da basso, tra il parlatorio e la porta grande del convento, detta anche «stanza dei frati», quella dove diceva di aver «cognosiuto» il Dolera. Riario inizialmente mostrò di credere alla sua deposizione invitandola a fornire nuovi particolari. Elena ripeté la stessa storia, accennando alle confidenze che si erano fatti l'uno con l'altra. «Le parole proprie» disse «non so como se fussero tra di noi, ognuno monstrava l'animo suo e cusì fu venuto al fatto»[13]. Quanto agli incontri, disse che lo aspettava con la lanterna sulla porta e che, aggiunse girandosi per indicare il punto esatto, i rapporti si erano consumati proprio lì, in «quel cantone apresso il foco». Teneva sempre lei la chiave della chiesa di Santa Lucia, dalla quale si poteva accedere al convento: benché il confessore o il fattore fossero tenuti a chiudere la porta dal di fuori, alla fine con qualche stratagemma aveva ottenuto che la chiave fosse sempre riportata a lei, in modo da poter decidere liberamente chi far entrare. Riario le chiese quando aveva visto l'ultima volta il vescovo, ma davanti alla sua reticenza cambiò improvvisamente tono e minacciò di farla portar via da lì per incarcerarla altrove.

Elena ammutolì, e solo dopo un lungo silenzio disse che voleva parlare. E così esclamò, di getto, come mossa dal ricordo di un'angoscia insopprimibile:

Io sonno stata per dui cagione retrosa a dire la verità: la prima perché io non voleva essere causa della morte del vescovo di Castro, la seconda mi andavo pensando che morendo il vescovo la mia creatura non andasse a male.

«Dicens ex se» annotò il notaio, formula utilizzata per sottolineare che l'interrogato parlava liberamente, di sua iniziativa. Aveva paura che il suo bambino morisse, era questo l'unico suo pensiero. Mentre il vescovo, coerentemente con il suo *status* negava ogni addebito, Elena mentendo aveva tentato di assumersi tutta la colpa.

La badessa temeva che la sua creatura «andasse a male». Sapeva di aver sbagliato, sapeva di non avere scampo ma, non potendo essere madre né moglie, la salvezza di quel bambino era diventata l'unica sua preoccupazione. Ma ora che era stato ritrovato e trasferito in un ospizio dove avrebbe quasi sicuramente trovato la morte, probabilmente non aveva più senso continuare a mentire.

Dopo questa prima dolente confessione cominciò a raccontare quasi con freddezza di aver «cognosciuto carnalmente» il vescovo per tre volte nella sua stanza, che era separata da tutte le altre e alla quale si accedeva subito passando dal ponte coperto di legno che collegava la chiesa di Santa Lucia al monastero:

la prima volta fu di novembre passato, verso il mezzo mese, la seconda de carnovale, la terza fatta pasqua della resurrettione, et dal conto che ho fatto mi ingravidò la prima volta che mi negotiò et la creatura che io ho fatta et parturita del mese di luglio passato né mai ne prima né dopo ho havuto che fare con altra persona.

Gli incontri venivano concertati di giorno alla grata, poi, quando il vescovo si presentava vestito in abito corto con una cappa e un cappello, non rimaneva più di un'ora «et se slacciava solamente et non se spogliava». Quando, a Carnevale gli aveva confessato di temere di essere incinta «lui se ne prese grande fastidio, ma non me ricordo delle parole che mi dicesse».

Altro non aggiunse. Non fece mai parola di un dubbio, un desiderio, un sentimento. L'unico accenno a qualcosa di più intimo sta in quel «ognuno monstrava l'animo suo» riferito però al Dolera. Forse pensava al vescovo dicendolo, così come aveva fatto «figurandosi» – questo è il termine che successivamente usò quando le fu chiesto di spiegare in quale modo avesse mentito – i presunti incontri con il servitore. In ogni caso, siamo lontani dai patimenti esibiti dalla monaca di Monza, che avrebbe invece rivelato subito tutto, come se dovesse liberarsi da una forza maligna che l'aveva posseduta. La sua confessione avrebbe avuto però la stessa brevità e brutalità di quella della badessa di Castro, con un particolare in più, quello della violenza:

E finalmente stando io assettata sopra il basello della prima porta esso Osio mi violentò gittandomi a terra, et nonostante ch'io cridassi ah traditore ah traditore hebbe comertio contro di me dicendoli ah l'honor mio, dicendoli racordatevi la mia virginità racordatevi ch'io sono[14].

Elena parlò solo esclusivamente di «errore» indicando il vescovo come padre del bambino, senza alludere a costrizioni o violenze. Solo in un'occasione, come si vedrà, dopo un umiliante confronto con il Cittadini che la trattò da bugiarda, le sfuggì una frase analoga a quel fiero «racordatevi ch'io sono», ripresa successivamente in tutte le relazioni sul processo:

Quanto a me io haverei desiderato di potere portare la pena sensa che detto vescovo ne havesse patire cosa nisuna, né mi ha mosso nisuno respetto, perché quanto alle cose del mondo io l'ho messe tutte da banda, et quanto a Dio il medesimo peccato et fallo è haverlo fatto con un principe o con un famiglio di stalla[15].

Una volta confessato e perduto per sempre il suo bambino, per Elena era diventato tutto uguale, anche quella sottile distinzione che una donna del suo rango sapeva cogliere tra un principe, che il vescovo non aveva saputo essere tentando di scaricare su di lei tutta la colpa, e un inserviente di stalla.

Mentre la sua stanza veniva perquisita e lei rinchiusa in una cella, Riario si spostò al vescovado, dove si presentò con due medici perché Cittadini era a letto malato. Era febbricitante, ma non abbastanza, come dichiararono i medici, da non poter essere trasportato a Roma in lettiga, dove avrebbe potuto avere «maggiore comodità di curarse per essere qui caristia d'ogni comodità si como dice esso monsignore»[16].

In effetti, si era già prospettata l'ipotesi di trasferire il presule a Roma sin dal primo interrogatorio della badessa il 15 settembre. Quella sera stessa, Ascanio Celsi aveva scritto al duca Ottavio Farnese riferendo che il papa lo aveva fatto chiamare per avere novità del vescovo di Castro e lui aveva risposto che la badessa aveva confessato il parto, che il «putto era ritrovato» e che, per «iscusare»[17] il vescovo, la cugina aveva detto che il padre del bambino era un servitore. Gregorio XIII aveva poi discusso della causa con il Riario, e aveva deciso che il vescovo dovesse essere trasportato a Roma insieme agli altri prigioni e alla badessa. Nel frattempo, il giorno in cui Riario era andato al vescovado, l'auditore dello Stato Galeazzo Cossa informava il cardinal Farnese di quella lunga giornata:

Monsignor Auditore così con gli stivali in piedi è subbito andato ad essaminare la badessa quale li ha confessato che il putto ch'ella ha fatto è figlio del vescovo, et essendo poi andato ad essaminar il vescovo l'ha trovato a letto con un poca di febre e fatto chiamare messer Michelagiolo et messer Nicolao Luchese medico, che son stati d'accordo a che il male non è tale che non possa in lettiga con far poco viaggio il giorno condursi in Roma. Si è risoluto di nuovo dar avviso a Sua Santità del tutto come hora fa, et mostra che qui la badessa et il vescovo stanno mal siguri: non posso dire a Vossignoria Illustrissima altro per hora[18].

Il trasferimento a Roma non era una questione semplice. Si temeva infatti qualche incidente, anche perché nel frattempo erano arrivati a Castro i fratelli del vescovo. Così riferiva ancora Cossa al cardinal Farnese il 22 settembre:

Hieri arrivò qui messer Ottavio Cittadini et un Giovan Donato suo fratello et monsignor Auditore non volle che alloggiassero in vescovado, acciò non potesse parlare né negotiare con il Vescovo, concedendo solo che, in sua presentia, potessero una volta visitarlo, et salutarlo. Mostrano essersi mossi solo per la malattia del vescovo senza saper il fatto e disegnano di stare qui fin che monsignor Auditore parta, per sospetto ch'hanno per strada del signor Orso[19].

I fratelli del vescovo, e con essi il Riario, temevano che il fratellastro della badessa Orso Orsini, la cui natura violenta era ben nota – qualche mese prima, come sappiamo, aveva ucciso il duchino di Latera e la notizia si era risaputa ovunque – potesse uccidere il vescovo e rapire la sorella oppure farli fuggire entrambi durante il trasferimento a Roma. Riario aveva quindi chiesto al Cossa di approntare due lettighe e di chiamare cento uomini per far da scorta lungo la strada che per andare a Roma passava per Canino. Cossa aveva suggerito di far partire contemporaneamente un'altra lettiga vuota, scortata da venticinque uomini verso Ischia di Castro per «vedere se qualcuno ha voglia di ammazzare o levare i prigioni»[20] e così si sarebbe fatto.

Nel frattempo, gli interrogatori continuavano. Tra gli altri fu ascoltato quel Paolo d'Hermete, notabile di Castro, indicato dal bandito Mengaccio come il mandante del rapimento e del tentato omicidio del vescovo avvenuto nel febbraio di quello stesso anno[21]. La sua deposizione fu tutt'altro che favorevole al presule. Dopo aver ricordato che almeno da un mese, nella «bottega dello hebreo»[22], aveva sentito dire che la badessa aveva avuto un figlio e che il vescovo era implicato, così dichiarò:

Io credo che le gente dicessero et dicano che sia figliolo del vescovo et che si siano messi a dirlo cosi per la frequente conversatione che detto vescovo facia nel monasterio e io in quanto a me credo il medesimo perche

assaissime volte ho visto il vescovo andare al monasterio et che intrava
li nel parlatorio et a me dispiacendo questa gran pratica del vescovo nel
monasterio et che spesso ci andava et per le recomandatione che mi fece
la signora duchessa avanti che morisse, che mi fusse raccomandato questo
monasterio, non piacendomi troppo questo praticare del vescovo e lo
continuo andare nel parlatorio ne presi piu presto suspetto ch'altrimente
et ne pensavo più presto male ch'altrimente.

Sentendosi in dovere nei confronti della promessa fatta alla
duchessa Gerolama di vigilare sul monastero, si era deciso quindi
ad andare a parlare con il confessore – un frate cistercense – a
proposito delle visite del vescovo e questi gli aveva risposto:
«Manco a me mi piace», dicendogli anche che avrebbe voluto
«far schiamazzo davanti al generale dell'ordine». Si trattava di don
Cosimo Davanzati, come si vedrà una figura chiave per ricostruire
il periodo nel quale il cardinal Farnese e il duca Ottavio furono
tenuti all'oscuro di quel che stava accadendo[23].

Riario tornò da Cittadini, ascoltato mentre era ancora a letto.
Alla domanda sul perché, proprio quell'estate, a differenza di
come aveva sempre fatto negli anni precedenti, non avesse lasciato
Castro, rispose che avrebbe voluto andare a Milano a trovare il
fratello Ottaviano, ma che questi si era invece spostato ai Bagni
di Lucca. C'erano poi quei «negotii et differentie con la Comunita per il Capitulo et mensa episcopale»[24] che voleva sistemare,
e dunque anche per questo non era andato via. Gli fu chiesto
conto delle sue visite in monastero, che giustificò con quanto
indicava il Tridentino a proposito della clausura che i vescovi
erano tenuti a controllare. Ammise di aver lasciato in custodia
dalla badessa certi suoi oggetti personali, ma non si ricordava
«minutamente de le altre robbicciole» che poteva aver lasciato.
In ogni caso, non erano «cusì secure come in uno monasterio»,
e confermò di aver mandato doni e che in cambio aveva ricevuto
in omaggio «torte insalate ciambellette cialdoni et altre cose di
monache». Infine, ammise di essere andato recentemente a trovare la badessa, non ricordava però se a fine luglio o ad agosto,
perché aveva saputo dal di lei cugino, il duca Ottavio Farnese,
che era gravemente malata; questi gliel'aveva molto raccoman-
data, e così era andato a trovarla accompagnato dal medico al
quale aveva detto: «voglio fare questa opera di carità, et voglio
visitarla». L'auditore lo incalzò domandandogli di cosa avessero
parlato le altre volte che era andato a trovarla, ma Cittadini si

tenne sulle generali: «io non lo potrei mai dire perché io non lo
so, ragionavamo della cose del monasterio, qualche volta de altri
monasterii belli et non me ricordo d'altri ragionamenti». Riario
non cessò di incalzarlo e gli chiese se almeno ricordasse quanto fossero durate queste visite, ma Cittadini, sembrando quasi
infastidito, fu nuovamente reticente: «Io non portavo orologio,
mezza hora un hora più et meno, secondo l'occorenze perché
quasi ci andavo che non fussi dopo vespro».

Per ora non restava al Riario che tornare ad interrogare la
badessa, chiedendole se voleva ratificare quanto aveva confessato
la sera prima, e lei così rispose:

> Quello che ho detto e confessato circa il fatto di monsignor vescovo
> di qui è la verità e sopra l'altre cose che io ho ditte in diversi examini
> non erano vero, perché io figuravo un caso che non era vero. Et dicevo
> che era stato Giovanni Baptista ma veramente è stato il vescovo che ha
> havuto che fare con me si como io dissi gier sera a vostra signoria[25].

La badessa dunque aveva «figurato» – ossia dato forma,
disegnato e in senso lato immaginato – una versione dei fatti
non corrispondente a verità. O meglio, gli incontri in monastero
erano avvenuti davvero, ma non con Dolera. Ai ricordi di quanto
realmente era avvenuto aveva quindi sovrapposto alla figura del
vescovo quella del suo servitore. E sulla base di ciò aveva risposto
spostando gli incontri dalla sua cella alla camera da basso, forse
per far sembrare la cosa meno sacrilega. Ora però, soggiungeva,
«voglio dire la verità et non voglio dire più buscie». Ricominciò
quindi a raccontare degli incontri col vescovo aggiungendo qualche particolare in più su come venivano organizzati. Riario le
chiese se aveva «conosciuto» il vescovo soltanto sul letto o anche
altrove – un dettaglio che potrebbe sembrare irrilevante e perciò
morboso, ma che le fu richiesto con insistenza, come per coglierla
in contraddizione o, possiamo presumere, per metterla in difficoltà e
ricavare qualche informazione in più. Elena rispose semplicemente:

> La prima volta fu come vi ho detto su nel letto e nella camera mia
> senza spogliarsi, la seconda e la terza volta se spogliassemo tutta dui, et
> havessimo a fare insieme come ho detto, et io ero quasi mezza spogliata
> quando gli andai ad aprire e lui se spogliava e se vestiva da sua posta.

Riario le chiese infine se si era confidata con qualche consorella
al momento del parto. Ella negò risolutamente come aveva fatto

nel corso degli altri interrogatori, specificando però che quando stava per partorire, suor Vittoria che era molto «animosa» le aveva chiesto: «Dite il vero, è figliolo del vescovo?» e lei aveva risposto alterata: «Non l'ho detto al confessore, vedete se lo dirrò a voi». Questa conversazione coglieva in contraddizione suor Vittoria, che aveva dichiarato di non aver mai immaginato che il bambino potesse essere figlio del vescovo. Ascoltata di nuovo, ammise di aver proferito quella frase e confermò la risposta della badessa, riportandola però in modo più discorsivo: «Che voli andar cercando queste cose tu, che non l'ho dette al confessore, queste cose manco le voglio dire a te»[26].

Di quella nuova giornata di confessioni, ritrattazioni ed omissioni così Cossa riferì puntualmente al cardinal Farnese:

> Qui monsignor auditore et il suo sostituto non guardano né occasione, né tempo e tutt'hieri stanno attorno al vescovo e a la badessa quale non solo persiste nella confessione, ma va di mano in mano chiarendo le partite in modo che il vescovo bisognarà che sia un valent'homo a poter continuare nella negativa, ove s'è messo. Hoggi vuol far la confrontatione di lui e della badessa quale è così mortificata et afflitta ch'accettaria ogni pena e se ne conosce degna[27].

Riario aveva dunque deciso di procedere a un confronto. Probabilmente puntava a raccogliere la confessione di Cittadini prima del trasferimento a Roma visti i pericoli che poteva comportare. Interrogò per primo il vescovo, da solo. Alla domanda di rito se avesse qualcosa da aggiungere riguardo alla deposizione del giorno prima, Cittadini rispose con un dettaglio apparentemente irrilevante. Ammettendo di essere stato, nell'ultimo anno, almeno una decina di volte in monastero, gli pareva di ricordare che, quando aveva visitato la badessa, aveva trovato una donna a parlare con lei, la moglie del capitano Tagliaferro, e anche il medico Nicolao, e che sempre stavano da lei, come a voler dimostrare che non era l'unico a recar visita alla badessa e che dunque potevano essere potenzialmente molti altri ad aver commesso il sacrilegio.

Non avendo ottenuto nulla, Riario provò a cambiare argomento chiedendo al Cittadini perché avesse scritto ai fratelli pregandoli di venire al più presto a Castro. Il vescovo rispose che era per via di quei «travagli che me sono dati, accioché loro venessero ad agiutare l'innocentia mia» poiché «ero stato calunniato appresso il cardinale Farnese che io havesse commesso errore con moneche»[28]. L'auditore gli chiese allora da chi l'avesse saputo, e Cittadini rispose che erano stati il suo vicario e il bargello a dirglielo; non rammentava chi dei due lo avesse informato per primo, ricordava soltanto che «parlavano fra i denti, con modestia». In ogni caso, gli pareva di aver detto al vicario che «non erano le prime malignità che mi erano state usate et che lui non havesse pensiero o fastidio per conto mio perché di questo io ero innocentissimo o simile parole». Riario ribatté che non era verosimile che avesse ricordi così vaghi su fatti così recenti, e allora Cittadini rispose che invece era possibile che uno molto ammalato non si ricordasse di quanto avvenuto il giorno prima, figuriamoci poi di cose accadute settimane o mesi prima. «La verita è cusi, che io non me ne ricordo» concluse il vescovo, e se poi l'auditore avesse voluto altri particolari avrebbe dovuto chiederli direttamente al vicario, al bargello e non a lui.

Un'altra cosa Riario trovava del tutto inverosimile: com'era stato possibile che proprio lui, l'ordinario che avrebbe dovuto sovrintendere alla clausura, avendo saputo che la badessa aveva partorito, non si fosse subito informato di un così grave crimine? E inoltre, visto che il vescovado non era poi così lontano dal monastero, com'era possibile che non avesse sentito la badessa mentre partoriva? Cittadini si schermì, osservando: «questo è fatto alieno, né io lo posso sapere se non vedendolo, e la vicinanza del monasterio non è tanta da sentire il vagito del putto o gridi di chi parturisse». In ogni caso, argomentò, poiché per un atto così importante e grave avrebbe dovuto scrivere ai superiori della badessa non essendo il monastero sotto la sua giurisdizione, aspettava di farlo quando si fosse ripreso dalla sua malattia[29]. Ma il bargello, alla fine, gli aveva detto «che il cardinale Farnese ci metteva la mano lui, como signore temporale poiché io non ci havevo poste le mane» e si era quindi concentrato su come difendersi dalle calunnie scrivendo a Roma. Quest'ultima dichiarazione sembrerebbe confermare l'ipotesi secondo la quale il cardinal Farnese avesse pensato di poter circoscrivere lo scandalo a Castro e che poi, anche a causa delle pressioni fatte a Roma, la questione fosse passata al tribunale dell'Auditor Camerae.

Riario lasciò finire di parlare il vescovo e per la prima volta gli pose la domanda diretta: poteva forse negare di essersi recato più volte in convento, di notte, nella stanza della badessa, per «conoscerla carnalmente»? Cittadini rispose sprezzante: «Questa è una bella istoria, io vi dico liberamente che chi dice questo, dice una gran buscia» ed era disposto a dirlo in faccia alla badessa. «Io gli dirò che lei dice le buscie» concluse.

Fu fatta prelevare la badessa, che si fece sedere al cospetto dell'auditore. Quando le fu chiesto se confermava quello che aveva rivelato la sera prima, la badessa voltandosi verso Cittadini, ma continuando a guardare in faccia Riario rispose:

> Monsignore li mei pecati mi hanno condutto qui, bisogna che io dica il vero. Il vero è quello che io dissi gier sera, che sonno cascata in questo errore et fatto questo male tre volte sole con monsignore di Castro qui presente[30].

Riario le fece quindi leggere la sua confessione, alla fine della quale Elena confermò che era tutto vero. Intervenne allora bruscamente Cittadini, e cominciò una breve quanto drammatica discussione tra i due, di cui il notaio prese immediatamente nota:

> Francesco Cittadini – Signora abbadessa non sapete vi ho honorata da sorella santamente, come havete ardire di mettermi questa calumnia tanto a torto, che non è vero né principio, né mezzo, né fine di quello che incolpate me et vui lo sapete. Et li servitii che io ho fatti al monasterio et l'honore che ho portato a vostra signoria non meritano che mi sia apposta questa ruina adosso, con tanta bugia, perché di novo vi dico che non è vero e non sarà mai in mille anni quello di che me inputate, sicché vostra signoria dichi la verità perché la sa che non è questa il paragone, il mostrarà.
> Elena Orsini – Io non voglio contrastare, quello ho detto è la verità.
> Francesco Cittadini – Io dico che questo non è verita et che non ho da ruinare per havere servito il monasterio et haverlo honorato.
> Elena Orsini – Io ho detto la verità, et Dio è di sopra.
> Francesco Cittadini – Dice una gran bugia e non se trovarà mai.

Non si dissero altro e ognuno fu riportato alla propria cella. Da allora non si sarebbero mai più incontrati.

Qualche giorno dopo, tutti i prigionieri furono trasportati a Roma. Cesare Del Bene fu rinchiuso nelle carceri di corte Savella, situata tra via Giulia e via di Monserrato e divisa tra *larghe* e *segrete*, dove venivano incarccrati gli accusati in attesa di interrogatorio. Le scarse condizioni igieniche, la promiscuità e la corruzione del personale di custodia non erano molto diverse da quelle del carcere di Tordinona dove fu imprigionato il vescovo. Situato nel rione Ponte, in un'area un tempo adibita a porto fluviale, riservava agli ecclesiastici degli ambienti separati rispetto a quelli destinati ai delinquenti comuni o poveri, privilegio di cui probabilmente poté godere anche Cittadini[31]. La badessa e le consorelle furono invece recluse separatamente in due luoghi nati entrambi come istituzioni di recupero delle prostitute e delle «malmaritate». Elena fu rinchiusa in una cella del convento di Santa Marta al Collegio Romano, fondato da Ignazio di Loyola come istituto per «donne peccatrici bramose di ritirarsi dall'infelice loro stato»[32] e poi divenuto nel 1561 monastero agostiniano. Una curiosa coincidenza per la badessa, forse non del tutto casuale, visto che in origine l'istituto era stato posto sotto la protezione proprio della zia Gerolama Orsini e di altre nobildonne[33]. Suor Vittoria, suor Bernarda, la portinaia e la ruotara furono invece recluse nel monastero delle «monache convertite» o «suore della penitenza»[34] di Santa Maria Maddalena in via del Corso, voluto da Leone X per accogliere le prostitute pentite disposte a prendere i voti.

Capitolo settimo

«Zuccari et altre cose da monache»

«È un pezzo che il vescovo ha questa bazzica con la signora abbadessa» aveva riferito il gonfaloniere di Castro al commissario Cerbelli il 20 settembre, poco prima che la badessa confessasse. E aveva aggiunto: «Ma da aprile in qua più spesso che mai, et io lo so perché andavo et venevo dalla mia vigna et mi era necessario passare dinanti al monasterio et sempre se lo vedevo»[1]. Questa era soltanto una tra le tante dicerie raccolte durante gli interrogatori da Riario e dai suoi sostituti. Malgrado il giuramento del silenzio prestato da tutti i testimoni, non è inverosimile supporre che le voci sull'andamento del processo circolassero non soltanto a Castro ma in tutto il ducato, saldandosi con quanto era già da tempo di pubblico dominio. Tutti i testimoni sottolineavano, da un lato, il clima di tensione che si era creato in città contro il vescovo a causa di quella lite sui pascoli e sulle decime e, dall'altro, il fatto che non appena si era sparsa la voce che la badessa aveva avuto un figlio, il vescovo era stato indicato come il responsabile di quel sacrilegio. Malgrado il ritrovamento del bambino – prova *princeps* dell'avvenuto sacrilegio – la mancata confessione del presule e l'infruttuoso confronto con la badessa rendevano sempre più improbabile una rapida conclusione del processo.

Una volta arrivati tutti i prigionieri a Roma ripresero gli interrogatori. Per primo fu sentito di nuovo Cesare Del Bene, che negò risolutamente di aver ricevuto da suor Vittoria il biglietto che la badessa aveva scritto al vescovo non appena era nato il bambino; negò anche di essere andato a trovarla per darle notizie dello stato di salute del bambino dato a balia[2]. Ammise soltanto di essere stato molte volte alla ruota del convento

quando a pigliare l'orzate per monsignore, quando ciroppi et quando medicine et panni bianchi, che tutte queste cose se faciano nel mona-

sterio e tutte queste cose se adoperavano per monsignore vescovo et li
panni erano di monsignore et se faciano bianchi nel monasterio et me le
davano in uno cestarello largo quanto possia intrare da una rota et io me
li pigliava et portava via[3].

Dolcetti, sciroppi, confetture ma anche «spetiarie», medicine e acque curative costituivano alcune delle tipiche abilità
riconosciute alle monache insieme al ricamo e al cucito. Come
confermarono anche altri testimoni, le provviste scambiate e i
medicamenti inviati al vescovado non dovevano essere considerati
necessariamente indizi di una relazione illecita, ma rientravano
nella normalità di rapporti tra il convento e la città testimoniati
un po' ovunque in Italia anche se, almeno ufficialmente, proibiti
dopo il Concilio[4]. Nicola Maiorano, vescovo di Molfetta, chiamato a deporre in favore di Cittadini riferì che quando mangiava
con il suo amico vescovo di Giovinazzo e «compariva in tavola
qualche cosa straordinaria», alla domanda «che cosa è questa?»,
il vescovo rispondeva «è cosa monecale»[5].

Ben diverso sarebbe stato se la badessa avesse ricevuto in
regalo oggetti di uso personale o indumenti pregiati, come quei
«fiori di seta di Bologna» e un «paro di guanti di seta bianca
agocchia con un filo d'oro»[6] che, trent'anni dopo, Gian Paolo
Osio avrebbe fatto recapitare a Virginia Maria de Leyva tramite
i suoi servitori. Più che le solite cibarie come «carne, pollame,
pesce, frutta» ricambiate con «cose da mangiare da monache
come offelle, et simili»[7], sarebbero stati proprio quegli oggetti
personali a destare sospetti. Oltre a ricordare le complesse ritualità legate al matrimonio, là dove gli abiti regalati alla futura
sposa indicavano un'appartenenza che passava simbolicamente dal
padre al marito, vestiti e gioielli potevano essere anche segnale
di un'intimità, di una relazione nella quale i doni, se accettati,
comportavano l'obbligo di ricambiarli instaurando così un legame
che non necessariamente era paritario ma, al contrario, poteva
essere quasi di sottomissione[8].

Nulla di tutto ciò fu trovato perquisendo la cella della badessa
e le stanze del vescovo. Tuttavia, le reiterate testimonianze e le
domande insistenti sulla frequenza e sulla tipologia di regali e
favori rivelano il forte valore simbolico e rituale attribuito a quei
gesti. Lo scambio di doni, come il tocco della mano o il bacio,
erano segni che, tradizionalmente, ratificavano gli sponsali o indicavano lo scambio del consenso tra due sposi clandestini. E se la

selvaggina e la frutta fresca potevano ricordare le delizie dell'Eden ma anche il frutto proibito del peccato originale, lo scambio di oggetti era probabilmente percepito anche come uno scambio di segnali, parole, messaggi, esattamente come quei bigliettini tra la badessa e il vescovo di cui non fu mai trovata traccia[9].

«La madre abbadessa può dire quello che vole», disse Cesare Del Bene al commissario Cerbelli che gli chiedeva conto del biglietto che secondo la badessa avrebbe recapitato da parte di quest'ultima al vescovo. Neanche la minaccia di essere torturato lo indusse a parlare: «Pazienza non so che farmici» proruppe davanti all'insistenza di Cerbelli, soggiungendo: «se mi volete dare la corda fate voi». E così fu.

Il «rigoroso esame» durò alcuni giorni, suddiviso in quattro sessioni distinte: la prima per la durata di un Miserere, la seconda e la terza per più di un'ora, l'ultima nel tempo di un'Ave Maria. Il notaio, come da prassi, prese nota di ogni parola, sospiro o lamento. Condotto nell'*aula tormentorum* del carcere di corte Savella, dopo essere stato spogliato e visitato dal medico per accertare che non fosse malato e non portasse con sé amuleti per resistere al dolore, fu legato per i polsi ed appeso alla corda. Da quel momento in poi, come quasi sempre nei documenti di questo tipo, fu una sola sequenza di domande, lamenti e grida: «o dio o dio, lassateme giù che io dirò la verita lassateme giù»; «io non me ne ricordo, se me ne ricordassi io lo direi, et messere domenedio mi aggiuti, et mi aggiutava et mi ha aggiutato sempre, o dio aiutami et habbi misericordia alli mei peccati»; «io non mi ricordo d'altro mi possete ammazzare che io non posso dire altro, mi volto tutto et mi moro»; «signore Bernardino sono morto agiutatimi sonno morto, io so morto, lassateme un poco reposare»; «io non so niente, lassate un poco giù et lassateme pisciare un poco lassateme pisciare un poco»[10]. Quando ammutolì, nel timore che stesse agonizzando, fu calato giù, portato in cella e rivestito, le tempie e i polsi umettati con aceto.

Cesare aveva dunque resistito, rimanendo in silenzio, *taciturnus* come annotò il notaio. Per questa volta aveva vinto mostrando la debolezza intrinseca di un sistema, quello della prova legale, imperniato sulla conferma di una verità che, in quanto già data, poteva essere estorta con qualunque mezzo. Non che la tortura fosse inflitta in modo arbitrario: al contrario, era disciplinata da regole minuziose che stabilivano tempi e modalità di applicazione. Tuttavia la negazione di ogni addebito da parte di Cesare e il suo silenzio contribuivano a mettere in dubbio un'inchiesta dagli esiti per il momento ancora molto incerti.

Nelle settimane successive furono interrogati, tra gli altri, il confessore delle monache, don Cosimo Davanzati, e il maestro di casa del vescovo, il canonico Francesco Ancorino, due figure chiave che gettarono ulteriori ombre sul comportamento dei principali imputati.

Davanzati rese una lunga e animata deposizione a proposito della «continua conversatione che detto vescovo teneva con la madre abbadessa del monasterio di Castro»[11] e su quelle «cose di magnare di zuccari et di altre cose da monache». Raccontò di essere arrivato in convento a gennaio e di avervi celebrato messa fino a maggio, quando era stato trasferito nell'abbazia di Monte Amiata per andare poi «alli Bagni di San Casciano alli tempi congrui». Almeno una volta a settimana, riferì Davanzati, il vescovo si recava in monastero e, accorgendosi della «murmuratione grande» che non solo a Castro ma anche a Viterbo e a Rociglione si faceva a proposito di quel continuo andirivieni, don Cosimo aveva cominciato a pensar male.

Si trattava a suo parere di una frequentazione illecita, non avendo il presule «giurisdittione nisuna sopra dette moneche essendo loro sotto l'ordine cisterciense»[12]. Sull'argomento, per la verità, Cittadini nel corso di un precedente interrogatorio si era mostrato piuttosto reticente. Quando gli era stato chiesto se fosse lecito per un vescovo recarsi liberamente in un monastero, aveva sostenuto di non ricordarsi bene cosa stabilisse in proposito il Concilio di Trento anche se era certo di aver agito secondo quanto previsto dal suo ufficio di ordinario[13]. Vi si era infatti recato accompagnato dal confessore delle monache per verificare «se era ben chiuso et se era bona la clausura»[14].

Non si trattava di questioni di poco rilievo: l'applicazione delle nuove norme poteva rivelarsi infatti assai problematica sia sul piano giurisdizionale sia su quello disciplinare. Per quanto il Concilio avesse affermato esplicitamente l'obbligo per i vescovi di sovrintendere alla clausura anche nei monasteri esenti, la materia, almeno nei primi decenni dopo il Tridentino, era oggetto di conflittualità non soltanto tra vescovi e regolari – di cui le lamentele e le insinuazioni del Davanzati sono prova evidente – ma anche con i notabilati locali, preoccupati che un maggiore controllo sulla disciplina conventuale potesse far emergere situazioni poco lecite ledendo l'onore delle famiglie[15].

Davanzati, preoccupato per le dicerie e vieppiù insospettito dall'insolito comportamento del vescovo, si decise quindi a parlare direttamente con la badessa per dirle che stava dando scandalo e che se non vi avesse posto rimedio avrebbe scritto al cardinal Farnese, al duca di Parma e al cardinal Giovanni Morone, che era il loro protettore. La badessa però così gli rispose:

> A me non mi basta l'animo di dire et negare al vescovo che non venghi qui et mi parrebbe discortesia se io gli dicesse questo pero se gli volete dire voi ditili che io non gli voglio dire questo ma io non lo mandarò a dimandare. Io non voglio dare licenza al vescovo che non venga qui ne mai dirli questo perché il più delle volte vi chiamo a nostri ragionamenti, e sapete che non sonno ragionamenti da suspetto, et se voi gli volete dire voi al vescovo fate voi ma avertite bene che non vi ne habbiate poi a pentire.

Elena cercava evidentemente di dissuadere don Cosimo dal proseguire con le sue domande, ma questi non demordeva. Chiese perfino a un vecchio frate francescano, che aveva confidenza col vescovo, di dire a quest'ultimo che «tutta la città era sottosopra et ognuno» ma, secondo quanto gli aveva riferito il frate, il vescovo si era limitato a rispondergli che andava spesso a parlare con la badessa soltanto per consolarla di qualche sua tribolazione e che non si interessasse più della faccenda. Il confessore aveva deciso allora di affrontarlo di persona, ma Cittadini aveva di nuovo negato ogni addebito, non soltanto raccontando a don Cosimo che «l'homini della citta gli volevano male e l'havevano fatto assassinare da uno bandito che si dimanda il Gamba» ma pretendendo da lui che gli dicesse chi fossero «quelli homini di Castro che l'andavano scarbucchiando per la città». Cosimo aveva risposto che da un dottore e vescovo com'era lui non si sarebbe mai aspettato una richiesta così tanto «inhonesta» e che aveva già ammonito i suoi servitori, dicendo loro di rivolgersi direttamente a lui per ogni evenienza e non nelle ore più incongrue. Ma un tal Domenico – che nel frattempo si era dato alla fuga – gli aveva risposto malamente, dicendogli che per «tanta insolentia et pochi respetti» il suo padrone lo avrebbe castigato e si sarebbe vendicato di lui.

Don Cosimo non si era dato per vinto e, approfittando dell'arrivo del duca Ottavio Farnese a Capodimonte ai primi di maggio, si era rivolto al suo ufficiale di casa affinché, mantenendo il massimo riserbo, raccontasse al duca quel che stava succedendo e «con modestia» parlasse con la cugina; ma l'ufficiale aveva rivelato tutto alla badessa e ne era nata un'animata discussione con quest'ultima che aveva minacciato don Cosimo di farlo allontanare. Don Cosimo aveva quindi continuato a lamentarsi con tutti di questa storia, con Paolo d'Hermete, Alessandro Bufalario e persino con un predicatore domenicano del convento romano della Minerva arrivato in quei giorni a Castro. Accecato dalla fame per il digiuno, gli aveva gridato:

Priore frate Iacomo ho fatto molte monitione a questo reverendissimo et vedo che va peggiorando di continuare la pratica in questo monasterio con l'abbadessa. Non potrò havere piu patienza et ne scriverò al duca, al cardinale et me ne andarò anco a presentare inanzi alli piedi di Nostro Signore.

Il vescovo, avendo sentito questi strepiti, era sceso in piazza, chiedendo al domenicano che cosa fosse stato detto di lui, del cardinal Farnese e del papa, ma poi vedendo che le cose si mettevano male era subito rientrato in vescovado. Quando finalmente il duca era giunto a Castro, don Cosimo gli aveva denunciato «tutti gli andamenti del vescovo»[16]. Il duca gli aveva promesso di occuparsene personalmente e si era subito recato in monastero per parlare con la badessa «come sua cugina» e con Cittadini; don Cosimo, che li aveva accompagnati, aveva però cominciato «a gridare con il vescovo per questa benedetta frequentia»[17] e soltanto quando era intervenuto il duca, pregandolo di tacere, si era placato. L'intercessione di Ottavio Farnese però non aveva prodotto i risultati sperati dal confessore: non solo il vescovo e la badessa avevano continuato a vedersi ma don Cosimo era stato fatto allontanare dal monastero[18].

Il suo trasferimento, secondo quanto aveva riferito la badessa, era stato sollecitato da lei e dalle consorelle «perché metteva discordia tra monache qui nel monasterio, et anco perché né fattori né garzoni di casa possevano vivere con lui perché con tutti gridava»[19], ma non si può escludere che l'avesse richiesto anche per liberarsi di quello sguardo così indiscreto sulla vita del monastero. In ogni caso, due settimane dopo l'interrogatorio, don Cosimo indirizzava una goffa e sgrammaticata lettera al duca Ottavio per informarlo della sua deposizione. «Non mi ingannavo» scriveva a proposito di quanto mesi prima aveva denunciato al duca, e così proseguiva:

> Ora sono stato domandato a Roma: son comparso et trovato et declarato homo dabene. Io parlai a Capraruola collo Ill. et Rev. Farnese quale mi fecie quelli honori che mai meritavo e tra li altri ragionamenti venimo al vescovado [di] Castro, dove mi rispose non sapeva quello fussi in mente di Sua Santità et che cercherebbe io fussi una volta remeritato di mia servitù colla illustrissima casa vostra[20].

Don Cosimo chiedeva insomma che il duca intercedesse presso il cardinal Farnese e questi presso il papa affinché gli fosse conferito il vescovado: pochi avrebbero voluto lasciare Roma per Castro e invece per lui sarebbe stato un «graditissimo favore». Si sarebbe accontentato di duecento scudi di pensione «purché in mia vechiaia mi possa gloriare essere stato nobilitato exaltato et honorato dalla illustrissima casa vostra» e anche i suoi parenti, che non erano «infimi di Fiorenza», gliene sarebbero stati in perpetuo obbligati. In realtà, con un breve del 10 ottobre, Gregorio XIII aveva nominato vicario il canonico pistoiese Sebastiano Gualfreduccio e, almeno per il momento, il vescovo non era ancora stato deposto né aveva rinunciato ai suoi benefici[21]. Volendo comunque dar credito alla deposizione di don Cosimo, almeno dal mese di maggio del 1573, e quindi quattro mesi prima dell'inizio del processo, il duca Ottavio era a conoscenza delle frequentazioni tra la cugina e Cittadini, con il quale doveva avere una qualche confidenza visto che un po' di tempo prima aveva mandato il vescovo a Roma «per suoi negotii»[22]. Si può quindi supporre che sia per lui sia per il fratello, il cardinale Alessandro, l'annuncio del parto della cugina non doveva essere stato una sorpresa.

Il 30 ottobre fu ascoltato don Francesco Ancorino, maestro di casa del vescovo. Già interrogato a Castro, era considerato «homo di mala vita», come aveva riferito Cossa al cardinal Farnese, e si diceva che fosse stato condannato «per sodomito in Corneto et hora l'essamina sperando di cavarne qualche cosa»[23]. Durante quel primo interrogatorio, don Francesco aveva raccontato di aver saputo soltanto ai primi di settembre che la badessa aveva partorito e che il vescovo ne era incolpato da un certo Gabriele Del Bene, cittadino di Castro, al quale aveva risposto: «Non so che farci, chi haverà rotto il fiasco lo pagarà». Quanto all'imputazione per sodomia ammetteva che era vera, ma era frutto di un'inimicizia di lunga data. Era stato incolpato «d'avere havuto che fare con un regazzo» da un vicario di Corneto che gli aveva fatto togliere l'arcipretato, ma non sapeva altro perché nel frattempo era andato via. Ora, durante il nuovo interrogatorio, Cerbelli gli chiese se conoscesse don Cosimo e lui rispose di averlo conosciuto quando era confessore presso il monastero e che una volta gli aveva detto che, a suo parere, Cittadini «facia più presto vita da soldato che da vescovo»[24]. Il vescovo fu quindi ascoltato di nuovo riguardo alle sue attività pastorali, ma non emerse nulla di rilevante rispetto a quanto aveva già deposto nei precedenti interrogatori.

Ai primi di dicembre pervenne al duca Ottavio Farnese la notizia – forse fatta circolare dai parenti del vescovo –, secondo la quale, avendo la badessa ritrattato la sua confessione e attribuito nuovamente la paternità del bambino a «quel servitore del vescovo, che morse già qui in Roma», Cittadini sarebbe stato presto «assoluto et liberato come innocente»[25]. In realtà non solo non era così, ma di lì a poco Elena avrebbe confermato, sotto tortura, le accuse che aveva rivolto al vescovo.

La mattina del 21 dicembre, il Riario si presentò al convento di Santa Marta accompagnato dal luogotenente Minichini e dal commissario Cerbelli per interrogare la badessa. Di nuovo le fu chiesto se confermava quanto aveva confessato in merito allo stupro e lei confermò: se aveva mentito era perché sperava che salvandosi il vescovo anche il bambino si sarebbe salvato. Riario le chiese allora perché avesse accusato il Dolera e lei rispose: «ci eravamo concertati insieme»[26]. Così raccontò:

> Monsignore vescovo me scrisse una polisa dove me diceva che, poiché era scoperta la cosa, et che la stava cusì che io recetasse di recoprirla meglio che se possia, et per levare maggiore scandolo che dovesse io dire che era stato Giovanni Baptista poiché a quell'hora era morto e questa polisa sigillata me la porto don Aloisio confessore allora di quello loco, et me la dette mentre che io ero in uno camerino dove era solito mio di stare a scrivere, il quale camerino è posto vicino alla cucina e la finestra responde verso l'orto.

Era un'accusa molto grave nei confronti del vescovo, contestò Riario, ammonendola a dire la verità. Elena rispose con quella frase che poi sarebbe stata ripresa in tutte le relazioni derivate, nella quale affermava che «quanto a Dio il medesimo peccato et fallo è haverlo fatto con un principe o con un famiglio di stalla». È una frase in cui oltre al pentimento – vero o simulato che fosse – per quel che era successo emerge anche la rabbia per l'umiliazione subita durante il confronto col vescovo.

Tuttavia nella logica inquisitoria del Riario quella risposta, in mancanza di altre evidenze, non era una prova sufficiente. La verità andava accertata e la badessa, avendo prima confessato del Dolera e poi ritrattato accusando il vescovo, doveva evidentemente *dimostrare* di essere credibile. Fu quindi sottoposta anche lei al «rigoroso esame» per il tempo di due Miserere, non della corda ma con la tortura dei «sibilli» – piccole aste o canne di ferro strette tra le dita delle mani – prevista per le donne[27]. «Regratiato sit tu signore che hai patito per noi» gemette quando il bargello cominciò a stringere i sibilli, piangendo e dicendo più volte: «oh signore oh signore». Le fu quindi chiesto da chi era stata stuprata e rimasta gravida, e lei rispose piangendo: «Signore questo che dico adesso lo dico per la verita, è stato il vescovo, il vescovo», soggiungendo: «oh oh dio agiutami».

A questo punto non restava che cercare di individuare le monache che avevano assistito alla consegna del biglietto. Fu interrogata suor Vittoria, che confermò di aver visto il confessore arrivare dalla badessa dopo il parto, ma di più non sapeva dire, e poi don Aloisio, che ammise di aver fatto pervenire quel biglietto ma di non conoscerne il contenuto. Entrambi furono messi a confronto con Cittadini, che però negò di averlo scritto[28].

A partire dal febbraio del 1574 furono ascoltati sedici testimoni chiamati a deporre in favore del vescovo dal fratello Ottaviano Cittadini, al quale era stata precedentemente consegnata copia del processo[29]. Scopo delle testimonianze era quello di dimostrare quanto il vescovo fosse «gentil'homo quieto e pacifico», «di bona vita», «honorata» e «da bene»[30], di come le maldicenze e le calunnie contro di lui fossero causate dal risentimento dei cittadini di Castro per quei terreni che aveva sottratto loro e di come le sue visite in monastero fossero del tutto legittime.

«Io so che il vescovo contrastava con la comunità per conto di un certo terreno et che ci andò l'auditore per accomodare detta differentia»[31] dichiarò Aldobrandino Aldobrandini, e la cosa fu confermata anche da Giovan Francesco Morelli, antico servitore del vescovo. «È ben vero» disse quest'ultimo al luogotenente Minichini «che gli homini di Castro l'hanno in odio»[32]. Era infatti molto malvoluto «in materia di confini di terre e per havere tolti alcuni pezzi di terra ad alcuni particulari» ma di altro non sapeva. Quanto alla sua attività di vescovo così dichiarò:

> Per il tempo che io l'ho servito a me pareva che fusse di bona vita e questo io lo cognoscevo perche soleva dire l'offitio, andare alle messe et tenere bona cura della chiesa, et lui dicia messe spesse volte facia officiare molto bene le chiese, et in questi tempi di quadragesima facia fare molte oratione nella chiesa che adesso non se fanno, et alle volte facia delle elemosine et facia anco dare alle volte alle povere donniciole del pane, grano et vino et per il tempo che l'ho servito io non so che esso vescovo habbia fatto delicto alcuno.

Alla domanda su come fosse arrivato a questa conclusione Morelli rispose che, essendo incaricato di tenere la chiave del vescovado e di chiuderla ogni sera all'Ave Maria, si sarebbe accorto se il vescovo fosse tornato tardi o fosse uscito dopo il tramonto. Certo, ammetteva, «di giorno haveria possuto fare quello che haveria voluto, perche io non servia in camera e andava dove che lui volia» ma a lui non risultava, né aveva mai sentito dire, che Cittadini avesse frequentato in modo illecito le monache o altre donne. Quanto alle cibarie mandate dalla badessa non lo riteneva così insolito: lo facevano anche con altri notabili di Castro, e di solito mandava «ciambellotte, torte, cialdoni et altre cose simile». D'altronde, soggiunse, anche a Gubbio, di cui era originario e dove c'erano quattordici monasteri, le monache erano solite mandare dolci ad ecclesiastici, laici e parenti. Quando infine gli fu chiesto se aveva conosciuto il Dolera e se fosse in grado di descriverlo, così rispose:

> Io non so se questo messere Giovanni Baptista fusse nobile o ignobile, ma è ben vero che lui se facia nobile e che era parente del cardinale d'Aracoeli et era bel giovene et di bella presentia et vestiva pulito et honoratamente et se trovava denari et era uno bel parlatore et ragionava bene d'ogni cosa, et anco pareva che nel ragionare et negotiare havesse bona gratia in tutto et era virtuoso assai et haveva una bellissima maniera de scrivere, et lui quando scendeva a spasso con me se delettava di andare alle donne ma era una persona cupa che non se delettava de scoprire con nisuna li sui secreti[33].

Una volta, ricordò, mentre passeggiavano in città Dolera gli aveva detto: «Voglio andare a parlare alla madre abbadessa». Lo aveva visto quindi entrare per la porta principale e lo aveva aspettato passeggiando davanti all'ospedale, che confinava con il monastero. Ma oltre non sapeva dire e non si ricordava nemmeno con esattezza quando fosse successo.

Un quadro non meno idilliaco a proposito della rettitudine e della castità del vescovo fu dipinto anche dal canonico castrense Silvio de Silvestri, quasi fosse una versione concordata preventivamente. Come ammise del resto con franchezza un altro testimone:

> Il signore Ottaviano Cittadino ci tirò in casa sua, et ci disse che ci havia fatto venire per farci examinare nella causa del vescovo suo fratello et da noi non voleva altro che il vero, et ci volea fare examinare sopra la nobiltà sua la bona vita, et se Castro era populato, et se sapevo che tra il vescovo e la comunita di Castro ci fusse stato coruccio nisuno et che dicesse la verità[34].

Silvestri ricordò di aver visto molte volte il vescovo celebrare messa durante le feste, tenere le «sacre ordinationi», visitare la diocesi e fare l'elemosina in strada «a tutti i poveri che la dimandavano». Su questo punto concordò anche l'arcidiacono di Castro, Cesare Sutio, che dichiarava di aver sempre visto Cittadini esercitare le «attioni episcopali come ordinationi, sinodi, consecrationi et dire messa spesse volte»[35]. Quanto alle cose esteriori, soggiunse più cautamente, faceva cose da buon vescovo, ma «circa poi l'interiore io non le posso sapere ne havere visto l'intrinseco suo».

Giovan Matteo Fabbri di Cervia ammise che il vescovo andava spesso a trovare la badessa a cui mandava «frutti, salvaticine et altre cose» che lei ricambiava con «insalate, frutti e cose di pasta che sogliono fare le moneche»[36]. Però non ci vedeva nulla di male e, sin da quando era stato a servizio da lui a Roma, gli sembrava «bon gentil'homo quieto et pacifico et di bona vita» e a Castro l'aveva visto vivere «cattolicamente da bon vescovo», governando bene «quel populo et li preti con timore et con amore».

Molti testimoni spesero parole sulle nobili origini del vescovo. Così, per esempio, il vescovo di Fano Ippolito Capilupi, vecchio diplomatico di origine mantovana, noto a Roma per le sue doti di prelato amante degli intrighi politici, delle arti e delle lettere, oltre che per le avventure galanti:

> Io l'ho per gentil huomo da bene et honorato et l'ho cognoscuto da giovenetto in casa del cardinale Trivulsio vecchio de poi l'ho cognoscuto assai familiarmente nel vicolo in contro Savelli, perché in quella casa dove lui stava era quasi confinante con la casa mia e ha praticato molto

familiarmente insieme con lui, magnato insieme con lui et lui con me et con questa [occasione] della vicinanza molto piu l'ho cognoscuto per gentil'homo et homo da bene[37].

Anche il referendario milanese Giulio Sclafenato non si risparmiò:

> Io ho cognoscuto il padre et la madre del vescovo di Castro per persone honoratissime et nobile nella nostra citta di Milano, ho cognoscuto anco un suo zio che era vescovo di Cesano et tutti i fratelli di esso vescovo di Castro per persone honorate et di bonissima qualità dottori et anco alcuni di essi constituti in dignità curiale[38].

Asseriva di conoscerlo da molti anni e che quando era stato nominato vescovo aveva presenziato alla sua consacrazione a Roma, nella chiesa di San Lorenzo in Lucina. Quando risiedeva a Roma l'aveva sempre visto vivere cristianamente e si ricordava di averlo visto spesse volte fare esercizi spirituali a San Girolamo. Difficile valutare quest'ultimo ritratto che contrasta palesemente con i versi dedicati dal Verzosa al Cittadini, ricchi di allusioni esplicite a uno stile di vita, quello della corte romana, al quale il giovane milanese mostrava di essersi perfettamente adeguato, partecipando a banchetti e altre amenità oltre che ad atti di devozione[39]. Ma la descrizione forse più elogiativa del vescovo e della sua famiglia fu resa dal vescovo di Molfetta, Nicola Maiorano, che si dichiarò

il piu maravigliato homo del mondo intendendo che questo homo sia cascato in questo inconveniente, perché come ho detto, io l'ho cognoscuto da piculo et continuamente sempre sino al presente et sempre l'ho cognoscuta per persona modesta, nato a Milano di nobilissimo parentato, che hanno un fratello secondo che dicono essere nel Senato et il suo fratello messere Ottaviano è un grande gentil'homo et homo da bene.

A proposito della liceità delle visite episcopali nei monasteri esenti, Maiorano ammise però di non sapere con esattezza se «dopo il Concilio» i vescovi avessero facoltà «di visitare li monasterii che non sono suggetti alla giurisditione loro»[40]. Un fatto però era certo: anche il vescovo di Giovinazzo – come del resto altri vescovi – si faceva «lavare li sui rocchetti, fazzoleti et altri panni al monasterio». E così confermò Giulio Villani, cavaliere di Santo Stefano e antico segretario, maestro di casa ed esecutore testamentario del vescovo di Salerno Seripando. Quest'ultimo, come anche il cardinale Colonna, si faceva lavare i panni dalle monache che stavano a Montecitorio, «per havere le cose più polite», e quando partiva per Napoli lasciava loro la cura «delli panni de lana et pellicce»[41]. Ma la cosa su cui, comunque, secondo Maiorano non v'era dubbio era la liceità nel gustare i piatti preparati dalle monache.

Gli interrogatori ebbero termine il 5 maggio 1574 con la deposizione di Paolo Paravicini, segretario del cardinale d'Aracoeli Alessandro Crivelli, ultimo testimone a favore del vescovo. Disse di conoscere da molto tempo Cittadini come persona «molto honorata pacifica et quieta, de bonissima fama et credito»[42] e che dunque, quando aveva saputo che era stato imprigionato, gli era sembrata una cosa inverosimile.

Le carte processuali finiscono qui. Come osservò l'anonimo estensore di quella che possiamo ritenere la prima relazione o per lo meno una delle più antiche esplicitamente ricavata dai verbali del processo, nessuna sentenza vi si trovava registrata e quindi «ciò che poi ne avvenisse non si è potuto sapere»[43].

Capitolo ottavo

Un processo, tre finali

Non c'è traccia dunque di una sentenza. Nel constatarlo, l'anonimo autore della prima relazione nota sul processo non osò inventare il finale ma, vista la gravità del delitto, si limitò a dare per scontato che la badessa avesse ricevuto il meritato castigo e che il vescovo fosse stato punito «se non pure in questo mondo almeno nell'altro»[1]. In altre relazioni viene invece proposto il finale, anche se ognuno diverso dall'altro.

Secondo quasi tutte le relazioni Gregorio XIII, una volta terminati gli esami dei testi a favore del vescovo, per ovviare allo scandalo e «non divulgare maggiormente questo fatto», avrebbe incaricato una speciale congregazione criminale, composta da cardinali e prelati «acciò studiassero questa causa e dassero il loro parere»[2]. Per alcuni, la congregazione avrebbe riconosciuto la piena colpevolezza non soltanto della badessa rea confessa ma anche quella del vescovo. Il pontefice avrebbe allora ordinato il carcere per l'uno e per l'altra:

> Sua Santità si compiacque di ordinare che il Vescovo fosse racchiuso in Castel Sant'Angelo, e la monaca a carcere perpetua nel medesimo monastero di Santa Marta, in una stanza oscura, che non aveva altro lume che da una picciola fessura, e senza speranza di grazia, dove terminò la sua vita dopo lo spazio di sei mesi di carcerazione; e Cesare del Bene fu condannato alla Galera per cinque anni e le quattro monache ritornarono nel loro monastero con la Carcerazione di tre anni per avere prestato assistenza nelli suddetti affari alla matre abbadessa[3].

Secondo un'altra cronaca, la badessa sarebbe invece morta «di pura doglia»[4] in un monastero di Perugia mentre il vescovo avrebbe finito i suoi giorni nella fortezza di Ostia. La condanna al carcere perpetuo, in alcune versioni, sarebbe stata invece il frutto di un atto di pietà del pontefice che non voleva «spargere il sangue di questi due soggetti nobili»[5] e «nemicarsi la corona di Spagna, per essere i parenti del vescovo, cioè i fratelli, servitori attuali del re»[6]. Secondo un'altra relazione ancora, la clemenza di Gregorio XIII sarebbe stata causata invece dall'incertezza della congregazione che, pur avendo riconosciuto il vescovo «reo di tal misfatto», non avrebbe individuato «prove concludenti» tali da giustificare una condanna a morte[7]. In modo particolare, riferisce un'altra cronaca:

veniva in qualche parte sgravato il vescovo dall'avere l'abbadessa prima incolpato il suddetto Giovanni Battista Doleri e Cesare del Bene aver sostenuti i tormenti e nelle sue risposte all'interrogazioni del Fisco sempre difeso il vescovo. Sarebbesi potuto avere indicij rilevanti per il Fisco se fossero stati ritrovati i biglietti scritti dal vescovo, e le risposte dell'abbadessa, quali per tutte le diligenze non furono rinvenuti, per i quali sarebbe restato gravato il Vescovo[8].

In ogni caso, secondo la maggior parte delle relazioni il presunto atto di clemenza di Gregorio XIII sarebbe stato poi revocato dal suo successore Sisto V, il quale già «informatissimo di questo fatto giacché fino d'allora ne aveva voluto per suo piacere esaminare le scritture»[9] avrebbe ripreso in mano il processo ordinando il trasferimento del vescovo da Castel Sant'Angelo alle carceri di corte Savella, «in un orrida, e spaventosa segreta» dove «non si distingueva alcuno, neanche le mura di essa» e nella quale «in breve se ne morì per causa de' patimenti»[10].

Nella già citata *Relazione distinta*, si propone invece un sorprendente finale, diverso da tutti gli altri:

Dalle difese suddette e dalla testimonianza de suoi fautori si rese monsignor Cittadini salvo della pena della morte, onde doppo la suddetta ultima esame fattane relatione al papa, fu ordinato che egli andasse rilegato nella parochia di San Girolamo in vicinanze di Como in una picciola terra detta Prado, dove non dovesse patire sotto pena dell'indignatione del papa, e la monaca sor Elena, fosse trasportata dal monastero di Santa Marta a quello di Piacenza e le suddette monache assistenti ritornassero in quello medesimo di Parma. Il vescovo fu liberato dal successore mediante il legato mandato in Milano a trattare la pace, onde gli fù data una chiesa o sia parochiale nel distretto di Milano sua patria. La monaca essendosi posta in una malenconia, o forse la vergogna li rodesse le viscere, e consumasse il vivere, fù il primo anno del suo trasporto morta nel suddetto monastero, alcuni vogliono di veleno, altri di male naturale, et il processo restò per le suddette difficoltà interminato[11].

Torneremo più avanti sulle origini e sulla natura di questa e delle altre relazioni. Per ora ci limitiamo a sottolineare come quest'ultimo racconto, tratto dalla cronaca più ricca di particolari ma anche più romanzata, sia quello che più si avvicina a ciò che realmente avvenne.

Grazie alle manovre dei suoi fratelli e agli appoggi politici di cui godeva, il vescovo riuscì effettivamente ad evitare di essere imprigionato. Così il 13 ottobre 1579 – cinque anni dopo la fine dell'inchiesta – scriveva, da una remota località vicino a Lecco, al cardinale Carlo Borromeo arcivescovo di Milano:

> Io rendo quelle gratie che posso maggiori alla signoria vostra illustrissima delli favori che mi ha fatti appresso di Nostro Signore et de quelli ancora ch'io spero che debba farmi [...] et con ogni humiltà la supplico ex toto corde che voglia perseverere, et non abbandonarmi fin ch'ottenga qualche tranquillità et pace al stato mio, perché farà opera molto pia aiutando un povero vescovo cattolico indegnamente oppresso, et iustissima. Perché non mi voglia dire come è vero che non ho colpa della imputatione datami [...] ma è pure cosa ingiusta che dopoi tanti anni di continue e gravissime afflittioni, et di una sentenza così fatta, non essendo mai né prima né poi stata data una minima querela di me oltre questa imputatione, ancora che si sia fatta diligentissima inquisitione di tutta la vita mia, ora mi vogliono togliere il pane, et quello che non mi ha possuto togliere il tribunale della giustitia con procedere contra di me, et de miei con ogni estremo et non lecito rigore, et tale e quale sa il Signore, il quale sia sempre ringratiato et benedetto in ogni sua voluntà. Soprattutto io supplico vossignoria illustrissima che mi favorisca in impetrarmi gratia ch'io possa stare appresso di lei e ai suoi servitti, il che io desidero sommamente[12].

Cittadini chiedeva dunque di essere trasferito a Milano, come già aveva fatto tre mesi prima aveva scritto al Borromeo per ringraziarlo dell'interessamento che aveva manifestato nei suoi confronti su sollecitazione dei suoi fratelli. Gli aveva chiesto di intercedere presso il pontefice Gregorio XIII affinché, rinunciando al titolo e alla rendita proveniente dalla mensa vescovile, di cui in effetti ancora godeva malgrado fosse stato allontanato da Castro, fosse messo in condizioni di poter vivere «secondo il decoro», seppur «frugalissimamente»[13]. Non possedendo altro al mondo, non voleva privarsi di quella rendita senza la garanzia di un nuovo beneficio. Borromeo lo accontentò. La *Relazione distinta* riferisce infatti che gli fu affidata «una chiesa o sia parochiale nel distretto di Milano sua patria»[14]. In effetti, come riscontrabile in altre fonti, Cittadini riprese ad esercitare la sua attività pastorale anche ben oltre la sua deposizione avvenuta ufficialmente nel 1581, partecipando alla vita pubblica a fianco dell'arcivescovo di Milano[15].

I rapporti con Borromeo erano di lunga data e con ogni probabilità di origine familiare, come attestato dalle molte sue lettere inviate all'arcivescovo anche prima dello scandalo di Castro[16]. Sin da quando era a Roma, nel 1566, gli aveva scritto a proposito di un certo titolo che chiedeva fosse confermato, alludendo probabilmente alla sua nomina a governatore di Orvieto. Con l'occasione informava Borromeo di aver compiuto quegli atti di deferenza che questi gli aveva ordinato. «Ho baciato i piedi a Nostro Signore et la mano all'Illustrissimo d'Aragona da sua parte, si com'ella mi comandò» scriveva, aggiungendo che entrambi avevano apprezzato quel «graditissimo ufficio» ed in particolare il cardinale d'Aragona – fratello di quel Cesare d'Avalos a cui Verzosa aveva accennato nella sua epistola dedicata al Cittadini – che si era informato «assai lungamente e con molto affetto»[17] della sua salute. Quando era stato nominato da Pio IV vescovo di Castro, probabilmente anche grazie all'interessamento dello stesso Borromeo, nipote del papa, quest'ultimo gli aveva scritto una prima volta per congratularsi con lui invitandolo però a trasferirsi al più presto nella nuova sede. Un paio di anni dopo, sapendo che Cittadini si trovava temporaneamente a Milano per sfuggire alla calura di Castro, Borromeo gli chiese di fare da mediatore in una lite[18].

Cittadini poté dunque non soltanto ottenere una notevole mitigazione della pena ma recuperare la dignità perduta. Quanto alla badessa, secondo la *Relatione distinta* avrebbe dovuto essere trasferita dal monastero romano di Santa Marta a un monastero di Piacenza, in territorio farnesiano. Tuttavia, «essendosi posta in una malenconia, o forse la vergogna li rodesse le viscere, e consumasse il vivere» nel giro di poco tempo sarebbe morta, secondo alcuni avvelenata, secondo altri di male naturale[19]. Prima di ciò, secondo il *Discorso fatto sopra l'aggiustamento, e controversie trà la casa Cittadini, e Orsina* allegato alla relazione, i parenti della badessa avrebbero però tentato la via della mediazione per riparare allo scandalo[20].

Un nipote di Orso Orsini, fratellastro della badessa, avrebbe proposto che Elena lasciasse il convento e, con dispensa del papa,

sposasse Ottaviano Cittadini, uno dei fratelli del vescovo, che
però avrebbe dovuto contrarre matrimonio con lei senza che gli
eventuali figli potessero entrare nell'asse ereditario degli Orsini
in quanto «non pareggiabili a quel rango». Il pontefice aveva
quindi dato il consenso all'annullamento dei voti e al conseguente
matrimonio grazie alla mediazione del vescovo di Cremona Nicolò
Sfondrati, vicino al Borromeo e futuro Gregorio XIV. Figura di
spicco del notabilato lombardo, Sfondrati fu uno dei più solerti
fautori delle riforme dei monasteri femminili volute dal Concilio
di Trento, e in particolare dell'applicazione rigida delle norme
sulla clausura sostenute «con la lancia sulla coscia»[21]. In questo
caso però, se diamo credito al *Discorso*, le pressioni politiche
e di casta avrebbero avuto la meglio sull'esibita intransigenza.
Grazie all'intervento dello Sfondrati, si sarebbero infatti avviate le
trattative tra le due famiglie, arenatesi però davanti alle resistenze
di Orso al quale «pareva una vergogna di farsi imparentato colla
casa Cittadini» di rango inferiore rispetto agli Orsini che avevano
rifiutato anche «parentati reggi». Era stato quindi proposto che
la badessa rinunciasse in favore del fratello Orso non soltanto
all'eredità paterna, ma anche alla dote «per la quale essa si era
fatta monaca, negata dalli suoi fratelli nel matrimonio, che doveva seguire con la casa Colonna». Si sarebbero quindi dovuti
celebrare gli sponsali – rituale sul quale il Concilio non si era
espresso in modo definitivo e ancora largamente in uso anche
dopo il 1563 – e cioè la promessa solenne di matrimonio[22]. In
questo modo, risolto il conflitto tra le due famiglie, il vescovo
sarebbe stato automaticamente scagionato e reso quindi libero
«dalla relegatione di quella Parrocchia».

Rimproverata dal fratello per «haver contaminato lo splendore
di quella casa e particolarmente di aver oscurato il suo nome in
quella vergogna» la badessa avrebbe acconsentito a lasciare il
monastero e a sposare il fratello del vescovo. Ma poi, «sorpresa
da una febre con non poter ritenere il cibo, dolori dei reni et
altri cordogli» in poco tempo «se ne passò al cielo havendo
vessuto in quel Monastero solo che 10 mesi»[23]. La sua morte,
conclude il *Discorso*, «accomodò tutti li contrati, e diffinì le liti
e controversie del matrimonio havendo tolto di briga anche il
papa di più spendere parole sopra questa causa».

Malgrado manchino ulteriori riscontri documentari, possiamo
considerare nel complesso attendibile questa versione dei fatti. In
molti punti effettivamente sia il *Discorso* sia la *Relatione distinta*

corrispondono a quanto documentato altrove. Come si vedrà, è probabile che entrambi gli scritti siano stati composti e assemblati da chi disponeva di informazioni di prima mano provenienti da una delle famiglie coinvolte nello scandalo.

Non conosciamo con esattezza la data della morte della badessa. Sappiamo soltanto che già nell'ottobre del 1573, quando il processo era ancora in corso, la nuova vicaria del monastero della Visitazione di Castro, Maria Maddalena Gandolfi, aveva scritto al cardinal Farnese a proposito di «tutte le robbe»[24] appartenenti alla badessa che Riario, o un suo sostituto, pretendeva fossero requisite e portate in una casa di fronte al monastero appartenente al maestro di casa del duca di Parma. Si trattava di «quattro forzieri di corami» che però, supponeva la vicaria, erano stati acquisiti con le rendite del monastero di cui la badessa, che lo aveva amministrato per tanto tempo, non aveva mai dato conto e dunque era bene che, almeno per ora, rimanessero al monastero.

Questo era tutto ciò che rimaneva della badessa. Entrata in convento giovanissima dopo un accordo di matrimonio disatteso, era caduta in una relazione proibita dal cui frutto si era dovuta separare a forza e per la cui incolumità era stata disposta a mentire. Non potendo negare l'errore commesso, all'inizio del processo aveva deciso di farsene interamente carico, forse non soltanto per salvare i suoi affetti. In questo modo incarnava perfettamente quel ruolo di genere che la società del tempo prevedeva per lei, spingendola verso il sacrificio. E anche quando, una volta saputo di aver perso per sempre il suo bambino, confessò la verità nel vano tentativo di condividere la colpa col vescovo, non ebbe altra scelta che conformarsi al destino previsto per lei. Non sappiamo se dopo essere entrata in convento avesse nutrito quelle ambizioni di prestigio e di potere che altre giovani nobildonne a lei coeve coltivavano nell'affrontare una vita monastica spesso non scelta ma imposta, né abbiamo tracce di una vocazione autentica o di afflati spirituali. Può essere che avesse preso i voti senza particolare convinzione ma con rassegnazione, senza sapere bene cosa l'aspettasse e con scarse cognizioni su cosa fosse la «Religione et l'osservanza dei voti»[25]. Così riscontrò qualche decennio dopo, nello *Specchio religioso per le monache*, il canonico Pietro Barco, che conobbe la monaca di Monza di cui autenticò la condanna nel 1609 e che visitò in quegli anni decine di monasteri della diocesi milanese. Al cardinale Federico Borromeo, cugino di Carlo, fornì un impressionante catalogo delle frustrazioni e delle infelicità di tante giovani donne entrate in convento per «mera persuasione di parenti interessati», perché «brutte di corpo», perché non avevano «dote da maritarsi», «per non haver ottenuto ciò che volevano». Un giogo perverso le sprofondava a poco a poco nel peccato che le rendeva «inquiete, sconsolate, disperate, et immerse in mille passioni». Era diventata così anche Elena? Le uniche tracce che abbiamo di lei sono le deposizioni rilasciate durante il processo e le lettere scritte alla zia, duchessa di Castro, e ai cugini, il cardinale Alessandro Farnese e il duca Ottavio. Sono documenti nei quali solo a tratti e spesso in modo congetturale abbiamo potuto cogliere tra le righe e i silenzi qualche labile allusione alle sue frustrazioni e alle sue amarezze. Nell'ultima fase della sua breve vita, costretta forse ad accettare un matrimonio riparatore che le avrebbe permesso di essere moglie, ma non più madre di quella creatura perduta, alla fine uscì di scena lasciando il processo «imperfetto», come quasi tutto in questa storia. Potrebbe essere che fosse già malata, come tante sue consorelle, ma è anche possibile che si sia lasciata morire per il dolore e il disonore che nel suo intimo nessun matrimonio avrebbe potuto alleviare e riparare. Tre secoli dopo, come si vedrà, è in questa chiave romantica che Stendhal avrebbe riscritto la sua fine. Ma in realtà, come tutte le donne e gli uomini della sua epoca, era mossa da emozioni e sentimenti che, almeno nella loro espressione, non germogliavano necessariamente da liberi impulsi, ma erano in qualche modo soggiogati da intenzioni, atteggiamenti, comportamenti precostituiti[26]. Ciò non vuol dire naturalmente che passioni e affetti non fossero autentici o che non fosse possibile infrangere le convenzioni. Tuttavia, anche in questo caso queste ultime finirono col prevalere: il deciso intervento della famiglia per riparare all'infamia ne è la traccia più evidente. Anche per il vescovo fu così, ma con un significato e un esito diversi.

Se la morte prematura di Elena mise fine alla sua tormentata esistenza permettendole di sottrarsi a quell'ultima imposizione, ben diverso fu il destino di Cittadini. Anche lui in fondo aveva mentito, ma le sue menzogne avevano un altro obiettivo rispetto a quelle raccontate inizialmente dalla badessa, ed erano principalmente vòlte alla salvaguardia del suo onore e dei suoi privilegi. Tuttavia, anche per lui non si trattava di una scelta del tutto libera come si potrebbe supporre, ma di una strategia difensiva condizionata dallo *status* e dall'appartenenza di genere.

Che il processo potesse concludersi non soltanto con pene lievi per il vescovo ma addirittura con una sua sostanziale riabilitazione non era scontato. Per il delitto di sacrilegio le pene previste dal diritto canonico erano, almeno in linea teorica, molto severe: il vescovo rischiava la deposizione, con relativa perdita di tutti i benefici e il carcere perpetuo. Tuttavia appellandosi al papa, a buona ragione Cittadini aveva potuto sperare in una qualche forma di clemenza o di condono della pena. Sotto questo profilo, l'ordine di trasferimento al tribunale dell'Auditor Camerae, interpretabile come un'affermazione di forza da parte di Gregorio XIII nel quadro di un più ampio disegno accentratore, può essere invece letto come il risultato non solo di una precisa strategia dell'imputato, ma forse anche delle manovre dello stesso cardinale Farnese, interessato a risolvere lo scandalo di Castro non soltanto per il buon nome della famiglia ma, come si è visto, anche per la questione di Pitigliano, oggetto di una contesa che, di lì a qualche tempo, si sarebbe però definitivamente risolta in favore dei Medici[27].

La mancanza di prove definitive aprì la strada a una soluzione extragiudiziale del caso, una sorta di «pace» tra le due famiglie, i Cittadini e gli Orsini[28]. Se fosse stata davvero messa in pratica, avrebbe attutito notevolmente l'azione disciplinante attribuita dallo stesso pontefice al tribunale dell'Auditor Camerae, spostando su un piano più politico che giudiziario i rapporti di forza in materia di riforma del clero e di giustizia criminale. Non si trattava, di per sé, di un'eccezione. Per quel che sino ad oggi si è potuto ricostruire sulle attività dei tribunali criminali nella prima età moderna, non era insolito che le cause non si concludessero con una sentenza ma piuttosto con una composizione tra le parti o con il trasferimento ad altro foro[29].

Al di là delle vicende particolari, l'esito dell'affare di Castro pone interrogativi più generali concernenti, da un lato, l'effettiva applicazione delle disposizioni conciliari sulla clausura e sull'attività pastorale a oltre dieci anni dalla fine del Tridentino e, dall'altro, il più ampio disegno di riforma del clero che pure rappresentava uno degli obiettivi primari della Chiesa in quella fase. Significativo a questo proposito è lo scarso rilievo dato a quelle pur evidenti incertezze o quanto meno reticenze manifestate non soltanto dall'imputato, ma anche da altri presuli interpellati a proposito delle disposizioni tridentine. Proprio in quegli anni muoveva i suoi primi passi la Congregazione dei Vescovi e Regolari, ma per il momento la sua azione intimidatoria si limitò all'imposizione di una clausura più rigorosa per il piccolo monastero della Visitazione di Castro che, qualche mese dopo l'inizio del processo, fu oggetto di un'accurata ispezione nel quadro del vasto programma di visite apostoliche disposte da Gregorio XIII tra il 1573 e il 1574[30]. Se, come è stato sottolineato, l'obiettivo delle visite era quello di avviare quel processo di rigenerazione voluto dal Concilio tridentino, tale compito, nel disegno del pontefice, spettava però alla Chiesa di Roma e non ai vescovi che in questo modo venivano messi in difficoltà e di fatto esautorati[31]. Ma con quali esiti?

La mattina del 2 dicembre 1573 il delegato del pontefice monsignor Alfonso Binarini varcò la porta del monastero, rilevando subito come l'edificio non avesse l'aspetto di un convento[32]. In effetti, i lavori di sistemazione dell'edificio, iniziati nel 1566 per volontà di Gerolama Orsini, non erano mai stati portati a termine dopo la morte di quest'ultima nel 1569. La badessa aveva cominciato a predisporne la prosecuzione, ma dopo il suo arresto, il monastero era rimasto «imperfetto». Al Binarini non restava dunque che disporre, con minuzia di particolari, tutta una serie di interventi che permettessero la stretta osservanza della clausura. Così cominciava il decreto che fu letto alle monache chiamate alla grata del parlatorio:

In prima che si rimuri la porta qual dalla chiesa entra nel monasterio et che in essa porta ve si lassi un fenistrino d'un palmo e' mezzo in quadro con doi ferrate, una lamina di ferro busciata con fori piccinini murata qual serve per udire la confessione.

Che la finistrina qual è in chiesa, ch'oggi serve per la confessione et commonione si facerà ingrossare il muro dalla banda di dentro et almeno la grossezza sua sia d'un palmo e' mezzo et detta fenestra si riducha alla longhezza d'un mattone et la longhezza un poco meno et detti fenistrini habbiano li lor conci di pietra dentro, e' fuori con le porte quali si serrino a' chiave una delle quali ne tenga l'abbadessa l'altra il confessore et non s'adopri ad altro che per dar la S.ta Comunione alle monache.

Che in tutte doi le grate del parlatorio si faccia mettere in mezzo una lamina di ferro sbusciata come li sopraddetti fori piccinini et in mezzo di essa ve si lassi un fenestrino d'un palmo in quadro qual si debba serrare a' chiave la qual chiave tenga l'abbadessa accio si possa aprire qualche volta per vedere parenti carnali.

Che si faccia fare un fenestrino sotto o ver sopra la rota per il quale si possa mandare il pane al forno ma che la grandezza e larghezza sua sia tanto quanto ne possa uscire una tavola di pane alla volta.

Chiusi o separati da lamine di ferro bucherellate, tutti i punti di contatto con il mondo esterno venivano dunque eliminati e nessuno sarebbe più potuto entrare nel convento. Da quel momento in poi, i volti e i corpi delle monache si trasformavano in voci, soltanto voci al di là della grata. All'interno del convento ogni finestra doveva essere dotata di «ferrate e gelosie», mentre nei dormitori andavano predisposti «li riparamenti di tela over di stole» tra un letto e l'altro «acciò una non vedda l'altra per honestà» con una lanterna sempre accesa anche la notte al centro della stanza. Infine, bisognava murare fino a una certa altezza le finestre più alte del campanile di San Savino affinché nessuno, seppur da lontano, potesse guardar dentro il monastero. Si trattava di interventi destinati a durare poco. Di lì a qualche mese le monache del convento, che si erano già lamentate con il cardinal Farnese di «quell'errori e scandoli» per colpa dei quali temevano di aver perso «la grazia dei padroni de parenti e dell'amici»[33], chiesero e ottennero quel che Elena non era mai riuscita a ottenere: poter tornare a Viterbo, in una sede più adatta alle loro necessità e lontano dai luoghi che avevano generato tanto scandalo e gettato discredito sul monastero[34].

Se l'obbligo della clausura, come è stato scritto, fu prima di tutto una «complessa impresa edilizia»[35], l'intervento di Binarini centrava perfettamente l'obiettivo. I conventi, compreso quello di Castro, dovevano tornare ad essere luoghi separati dal mondo, senza più colloqui con amici e parenti, senza scambio di doni, senza quei lavori di ricamo e di pasticceria che permettevano alle monache di integrare le rendite, e senza celle chiuse a chiave dall'interno e «privatizzate» con oggetti personali, ma sostituite ora dai dormitori aperti con candele accese durante tutta la notte[36].

Tuttavia se gli interventi sui monasteri e la lotta alle pratiche sessuali illecite rientravano in uno degli obiettivi dichiarati della nuova politica di riforma della Chiesa e di controllo sul clero, è vero anche però che, come la vicenda di Castro sembrerebbe dimostrare, quando risultavano coinvolti negli scandali soggetti di un certo rilievo o che potevano contare su appoggi politici, l'intransigenza annunciata e in molti casi messa in pratica poteva ancora in questa fase stemperarsi davanti alle pressioni di esponenti di spicco della gerarchia ecclesiastica[37].

Non sappiamo con quale giustificazione fu richiesto lo scioglimento dei voti della badessa. La prassi giudiziaria e le nuove norme tridentine volte a combattere l'ingerenza delle famiglie nella vita dei monasteri e il fenomeno delle monacazioni forzate consentivano di invalidare, seppur entro un certo limite di tempo, le professioni di fede rilasciate sotto costrizione, ritenute tra le principali cause dei frequenti scandali nei monasteri, considerati dall'ampia pubblicistica non soltanto anticattolica luoghi di vizio e di vanità («pubblici bordelli et publici lupanari»[38] erano stati chiamati all'inizio del Cinquecento quelli di Venezia dal diarista Girolamo Priuli). Durante il processo tuttavia la badessa non fece mai cenno a obblighi o ricatti da parte dei familiari: forse li considerava scontati o non voleva aggravare la sua posizione soprattutto davanti alla sua famiglia alla cui volontà si sarebbe dovuta comunque piegare. Le pressioni dei familiari – quelle stesse pressioni che in realtà il Concilio avrebbe voluto combattere – permisero infatti di prefigurare il suo salvataggio e quello del presule dalla morsa della giustizia, tenuta debitamente sotto controllo e piegata agli interessi più grandi in gioco, compreso quello di tutelare l'onore dell'alto clero in una fase in cui la Chiesa cercava di riacquistare credibilità. Ed è anche in questa chiave che va letta la ripresa delle attività pastorali del vescovo, risultato delle sue ambizioni personali e al tempo stesso obbligo imposto dal suo *status* di presule e di esponente dell'aristocrazia cittadina. Una delle ultime volte in cui venne visto fu nel duomo di Milano il 4 novembre 1601, accanto al vescovo di Novara Carlo Bascapè e a tutto l'alto notabilato milanese per celebrare, davanti a un'immensa folla, l'anniversario di dipartita del beato Carlo Borromeo[39].

Parte terza

Le storie

Capitolo nono

Relazioni tragiche

«Entrate, cercate e trovate, se potete» disse Teresa Caetani, duchessa di Sermoneta, a Stendhal nel 1833 mentre varcava la soglia della biblioteca di famiglia a palazzo Caetani, nell'allora angusta e buia via delle Botteghe Oscure. Faticando non poco («mi fanno male gli occhi» annotò) trovò tra le carte impolverate un manoscritto intitolato *Successo occorso in Castro città del duca di Parma nel monastero della Visitazione fra l'abbadessa del medemo e il vescovo di detta città* unanimemente considerato dai critici come la fonte originaria della *Badessa di Castro*[1]. Faceva probabilmente parte di una raccolta più ampia di relazioni, tutte con un titolo ad effetto – *Relazione della memorabile giustizia, Atto di crudele e vendetta, Racconto veridico della morte del cavalier* ecc. – e per lo più ambientate a Roma in un periodo compreso tra il Quattrocento e il Settecento. Conservate anche in altre biblioteche gentilizie romane, esse narravano di crimini efferati e di atroci supplizi che affascinarono scrittori e drammaturghi dell'Ottocento, da Percy Bysshe Shelley a Robert Browning, a Ludwig Tieck e a molti altri[2].

Stendhal individuò circa una quarantina di questi scritti, li fece trascrivere e rilegare in alcuni volumi conservati oggi presso la Biblioteca nazionale di Parigi[3]. In un primo momento, come è noto, pensò di pubblicarne una scelta in un volume che avrebbe dovuto chiamarsi *Recueil de pièces qui montrent la manière de penser et d'agir dans les affaires de la vie privée, à Rome, vers 1550*[4]. Per Stendhal non vi era dubbio, si trattava di storie «perfettamente vere»[5], scritte dai contemporanei in una sorta di *demi-jargon*, tracce fedeli dei recessi più intimi del cuore umano, quelli sui quali, scriveva in una bozza di prefazione, «on aime à méditer la nuit en courant la poste»[6] (si ama meditare viaggiando la notte). Ma per lo scrittore francese erano anche qualcosa di più, testimonianze autentiche di un'Italia divenuta assai di moda tra letterati e viaggiatori del Grand Tour, un'Italia mitica, dal Rinascimento decadente e grondante sangue. L'idea di pubblicarle in volume fu però presto abbandonata. Qualche anno più tardi iniziò a lavorare ad alcuni singoli racconti, alcuni dei quali pubblicati *for money* – così scrisse – che avrebbero poi fatto parte della raccolta postuma di *Chroniques italiennes*, tra cui anche *La Badessa di Castro*. Analizzeremo più avanti in quale misura, con quali espedienti narrativi e con quali finalità lo scrittore attinse al *Successo occorso*, soffermandoci per ora sulle sue origini e sulle sue caratteristiche.

Quella delle origini dei manoscritti stendhaliani conservati a Parigi è materia sulla quale gli studiosi hanno a lungo congetturato non avendo mai lo scrittore – come molti suoi colleghi in analoghe vicende letterarie – rivelato apertamente la provenienza dei documenti fatti trascrivere. L'archivio Caetani, unico luogo esplicitamente nominato da Stendhal in un'annotazione proprio al *Successo occorso*, è stato drasticamente riordinato negli anni Trenta del secolo scorso: le serie, le raccolte, i fascicoli originari sono stati in parte scompaginati e di quelle tante relazioni di delitti che potrebbe aver visto Stendhal affiora, per ora, soltanto una relazione sulla tragica morte di Vittoria Accoramboni[7]. Ciò non prova, in sé e per sé, che si tratti proprio della relazione su cui Stendhal basò l'omonimo racconto, la prima delle sue *historiettes* ad essere pubblicata anonima nel 1837 sulla «Revue des Deux Mondes». Come si è accennato, è sufficiente sfogliare i cataloghi dei manoscritti di altre biblioteche romane per trovare vere e proprie sillogi di «relazioni tragiche»[8]. Se poi ci spostiamo nelle principali biblioteche italiane o in alcune biblioteche straniere, come ad esempio la British Library o la Biblioteca Vaticana, troviamo analoghe collezioni di relazioni, pervenute a quelle istituzioni tra Sette e Ottocento attraverso donazioni o acquisizioni da collezioni private o dal mercato antiquario. Si tratta dunque di materiale ampiamente circolante già all'epoca di Stendhal, che lo scrittore potrebbe in parte aver trovato anche in altre biblioteche gentilizie o tra le bancarelle dei librai e dei mercanti di stampe e manoscritti non necessariamente a Roma.
　　Comunque sia andata veramente, in diverse biblioteche romane risultano conservate relazioni analoghe al *Successo oc-*

corso, tutte rigorosamente manoscritte e i cui titoli sono quasi tutti simili: *Caso occorso in Castro, Relazione del Seguito in Castro, Relatione distinta del Successo occorso* e via dicendo. Al contrario di quel che credeva inizialmente Stendhal, così come del resto tanti altri autori dell'epoca e non ultimi ancora alcuni suoi critici, esse non sono affatto contemporanee ai fatti narrati[9]. Non si tratta di cronache *dirette* del processo ma di elaborazioni successive composte, come abbiamo visto, a partire dai verbali degli interrogatori. Un dettaglio però, la cui rilevanza è sfuggita ai critici, ci permette di ipotizzare se non la datazione almeno il termine *post quem* di composizione e circolazione delle relazioni.

Nel titolo o nel testo, tutte le relazioni fanno riferimento alla demolizione di Castro avvenuta nel 1649. Ciò non significa che, anche a ridosso degli avvenimenti narrati, non possano essere circolati scritti di cui le relazioni citate potrebbero essere una copia o una rielaborazione successiva. Quella data è tuttavia un indizio importante, che colloca se non la stesura originaria, almeno la circolazione delle relazioni in un preciso momento storico di ottant'anni successivo allo svolgimento effettivo dei fatti narrati. Sulle ragioni, tutt'altro che casuali, di questo divario temporale ci soffermeremo nel prossimo capitolo. Per ora è necessario chiedersi preliminarmente a quale tipologia testuale queste relazioni appartengano allo scopo di comprendere di cosa siano realmente testimonianza.

Per rispondere a questa domanda può essere utile partire dai luoghi nei quali esse sono conservate. Si trovano tutte in volumi manoscritti di mano sei-settecentesca che contengono documenti all'apparenza simili, ma in realtà assai differenti tra loro: abiure, descrizioni di esecuzioni capitali, sommari di processi, cronache di delitti celebri. Spesso sono precedute da considerazioni convenzionali sulla storia *magistra vitae* per presentare i «casi funesti» cagionati da «temerarie ed irregolate passioni da temersi et fuggirsi»[10]. Un intento, almeno formalmente, di carattere pedagogico e moralistico, che non chiudeva però la strada ad altre finalità. Alcuni di questi scritti non sono altro che esempi o rielaborazioni di «relazioni di giustizia», testi diffusi sul luogo e nel giorno dell'esecuzione di un criminale o immediatamente dopo. Di solito provenivano dagli ambienti stessi del tribunale che aveva emesso la sentenza o dalle compagnie di giustizia che avevano il compito di confortare i condannati a morte; oppure, se diffusi dopo l'esecuzione, venivano desunti e rielaborati a partire dai bandi diffusi dalle autorità mescolati a testimonianze oculari[11]. Non è però questo il caso delle nostre relazioni. Non soltanto non ci fu un'esecuzione capitale, ma quella datazione *post quem* cui si è accennato sopra permette di escludere che possano appartenere al genere citato. C'è qualcosa che però le accomuna in parte agli altri scritti con cui sono conservate: in esse si racconta di un delitto – il sacrilegio commesso dalla badessa e dal vescovo – e di un processo.

Che, almeno dalla fine del Cinquecento, il concreto esercizio della giustizia criminale, e cioè il modo attraverso il quale le società individuavano, perseguivano e punivano i delitti, fosse oggetto di vivo interesse lo si evince dalla variegata produzione di scritti diffusi sia in forma manoscritta sia a stampa non soltanto in area italiana ma anche in molti paesi europei: dalle dicerie sui processi annotati negli avvisi a mano circolanti tra le segreterie diplomatiche alle copie di sentenze gridate nelle piazze in occasione delle esecuzioni capitali, dai *canard* su fatti tragici e «lacrimevoli» smerciati per pochi soldi dai *colporteur* fino alle raccolte di *causes célèbres* del tardo Settecento. Un loro esame come generi e sottogeneri testuali, considerati a livello sincronico e senza tener conto dei diversi contesti storici e temporali in cui furono elaborati e diffusi, è certamente possibile e appare già in studi anche pregevoli di storia culturale e letteraria[12]. Tuttavia, letture di questo tipo, seppur suggestive, rischiano di lasciare irrisolte molte questioni cruciali connesse con la complessa articolazione sociale, politica e culturale della società di antico regime. Non si può infatti, per esempio, non tener conto dell'emergere di un mercato editoriale e dell'informazione condizionati entrambi non soltanto dalle richieste e dai gusti di una platea sempre più ampia di potenziali fruitori, ma anche da quelle limitazioni, censure e divieti che pesavano proprio sui fatti di giustizia.

L'obiettivo delle proibizioni non era soltanto quello di impedire la violazione della segretezza, ma più in generale la diffusione di materiale che aveva comunque rilevanza politica nel momento in cui riguardava l'esercizio della giustizia penale. Quest'ultima era infatti considerata una manifestazione diretta del potere del sovrano che, secondo una solida tradizione storiografica risalente all'Ottocento, si sarebbe affermata proprio attraverso l'adozione del processo inquisitorio promosso *ex officio* dal giudice. Basato sul diritto scritto, romano e canonico, su una violenza «legale» che andava dalla tortura fino al supplizio finale sul corpo del condannato, e sulla assoluta segretezza delle procedure, rispecchiava quella ragion di Stato che riconosceva nel segreto il dispositivo indispensabile per l'esercizio e il mantenimento del potere, che si mostrava pubblicamente soltanto nell'atto finale del processo, e cioè nell'esecuzione della pena capitale[13]. In realtà, come dimostra il processo di Castro, appare ormai assodato che la giustizia criminale fosse amministrata, all'interno di uno stesso Stato, da una grande varietà di soggetti vecchi e nuovi e sulla base di un intreccio di norme, giurisdizioni e consuetudini estremamente complesso. Non solo, ma la lunga persistenza di meccanismi transattivi ed extragiudiziali di regolazione sociale dei conflitti – come ad esempio la «pace» che si sarebbe tentata tra le famiglie Orsini e Cittadini alla fine dell'inchiesta – ha di recente indirizzato gli storici verso linee interpretative tendenti a ridimensionare l'impatto che l'avvento dei nuovi sistemi giudiziari a carattere pubblico avrebbe avuto sulla società europea almeno fino a Seicento inoltrato se non oltre[14]. Il divario tra l'esemplarità delle esecuzioni capitali e la loro inefficacia sul piano della deterrenza, la diffusione di pene alternative quali il bando o il confino e il progressivo abbandono della pena di morte, la fallacia nel mantenimento del segreto processuale e la conseguente fuga di notizie che sfuggivano a controlli e censure, rivelerebbero infatti la fragilità complessiva del sistema.

Sotto questa luce, sarebbe plausibile sostenere che fu proprio la palese inefficacia del divieto di divulgazione delle notizie, congiunta alla «crescente avidità»[15] per i fatti di cronaca e d'attualità riscontrabile a più livelli e in modo trasversale tra i diversi ceti sociali, a favorire di fatto la diffusione di scritti aventi proprio come oggetto l'amministrazione della giustizia. È uno dei tasselli di quel lento processo di «acculturazione giudiziaria»[16] che, secondo alcuni storici, sarebbe andato di pari passo con l'emersione del penale ma che tuttavia va considerato con i dovuti distinguo. Un conto infatti era la diffusione di dicerie sui processi a scopi politici, altra cosa la cosiddetta «letteratura del patibolo» o «del sensazionale» destinata a una fruizione ampia ma effimera.

Presentati in forma di resoconti di esecuzioni capitali o di lamenti in versi dei condannati, con nomi di luoghi e persone talvolta storpiati, date cambiate o attualizzate per rendere il prodotto editoriale più appetibile, gli opuscoli sensazionali erano scritti alla stregua delle «relazioni di giustizia». Lo scopo era quello di ammonire i fedeli raccontando oltre a eventi naturali sconvolgenti o mostruosi, anche delitti e atroci ammazzamenti seguiti da punizioni esemplari. Stampati su carta di scarsa qualità o riciclata, spesso in caratteri grandi, erano composti non infrequentemente da uomini di chiesa o confortatori con l'intento di impressionare il pubblico con dettagli particolareggiati sugli orrori della mannaia, sulle confessioni pubbliche di criminali efferati. Di qui la scelta stessa delle storie, piegate alle necessità pedagogiche attraverso l'uso di una certa retorica della paura basata sul «serbatoio inesauribile di miserie, stenti, afflizioni e pericoli»[17] che affliggeva la vita quotidiana degli individui, con una terminologia che rimandava al repertorio lessicale del pentimento analogo a quello della coeva letteratura didattico-devozionale di stampo controriformistico. Erano dotati di titoli ad effetto – *Distinta relazione della gran giustizia*, *Il lamento e la morte*, *Relazione degli enormi delitti commessi dai condannati alla forca*, *Succinta relazione del processo e sentenza* ecc. – che potrebbero ricordare il manoscritto individuato da Stendhal. Ma in realtà le differenze tra quest'ultimo e quelle pubblicazioni sono notevoli, prima di tutto per il loro contenuto.

Nel *Successo occorso* si narra di quella parte più segreta del procedimento giudiziario – gli interrogatori – che troveremo assai raramente negli opuscoli a stampa, sia per le finalità pedagogiche per cui erano composti, sia per quei motivi di segretezza e quindi di censura cui si è accennato. Questo spiega perché le relazioni sulla badessa di Castro siano circolate soltanto in forma anonima e manoscritta, a conferma di come quest'ultima, tutt'altro che obsoleta, abbia continuato ad essere utilizzata a lungo e parallelamente allo sviluppo della stampa per diverse ragioni. Nel nostro caso principalmente perché, sottraendosi ai controlli, permetteva di diffondere testi dal contenuto proibito se non addirittura eversivo, a metà tra l'informazione, il pettegolezzo e, come si vedrà nel prossimo capitolo, l'intrattenimento di argomento licenzioso[18].

Se da una parte la forma manoscritta consentiva quindi maggior libertà d'espressione, dall'altra comportava anche una limitazione nella circolazione dei testi e dunque nel pubblico che avrebbe potuto fruirne, molto diverso da quello delle storie di patibolo a stampa. Indicativo in questo senso è il fatto che nella maggior parte dei casi le relazioni sul processo di Castro si trovino in collezioni di origine gentilizia o ecclesiastica, trascritte spesso da un'unica mano e rilegate in volume. Ciò potrebbe far supporre che fossero richieste da o rivolte a un pubblico selezionato, abituato a una lettura individuale e silenziosa e perciò diverso dal grande pubblico destinatario dei fogli a stampa, smerciati a poco nelle piazze o letti pubblicamente ad alta voce[19].

È proprio questo ciò di cui le relazioni sul processo di Castro sono prima di tutto testimonianza: un mercato nel quale la forma manoscritta aveva ancora un certo peso, e un pubblico identificabile in un'élite alfabetizzata. Composta da nobili, diplomatici e uomini di corte, non a caso era la principale destinataria di una rete d'informazione costituita dagli avvisi a mano nei quali i fatti di giustizia avevano cominciato assai presto ad assumere un certo rilievo, per ovvie ragioni d'ordine politico[20]. E fu proprio attraverso gli avvisi che si diffusero le notizie riguardanti due processi celebri di fine Cinquecento che diedero luogo al modello cronachistico e letterario sviluppatosi, nel corso del secolo successivo, sotto forma di «relazioni tragiche».

Il più noto è quello contro Beatrice Cenci, giovane nobildonna romana accusata insieme ai fratelli e alla matrigna di aver fatto uccidere nel 1599 il padre Francesco Cenci. Il processo fu oggetto di un'immediata e intensa circolazione di informazioni[21]. Due furono gli strumenti principali di diffusione delle notizie: gli avvisi a mano e una serie di relazioni, alcune delle quali forse anche a stampa, circolate già immediatamente dopo il supplizio. Parallelamente, voci sull'andamento della causa, sul comportamento degli imputati durante il processo e sul supplizio finale si rincorsero da una corte all'altra d'Europa attraverso corrispondenze private e dispacci diplomatici che spesso riprendevano o trascrivevano brani degli avvisi nei quali si dava conto della grande partecipazione popolare al caso.

La giovane età di Beatrice, il contesto di violenza familiare nel quale il delitto era maturato e il comportamento del pontefice Clemente VIII nel seguire e condizionare l'andamento del processo, non solo favorirono l'emergere dell'interesse nei confronti della vicenda, ma contribuirono in modo determinante all'elaborazione del mito di Beatrice. In aderenza a *topoi* antichi quanto la letteratura occidentale e ancor prima di salire sul patibolo, Beatrice era stata già trasfigurata, nelle parole di un diplomatico modenese riprese da un avviso, in una fanciulla «bella più che mediocremente, di gratiose maniere»[22], amata in modo speciale perché destinata a morir giovane.

Se tutti questi elementi contribuirono al cristallizzarsi del personaggio di Beatrice in un'icona destinata a perdurare nei secoli, ebbe un analogo destino anche Vittoria Accoramboni, la «nepote di Sisto V»[23], così chiamata perché aveva sposato in prime nozze Francesco Peretti, nipote del futuro pontefice Sisto V. La sua storia diede luogo a due relazioni distinte: la prima riguardava l'uccisione di Francesco Peretti per ordine di Paolo Giordano Orsini che rimaneva però impunita, la seconda narrava dell'uccisione di Vittoria da parte del figliastro e dei suoi complici a Padova nel 1585, giustiziati poi dalla Serenissima. E se la prima circolò soprattutto per il suo carattere antipapale, la seconda produsse la medesima commozione che generò la morte della Cenci, il medesimo profluvio di scritti e una rielaborazione letteraria che ancora deve essere in gran parte studiata. Basti dire che ad oggi sono state censite nelle sole biblioteche italiane ben sessantotto copie di relazioni sulla sua storia[24].

Un genere nuovo, dunque, prese forma nel Seicento per essere poi riprodotto lungo tutto il secolo successivo, un genere da non confondere però con le novelle «tragiche», che dalle «istoriette» di Matteo Bandello – che tanto sarebbero piaciute a Stendhal – ai suoi traduttori-imitatori francesi avevano avuto un loro momento di splendore ormai tramontato[25]. Non si trattava di cronache né di *exempla*, come si è detto, ma di racconti *in forma* di cronaca, che pretendevano di basarsi su fatti realmente accaduti o presentati come tali, coerentemente con un genere per definizione ibrido e di confine, nel quale la dimensione della «narrazione di fatti e casi esposti o accennati secondo la successione de' tempi»[26] (così nella definizione classica del Tommaseo) si associava appunto a quella della verità, o pretesa tale, di ciò che veniva narrato in un quadro soltanto in apparenza moraleggiante ma in realtà potenzialmente eversivo. Era questo il loro primo elemento di fascino per i potenziali lettori, con tutte le ambiguità che questo genere di testi poteva comportare. La linea di confine tra verità e finzione poteva essere infatti molto sfumata ed è solo valutandola in un più ampio contesto discorsivo in cui questi testi circolavano che è possibile coglierne il senso. Analogamente agli opuscoli sensazionali travestiti da notiziari, nelle «relazioni tragiche» il livello di manipolazione, mistificazione o deliberata omissione dei dati originari poteva essere molto alto, per motivi d'ordine letterario ma anche politico, alla stregua di libelli e pamphlet. In fin dei conti si trattava di rappresentazioni della giustizia, della sua macchina e dei suoi protagonisti descritti secondo precisi stereotipi e schemi narrativi che se da un lato rimandavano alla struttura classica dell'*histoire tragique* e dell'*exemplum* (legge-trasgressione-punizione), dall'altro nascondevano intenti polemici e satirici che ricordano quelli tipici della letteratura libertina[27].

Capitolo decimo

«Intrinsechi amori»

Per quanto avesse provocato molto scandalo, la vicenda della badessa di Castro non ebbe l'immediata fortuna di quella di Beatrice Cenci o di Vittoria Accoramboni. Forse perché in essa mancavano un omicidio e un patibolo o forse perché, in fin dei conti, era una storia di provincia, ambientata in un luogo che divenne oggetto di un mito soltanto quando fu distrutto parecchi decenni dopo lo svolgimento del processo. È vero che vide coinvolti esponenti di due grandi famiglie come gli Orsini e i Farnese, ma paradossalmente fu proprio questo ad impedire che lo scandalo si trasformasse in tragedia collettiva come erano state invece l'esecuzione capitale della Cenci o la notizia dell'uccisione della Accoramboni. Quando, a metà Seicento, divenne argomento per «relazioni tragiche», fu necessario attribuire alla storia quel finale esemplare che nel vero processo mancava affinché si conformasse al gusto del pubblico. E se fu proprio la distruzione dei luoghi teatro dello scandalo che rese la vicenda letterariamente appetibile, ciò avvenne anche per ragioni politiche oltre che narrative.

La storia fu composta non soltanto in funzione di *topoi* letterari ben definiti ma anche nel quadro della lotta politica che aveva fatto da sfondo e che ancora aveva qualche eco. L'allusione, in tutti i titoli o all'interno dei testi, alla Castro «ora demolita» non è probabilmente casuale, e rimanda a quella fase, durata circa un decennio tra il 1649 e il 1659, durante la quale i Farnese tentarono in tutti i modi di recuperare il ducato[1]. È forse proprio in ragione di ciò che la vicenda della badessa fu riesumata, proponendo un ritratto del cardinal Alessandro in apparenza tutto intenzionato a far giustizia del «sacrilego eccesso». Era un ritratto che sulla carta faceva da controcanto alle pesanti insinuazioni circolate all'epoca dello scandalo sulla sua presunta condotta licenziosa con una dama del luogo, come se vi fosse una sorta di marchio

indelebile su una dinastia dai discussi natali[2]. In realtà, riesumata
in tal modo, la storia forniva un argomento in più per giustificare
la distruzione della città come luogo di corruzione, ricetto di banditi e dissoluti. È in questo quadro, con questa finta apologia del
«gran cardinale» e perciò di tutto il casato, ora in gravi difficoltà
per la perdita del ducato, che furono innestati nel testo delle
relazioni e nelle successive copie e varianti molti brani di pura
invenzione, nei quali la verità giudiziaria, ossia quanto emerso
durante il processo, veniva piegata a finalità cronachistiche e
narrative. Difficile fornirne una datazione certa: dall'esame del
supporto cartaceo, della scrittura e dello stile, appaiono tutte
vergate tra il XVII e il XVIII secolo.

Il titolo ovviamente è una componente essenziale affinché
un'opera possa essere identificata in un genere facilmente rico-
noscibile dai lettori. Una sola relazione non si conforma però
al modello cronachistico del «caso occorso» o della «relazione
distinta», ed è curiosamente proprio quella che pretende di essere
più *veridica* perché tratta direttamente dai verbali del processo
conservati in archivio. Il titolo *Quanto sia pernicioso il conversare
l'uomo con la donna il presente caso ce lo dimostra* seguito da un
incipit moraleggiante dello stesso tenore che allude a quanto siano
«dannose all'anima» e da evitarsi le «frequenti conversazioni con
donne»[3] non deve però trarre in inganno. Esso non è infatti che il
rozzo mascheramento di una relazione dai contenuti palesemente
licenziosi vòlti a solleticare l'interesse dei lettori.

La relazione, dopo la presentazione dei protagonisti – «Elena Orsina» e «Francesco Cittadini nobile milanese» – esordisce
con una breve premessa su come la «fabrica non compita del
chiostro» sia stata la «fabrica dei loro amori»:

> Ritrovandosi di continuo alla grata si accesero nel seno d'ambidui
> da piccole faville fiamme così potenti, che ridotto in cenere il lume della
> raggione cominciorono fra essi a crescere scambievolmente gli affetti e
> guadagnatisi con reciprochi doni le voluttà, squarciando il velo di ogni
> rispetto la vergogna si incaminarono a briglia sciolta alla sodisfazione
> del senso, non riguardando dunque né al voto, né al sacrilegio disposero
> render paghe le sacrileghe brame[4].

Questo esordio è seguito dalla descrizione degli incontri,
grossolanamente ripresa dalla confessione della badessa quando
confessò di aver «cognosciuto carnalmente»[5] il vescovo:

Nel mezzo del mese di novembre 1572 restando qualche giorno avanti così di concerto, determinò l'abbadessa alle cinque della notte d'accogliere il Vescovo nel Monastero. Incaminossi egli non meno nelle tenebre della notte, che in quelle delle sue colpe divenuto lupo rapace del gregge consegnato alla sua pastoral cura, e giunto alla chiesa gli fu aperta la porta dalla Abbadessa che lo attendeva et si incaminarono verso la stanza di quella violatrice della fede promessa al suo redentore. Era questa camera contigua alla chiesa e segregata da quelle delle altre monache le di cui mura servirono di testimonio a sacrilegio così esecrando. Partisse doppo un hora il Vescovo e fece ritorno al suo palazzo, non tralasciando doppo le visite e reiterando i presenti[6].

Sulla reazione del vescovo all'annuncio della gravidanza, l'autore della relazione si prende una prima licenza, tentando così di integrare i molti silenzi del processo o le reticenze degli interrogati. La badessa, durante la confessione, riferì di come a quell'annuncio il vescovo avesse manifestato «grande fastidio» ma che non si ricordava che cosa avesse detto. La relazione così compensa la dimenticanza:

Istupidì a questa nuova il Vescovo rappresentandosegli avanti gl'occhi la gravezza del suo misfatto, l'honore tolto ad una dama di quella qualità, il voto fatto al suo Signore doppiamente violato, lo scandalo ed il pessimo esempio portato a tutto il mondo, l'haver egli contaminate quell'anime che doveva custodire illibate per il paradiso mercé del carattere conferitogli dal vicario di Christo, l'ira del duca e l'indignazione del pontefice, nulla di meno consolando al meglio che poteva fra tante angustie quella infelice, e doppo quella breve dimora si partì[7].

Il fastidio viene quindi trasformato in sbigottimento, attribuendo al vescovo pensieri e comportamenti che potevano giustificare, in un'ottica moralistica, il comportamento sacrilego sopra descritto. Sulla stessa linea, il pianto naturale del bambino appena nato, trasportato in cucina per non essere sentito, viene trasformato in un improbabile ma significativo lamento per «le sue miserie che quelle anco della madre»[8].

In altre due occasioni l'autore interviene non riempiendo i vuoti, ma reinventando le deposizioni. La prima riguarda la fuga di notizie causata dalla fornaia che aiutò la badessa a partorire. Che fosse stata proprio lei tra le prime a rivelare il segreto fu riferito da vari testimoni. Durante gli interrogatori, la donna disse soltanto di aver avuto qualche reticenza nel ricevere i soldi dalla badessa per il tramite del medico, temendo che il marito la accusasse di qualche «ruffianaria»[9]. Una volta scoperta, gli aveva raccontato tutto discutendo poi con lui su come impiegare quel denaro, se per pagare certi debiti, come avrebbe voluto lei, o se per comprare un somaro. Questo racconto viene così modificato:

> Accadde che havendo il medico date per ricognizione alla donna che havea raccolto il parto alcune monete d'oro, le quali osservate dal marito che credé fossero state date per qualche non buono affare e ricercando alla moglie per qual causa gli fossero state date e negando essa pertinacemente aggiunse il geloso marito alle richieste le minaccie di modo che per sincerarsi fu costretta la donna à riferirgli tutto il segreto, e restato attonito il marito consultatisi che dovessero fare del denaro, mentre la donna voleva pagarne alcuni debiti, esso si risolvé comperare un giumento, et interrogata dalle vicine la donna come havessero potuto fare tal spesa stante la loro povertà gli raccontò essa il fatto, che resosi pubblico à poco à poco per Castro era divenuto la materia del scandalo e del discorso di tutti[10].

Aderendo all'immagine stereotipata del contadino sospettoso che vuole arricchirsi, il timore della fornaia si trasforma nella gelosia del marito e il somaro in un più letterario giumento, mentre la causa della fuga di notizie, non esplicitata nella deposizione, viene ricondotta alla proverbiale invidia dei vicini.

L'altra deposizione alterata nella relazione riguarda la scontata ingenuità delle consorelle della badessa nel rispondere alle domande sulla paternità del bambino:

> Fra le suddette monache vi furono alcune molte così semplici delle che alcuna di esse disse di essere stato il malfattore il gatto per tenerlo l'abbadessa continuamente in braccio, altre dissero che stando ella continuamente in un mignano quel vento fresco potergli havere cagionata tal gravidanza scorgendosi così in che una verginale innocenza[11].

In realtà «gatto» era il soprannome di un tal Michele che tre testimoni avevano indicato come colui che aveva loro riferito le voci sulla gravidanza della badessa, mentre la storia del vento e del balcone non ha nessun riscontro nei verbali degli interrogatori[12].

Per il resto la relazione riporta abbastanza fedelmente lo svolgimento del processo, citando tra virgolette alcuni documenti o discorsi: la lettera del 9 settembre con cui il cardinale di San Sisto riferiva all'auditore della Camera l'ordine da parte del pontefice di avviare il processo a Castro, il testo della lettera che la badessa disse di aver scritto al servitore del vescovo Cesare Del Bene subito dopo il parto e, infine, la fiera autodifesa della badessa:

> Quanto à me haveria desiderato di poter portare tutta la pena senza che detto Vescovo ne havesse patito cosa nessuna, né mi ha mosso nessun rispetto mondano per che quanto alle cose del mondo io le ho messe tutte da banda, e quanto a Dio il medemo peccato e fallo è di haverlo fatto con un principe ò con un famiglio di stalla; tutto quello che ho detto per la verità, è se detto Vescovo non fosse stato io non l'haverei incolpato[13].

Soltanto il testo del biglietto che la badessa diceva di aver ricevuto dal vescovo viene trasformato in lettera, quando in realtà fu riferito a voce[14]. Il cardinal Farnese viene nominato solo una volta, senza commenti o aggettivi, in riferimento a quando gli giunse la notizia di «tal sacrilego eccesso» e dell'ordine che diede al podestà di Castro di far arrestare alcuni sospetti. L'accenno invece al fratello della badessa, Orso Orsini, il cui omicidio del duchino di Latera aveva tanto angosciato Elena al punto da giustificare una visita da parte del vescovo per consolarla, viene trasformato o forse confuso con l'omicidio dello stesso Orso durante una rissa a Firenze in circostanze mai del tutto chiarite, avvenuto però nel 1576[15].

Come si è accennato, in questa relazione manca dichiaratamente il finale poiché, come attesta il suo autore, non è registrata alcuna sentenza alla fine del verbale. Ed è per questo motivo che possiamo ragionevolmente ritenerla la relazione originaria da cui fu tratta buona parte delle altre, proprio per quel foglio bianco che lasciava spazio a congetture se non a vere e proprie invenzioni. Se confrontate con questa, quasi tutte le altre relazioni risultano sostanzialmente simili, con il medesimo stile apparentemente moraleggiante e il periodare carico di aggettivi e pleonasmi, ma con alcune varianti lessicali e qualche piccola significativa interpolazione, come per esempio l'aggiunta alla temuta ira del duca anche quella del cardinal Farnese «tutto zelante della pudicizia delle vergini». Quest'ultimo riferimento, visto il contenuto scabroso della vicenda, potrebbe essere in realtà interpretato come un modo per diffamare la famiglia riesumando un caso caduto nell'oblio, funzionale ora a giustificare la fine di Castro e del ducato farnesiano.

Il *Successo occorso* ritrovato da Stendhal, oltre a sostituire il cognome della badessa – che da Orsini diventa un fantasioso Campi Reale per proteggere il casato dall'infamia –, appare a tratti più discorsivo e nel complesso più moderno nello stile rispetto alle altre relazioni che sono più arcaiche nel periodare, ma questo potrebbe dipendere da una licenza del copista o dalla versione forse più tarda oggetto della trascrizione. Come si è visto, quasi tutte le relazioni si concludono con la punizione esemplare degli amanti sacrileghi relegati in due orride celle, mentre sullo sfondo, quali emblemi di una giustizia e di una Chiesa solo in apparenza trionfante ma in realtà corrotta anch'essa per via delle esplicite manovre di salvataggio del vescovo, spiccano i ritratti contrapposti e convenzionali dei due pontefici, il «buon compagno» Gregorio XIII, disposto alla clemenza, e l'intransigente Sisto V.

Unica eccezione, lo si è visto, è la *Relatione distinta del Successo occorso in Castro Città del Duca di Parma già demolita* che riporta il solo finale confermato da fonti attendibili. Pur alludendo anch'essa nel sottotitolo agli amori tra la badessa e il vescovo, è però talmente diversa da quella che abbiamo analizzato da far supporre che il suo autore l'abbia scritta autonomamente in un'epoca successiva all'elaborazione e diffusione delle prime relazioni sul caso, dopo la fine della guerra di Castro ma *ante* 1720, anno in cui fu acquisita dalla Biblioteca Vaticana, se non *ante* 1712, anno della morte del collezionista a cui apparteneva. Nel riportare il processo, lo fa in un modo molto più particolareggiato, citando risultanze di deposizioni non menzionate in tutte le altre relazioni, come per esempio il colloquio voluto dal confessore don Cosimo affinché il duca Ottavio Farnese ammonisse la badessa a non frequentare più il vescovo[16]. La *Relazione distinta*, per la verità, attribuisce il colloquio al cardinale Alessandro, ma si tratta comunque di un episodio che non è menzionato in nessun'altra relazione, così come non è altrove citato l'episodio riguardante le «differenze» consumatesi fra il vescovo e il confessore delle monache a proposito della liceità o meno del presule nell'intervenire nella cura del monastero e nei rimproveri che il vescovo avrebbe fatto al confessore sull'orario delle messe.

A fronte di ciò non mancano rilevanti errori di data – anticipa per esempio l'inizio del processo al giugno del 1573 – o nomi di testi non menzionati dai verbali del processo ma che possiamo presumere siano stati volutamente inventati. Analogamente all'altra relazione, menziona la morte molto più tarda di Orso Orsini «ucciso da certi con colpi di pistole nel petto» a causa della quale la badessa «era stata tanto male» credendo che la sua malattia fosse «da ciò derivata, e non già dall'infamia del parto»[17]. Al contempo però fa riferimento a circostanze ed episodi avvenuti mentre il processo era in corso, come per esempio quando riferisce che non solo «tutta Roma» era ansiosa di notizie ma anche le altre città d'Italia «stavano con grandissima anzietà osservando l'accusa e l'esito che haverebbe l'incominciato processo»[18]. Interessante è anche la spiegazione, plausibile alla luce dei documenti di cui disponiamo, del trasferimento della causa a Roma dopo i primi interrogatori raccolti dal Riario a Castro:

> Finite le suddette esami, furono portate al pontefice il quale si posse a studiarle e trovò che la confessione della Monaca era veramente reale, che haveva confessato il fatto liberamente. Con tutto ciò il Papa nun ne fece diligenza più che tanto perché il Vescovo fosse confesso di questo delitto, non vi andando la reputatione di questa Santa Sede nella persona di questo Vescovo, credendosi effettivamente, che monsignore fosse innocente e che le altre cose di sopra dette fossero parti di invidia e di calunnia; ma quando Gregorio vidde che le cose s'accostavano al confronto di quell'esame, altro non disse per levare tutte le chiacchiere, e le canzone, che sarebbe stato meglio il far condurre in Roma il Vescovo, la monaca, e l'servitore per meglio esaminarli nascostamente, e che il papa volesse veramente soffogare questa causa si conosce dall'istesso esito, e dal processo imperfetto[19].

All'atteggiamento dubbioso del pontefice e alla clemenza che alla fine esercitò nei confronti dei due principali imputati, la relazione contrappone la ferma determinazione del cardinale:

> Su questa opinione sempre ferma nel cardinale Farnese che potesse essere il Vescovo stato il malfattore, andò dal papa à dirgli che le voci erano la maggior parte contro il Vescovo non ostante che la Munaca havesse variata et imputato altro innocente, e che dalla solita sua freguenza lì dentro il Monastero, che alla grata come dalli regali, danari, servitij, et altro si rendeva magis atque magis colpevole. Sua Santità come prencipe e altro, che hà lo Spirito Santo per suo direttore e regolatore delle cose humane, ordinò subito che con somma diligenza non solo l'esaminasse di novo la monaca ma bisognando se gli dassero

i tormenti, li facesse piegare il Vescovo à questa esame, con le solite regolari forme consuete, solite praticarsi con i vescovi in occasioni di gravi
delitti[20].

Tutti questi elementi ci portano ad ipotizzare che la *Relazione
distinta* sia stata scritta da qualcuno che poteva disporre di una
documentazione più ampia rispetto al solo processo, qualcuno
che forse aveva accesso anche a documenti farnesiani o a copie
di essi. Per esempio, si fa riferimento a una lettera riservata che
il cardinal Farnese avrebbe ricevuto dal podestà di Castro nella
quale quest'ultimo gli riferiva che la badessa «haveva confessato il
delitto» e che il vescovo risultava innocente «per non esser stato
egli quello che si supponeva reo, ma un tale Giovanni Battista
servitore del luogo, il quale era morto»: una lettera dal contenuto
molto simile è conservata nel carteggio farnesiano in cui un agente riferisce al duca le stesse informazioni[21]. Tra l'altro è l'unica
relazione nella quale emerge in modo esplicito un io narrante
e ciò avviene, forse non casualmente, quando l'autore racconta
dello scontro tra i parenti del vescovo e i Farnese come a voler
sottolineare, almeno apparentemente, una presa di posizione a
favore di questi ultimi:

> Non vedendo li parenti del Vescovo alcun miglioramento a questa
> pretesa infamia andarono per le poste a Roma, e non potendo haver
> conferenza con il Vescovo, andarono al palazzo del cardinale Farnese a
> farne molti caprici, e querelandosi che ciò non si dovesse alla qualità del
> vescovo né alla nobiltà della sua casa, infamarla d'una cosa supposta dal
> volgo, che non vi era verità alcuna. Il Vescovo da questi disgusti e presenti
> e futuri si pose al letto con una febre violenta, che quasi lo ridusse ad
> estremo di sua vita; or qui si è che io non voglio riferire le maledicenze
> di Ottaviano Cittadini fratello del vescovo fatte contro la casa Farnese,
> segno che fù disfidato colla spada il secondogenito del duca di Parma,
> e trattato assai malamente il cardinale al quale furono rivangate tutte le
> infauste istorie della guerra di Paolo, con le supposte parzialità del papa
> verso la Francia, contro l'Imperatore Carlo V, sopra il governo di Roma
> e sopra altre cose toccanti le fabriche che esso haveva inalzate in Roma,
> con altre vendette[22].

Riemergono qui le antiche accuse rivolte a Paolo III, che
avevano nutrito all'epoca una ricca libellistica e che ora venivano
rimproverate al figlio, il cardinale Alessandro, presentato come
il primo promotore della causa contro il vescovo:

Credettero li fratelli del vescovo di smorzare in parte e rendere estinto quel foco disceso, e liberare il vescovo dall'angustie della carcere privata ma fu tutto l'opposto perché il cardinale, che scoperse essere tutte le pasquinate, maldicenze, e lettere false provenienti dalla Casa Cittadini si infervorò tanto maggiormente contro di essi e particolarmente volle che il vescovo fosse esaminato e se mai causa alcuna fù fatta con premura in questa città, questa ne fu una, la quale non si tralassò, anzi, che si viddero menar carcerati anche in Roma, molte persone et piene erano già le carceri della città di Castro.

Tutti questi riferimenti, veri o presunti che siano, ci restituiscono un quadro molto vivido di come, malgrado il processo ufficialmente segreto, potesse filtrare una miriade di informazioni andate a ingrossare il già denso giacimento di dicerie, pasquinate, chiacchiere e «canzone» che, come abbiamo visto, ne avevano comunque accompagnato lo svolgimento. Tra i libelli che circolarono, l'autore della relazione trascrive in calce ad essa l'*Espositione contro i detrattori, nella pubblicatione de manifesti contro la Casa Farnese per l'occorso successo in Castro tra il vescovo monsignor Cittadini e la Madre Abbadessa* preceduta dal già citato *Discorso fatto sopra l'aggiustamento, e controversie tra la casa Cittadini, e Orsina, doppo la terminatione del processo.* Se quest'ultimo appare composto almeno dopo la morte della badessa, il primo non allude alla fine del processo, però menziona l'accusa infamante che nel *Discorso* viene rivolta al cardinal Farnese a proposito di quella certa «Caterina Leonina fra le belle dame di quel luogo»[23].

«Si sono sciolte le lingue a dismisura» si dice nell'*Espositione* a proposito della «vendetta, maledicenza e disgusti»[24] che il cardinal Farnese avrebbe subito dai parenti del vescovo e dai loro sostenitori. L'anonimo autore del manifesto così difende il cardinale:

Li riguardi del signor cardinal Farnese sono stati sempre tali a dismorsare il foco dell'invidia, e rimettere la vendetta per mano di Dio, che saprà castigare i detrattori degl'infami manifesti, e scritture pubblicate contro un cardinale così honorato, e di esempio. Gl'huomini del reverendo no hanno havuto altro sfogo per abbattere l'eccesso del Vescovo, (che vien verificato dall'auditore della Camera) di che spargere infamie, e cercare di ricoprire con l'altrui innocenza. Il cardinale sin da quando è stato in Parma ha sempre menato vita ritirata, né si è ma fatto lecito di conversare con Dame[25].

Il cardinale quindi non soltanto viene presentato come «innocentissimo di quello è stato tacciato della suddetta Sig.ra N.N.», ma anche come uomo giusto il cui senso del dovere gli aveva impedito di lasciare il vescovo impunito:

Si sarebbe forsi preteso dall'infami detrattori, che in un delitto cosi considerabile di tanto pregiuditio all'honore d'un cardinale, che si fosse forse passato sotto banco? Sarebbe questo stato honore d'un cardinale? Cosa il reverendo havrebbe detto? Se con effetto sua eminenza havesse trascurato il suo officio? Chi sarebbe poi stato più incolpabile se il cardinale havesse per salvare i rei dall'ignominia ricoperta l'infamia?[26]

Questo documento è la prova ulteriore di come l'autore disponesse di materiale di prima mano circolato mentre il processo era in corso o anche successivamente, durante l'enorme produzione di scritti e di libelli scatenata dalla guerra di Castro che aveva portato a ripubblicare il caso, evidentemente in funzione antifarnesiana. La posizione dell'autore nei confronti dei Farnese è da questo punto di vista ancor più ambigua delle altre relazioni. Se da una parte infatti sottolinea il comportamento corretto tenuto dal cardinale Alessandro e dal duca allegando persino il manifesto in loro difesa, dall'altra non fa altro che alimentare gli aspetti scandalistici della vicenda, arricchiti oltremisura di dettagli sicuramente non graditi dagli ultimi discendenti della famiglia. Ma non sono soltanto questi aspetti a distinguere la *Relatione distinta* dalle altre.

Nel delineare un ritratto della badessa che certo i verbali del processo non potevano fornire, ma che viceversa serviva per dare verosimiglianza alla storia, l'autore della relazione si addentra nella narrazione scegliendo un'immagine convenzionale:

La monaca era una figliola molto cortese e gentile, bella a maraviglia, di età di 28 anni grande d'aspetto, bianca di carnaggione e aveva nel volto un parlare così cortese e grato che legava li cori[27].

La badessa dunque non poteva che essere, come Beatrice Cenci, bella e gentile d'animo, come ogni eroina vittima della prepotenza altrui:

Con tale amicitia e confidenza del Vescovo nel Monastero suor Elena poté agevolmente anche trattare degli interessi della sua casa

e delle cose passate e particolarmente di quelle litigiosità per le quali
egli soleva dire che disperatamente si era racchiusa in quel chiostro per
non haver potuto esigere la parte della sua dote che era stata trattenuta
dal fratello suddetto conte di Pitigliano già stato ucciso di pistola nel
petto; il vescovo sentendo le disgrazie dell'Abbadessa, e approvando la
sua disperatione, l'essere controvòglia per racchiusa, entrò in qualche
discorso d'amore, come alle volte suol usarsi da quelle monache che per
disperate hanno preso l'abito munacale di trattare con quelli che erano
per lo prima confidenti[28].

In questi brani la trasfigurazione del personaggio viene co-
niugata con informazioni sulla famiglia della badessa, che certo
non potevano essere state dedotte dai verbali del processo, ma
che potrebbero spiegare quanto abbiamo riscontrato in altri
documenti riguardo alla dote, con un particolare in più: la badessa sarebbe entrata contro la sua volontà in convento. Non
sappiamo se ciò avvenne veramente, ma questo dettaglio coincide
con lo stereotipo seicentesco della «malmonacata» che ora il
lettore poteva riconoscere e che tanta fortuna avrebbe avuto
nella letteratura dei secoli a seguire[29]. È possibile che l'autore
fosse a conoscenza di dati genealogici che a noi sfuggono: se
davvero Elena aveva ventotto anni al momento dello scandalo
ciò vorrebbe dire che era nata intorno al 1545 – due anni prima
del saccheggio di Pitigliano – e che dunque, secondo i costumi
dell'epoca, era entrata in convento a dodici anni e aveva preso
i voti a tredici. Ma è soprattutto nel descrivere il germogliare
dell'amore tra il vescovo e la badessa che l'autore rielabora
informazioni tratte dal processo e le reinventa:

Sospirava suor Elena li suoi intrinsechi amori, e gl'altri suoi desideri
al vescovo il quale essendosi imbarcato a un segno, che non riposava né
giorno né notte poiché come tutto acceso in questo amore quasi vaneggiando
si vedeva al detto monastero, et alle volte che egli medesimo non sapeva
che cosa poter chiedere, se non quelli vani discorsi. [...] Tutte queste cose
erano da stimolo al vescovo e perciò non tralassava la solita frequenza con
quella monaca, [...] la quale parimente si era arresa all'amore del vescovo,
non solo per esser egli di bella presenza ma anche per la continuata dei
regali, monete d'oro e d'argento, e altre cose che egli donava. Alla fine
non poté tener il vescovo più celato il suo ardente desiderio di doversi
compiacere con la monaca; gli disse à bella posta che egli voleva ritornare
a Milano sua Patria giacché si accorgeva che la sua vita sarebbe bene e
certa per ritrovarsi il suo cor ferito da un amoroso suo dardo e che non
poteva per ritrovar riposo onde era ben computibile il suo stato e con

questo dire, havendo prima regalata la madre Abbadessa di certe lane fine e pezze di tela gli donò un anello nel quale stava il suo ritratto giacché egli disse liberamente che il suo l'haveva scolpito nel core[30].

L'allusione ai regali preziosi è frutto di una sovrapposizione tra i doni inviati e gli oggetti lasciati in custodia temporanea alla badessa. Secondo quanto testimoniato da molti, i «presenti» consistevano in cacciagione e frutta, mentre «il boccale et il baccile d'argento», «una coperta di taffetta bianco», «una cassetta di cipresso con robbe dentro come dire haveri doro et di seta, un crocifisso un braccio longo indorato, et uno scrignetto napolitano»[31] appartenenti al presule si trasformano ora nelle stoffe pregiate, nelle monete d'argento e d'oro donate alla badessa. Quanto all'anello, all'interno del quale l'autore della relazione immagina vi sia un ritratto, l'unica allusione nel processo è l'accenno al momento in cui il vescovo lo lasciò in pegno durante il rapimento per riscattare il servitore lasciato prigioniero[32].

A queste idilliache ricostruzioni, seguono quelle assai più prosaiche dei sacrileghi amplessi, nei quali si potrebbe cogliere l'eco delle novelle erotiche e dissacratorie tipiche della letteratura libertina che ritroviamo nelle coeve avventure di Porzia e Clelia della *Turbolenza delle Vestali* di Girolamo Brusoni o in uno dei *Successi tragici ed amorosi* di Ascanio e Silvio Corona nei quali si raccontava quella presunta storia «di libidine e di sangue»[33] consumatasi nel convento di Baiano che avrebbe poi solleticato, prima ancora della vicenda di Castro, l'interesse di Stendhal[34].

Per ora non era altro che uno dei tanti esempi letterari di un *topos* che dalle novelle di Boccaccio in poi aveva caratterizzato tante narrazioni sulla vita dei conventi. Dal celebre *Ragionamento della Nanna e dell'Antonia* (1534) di Pietro Aretino dove una monaca fuggiva dal convento per farsi moglie e infine prostituta, a quei monasteri «licenziosi, dissoluti, poco onesti, che menano una vita scandalosa e di pessimo esempio»[35], citati nella novella *Piacevol beffa d'un religioso conventuale giacendosi nel monastero con una meretrice* del Bandello, si era consolidato uno stereotipo che si sarebbe saldato, fino a Ottocento inoltrato, con quello della malmonacata. Così nella *Relazione distinta* si raccontava della prima notte di «sollazzo»:

L'Abbadessa sentendo che il Vescovo voleva veramente partire, e credendo alle sue parole, e concorrendo al suo genio per esser arresa anch'ella di quell'istesso foco, tanto l'una che l'altro disposero di volersi abbracciare assieme alla nuda nel proprio letto della monaca con haver trovato il modo di farlo entrare di notte nel Munastero e tenerlo a dormire tutta la gnotte della domenica di Carnevale (tempo più proporzionato) nel quale il demonio s'adopra più agevolmente à far cadere l'animo in quelle colpe dishoneste [...] ella aprì la porta della chiesa e fece passare il vescovo dentro la sua stanza, e serratolo ritornò di novo prima nell'Infermeria, e secondariamente à serrare la porta del refettorio. [...] Se ne ritornò dove stava il vescovo, cioè nella sua stanza, il quale ritrovò a sedere sopra del letto, e perché era tanto l'amore, dal quale fu sorpreso, che appena giunta nella stanza con una lume in mano, che volle abbracciarla; ma la monaca gli disse che non si conveniva commettere l'errore con quegli habiti, e che però prima voleva spogliarsi siccome egli si era spogliato di quelli del vescovo; così si trattenne il vescovo e vedendo spogliare la Monaca, si spogliò anch'esso, e si pose nel suo letto per consumare tutto quel foco, che si trovava acceso nel suo core. Tutta la notte della Domenica stiedero in questo sollazzo[36].

Nel successivo incontro la badessa, non avendo «quel riguardo che già antecedentemente haveva havuto nelle sue soddisfattioni», lascia «correre il suo amore a violenza» tanto che «congiunti li sangui si rese gravida d'un fanciullo»[37] al punto che la mattina viene colpita «dalla violenza d'un vomito» ma, non affatto sicura del sinistro presagio, congeda il vescovo. Qualche didascalico cenno alle teorie mediche dell'epoca sul concepimento e sulle malattie delle donne non sfugge anche quando, nel riferire la visita del medico, si accenna alla scusa che avrebbe architettato per giustificare il suo malessere: «mal d'utero», che diventa poi, per nascondere l'ingrossamento della pancia alle consorelle, un'«hernia acquosa nel ventre»[38].

Anche in questa relazione l'inventiva corre quando il vescovo rimane non infastidito ma «stupefatto» alla notizia della gravidanza e propone la fuga della badessa a Milano travestita da uomo, che però essa rifiuta «per essere ella di un parentado cospicuo e di braccio forte che l'havrebbero fatta giungere da per tutto dove ella fosse andata» e anche perché era «poco ben vista dal fratello e dal cognato» per via della lite sulla dote. Più colorita e meglio narrata rispetto alle altre relazioni è l'indiscrezione della fornaia, causa delle prime dicerie:

Procurò il Demonio che si scoprisse l'eccesso per via d'una femina, la quale fù la descritta di sopra moglie d'un lavoratore di vigna che teneva anche il forno in quella Città e che viveva in grandissima gelosia della

moglie e con miserie nella sua casa il quale marito ritrovò accidentalmente
in un pezzo di fazzoletto quelle monete d'oro che erano state regalate alla
donna dal medico. Pensò subito à quello che poteva essere, che essa non
fosse andata a far male alcuna notte, che haveva dormito fuori di casa
e che diceva essa essere stata al monastero onde volendo conoscere il
convenuto e chi gli havesse date dette monete fù dalla donna raccontato
il fatto à costo di molte percosse, e doppo haverlo publicato al marito,
l'andò anche a publicare ad una sua vicina, moglie d'un oste, che lo ridisse
al marito onde così si sparse questa facienna per la città[39].

Mentre nel riportare la confessione della badessa, la relazione
si attiene a quanto effettivamente deposto, per ciò che riguarda i
biglietti che si scambiarono i due amanti colma i vuoti del processo in chiave moraleggiante ma anche velatamente sarcastica.
Se così scrive la badessa:

> Ritrovandomi io fra le angustie del male anche con gli travagli del mal
> nome acquistato per Vostra cagione e mia, e perché vedo non essere riparo
> all'imminente castigo che corre in fretta per punire il nostro eccesso ho
> volsuto scrivere à voi, acciò vi adoperiate di ammunire quelle lingue che
> vanno publicando lo scandalo del munastero e la mia vergogna, la quale
> è ormai à tutti palese. Resto la più infelice e sventurata fra tutte l'altre
> donne del mondo, anzi preparata a soffrire il castigo della mia colpa,
> che Dio non vuole resti occulto, acciò per l'eccesso mio si venga a dare
> esempio agl'altri[40].

così risponde il vescovo meditando una poco onorevole fuga:

> Carissima et amatissima Signora, con lagrime sul volto io hò scritto
> questo foglio assicurandovi che non vi è rimedio alcuno per occultare il
> negotio, né tampoco di raffrenare le lingue impertinenti del volgo che vanno
> publicando più che mai questo che voi sapete, havendo io procurato di
> sgridare un certo tale, ma vedo di haver più tosto fatto peggio di quello,
> che credevo smorzare il foco acceso di questa favola, e perché non è bene
> che jo mi fermi più qui per li pericoli che vi sono evidenti e per altri miei
> pregiuditii ho destinato partire domani al mezzo giorno et andarmene in
> luogo da questo luogo lontano[41].

Al di là della qualità letteraria sulla quale abbiamo sorvolato
concentrando la nostra attenzione principalmente sugli aspetti
contenutistici, è lecito chiedersi di cosa questi scritti siano
realmente traccia, se siano cioè testimonianza dei fatti descritti,
della giustizia di antico regime o, come credeva Stendhal, delle
passioni provate dagli uomini e dalle donne del Cinquecento,

oppure se non vadano piuttosto considerati come esempio della rappresentazione che di tutto ciò veniva data, tra Sei e Settecento, in adesione a precisi stereotipi e modelli culturali.

Il contenuto apertamente licenzioso, come si è detto, rendeva obbligata la forma manoscritta, che comportò una diffusione limitata della storia, scoperta per caso da Stendhal. Per quanto la *Relazione distinta* attinga a convenzionali espedienti narrativi, è comunque molto più romanzata rispetto al *Successo occorso*, la cui piattezza e banalità avrebbe comunque colpito lo scrittore francese lasciandogli, forse proprio per questo, più ampio spazio d'immaginazione.

Capitolo undicesimo

Il «triste» compito del narratore

Cumuli di rovine, colonne spezzate, capitelli e ricchi fregi mescolati a detriti informi: così Castro doveva apparire, all'epoca in
cui Stendhal pubblicava la *Badessa di Castro*, ai pochi che osavano
avvicinarvisi. In effetti, soltanto l'ostinazione di un appassionato
cultore di antichità etrusche come George Dennis, eccentrica
figura di diplomatico ed esploratore britannico, avrebbe potuto
spingere nel 1842 un viaggiatore ad inerpicarsi su per il sentiero
che correndo lungo una profonda gola cosparsa di ammassi di
lava portava alla stretta altura in cui un tempo si trovava l'antica
capitale del ducato farnesiano.

«Non vi sono parole sufficienti e adeguate per descrivere quale
e quanto malinconico luogo sia Castro, uno dei più lugubri che
io ricordo in Etruria» scriveva Dennis, constatando amaramente:
«Castro si trova in un deserto, è la città della desolazione»[1]. In
nessun luogo, osservava, la boscaglia era più scura e fitta, le gole
così imponenti e apparentemente senza fine, solitarie e silenziose;
in nessun altro luogo i dirupi erano più oscuri e incombenti e il
passato incuteva tanto timore, mentre la natura aveva riacquistato
il proprio dominio sull'opera dell'uomo.

Mai prima d'allora Dennis era riuscito a incontrare uno stu-
dioso locale o forestiero che avesse visitato quella zona. Del resto
neanche Stendhal, quando per sfuggire alla noia di Civitavecchia
era andato a Canino nel 1835 a trovare Luciano Bonaparte e ad
ammirare la sua collezione di vasi etruschi di grande attrattiva a
quei tempi, si era spinto oltre il ponte etrusco-romano dell'Abbadia, dominante sul fiume Fiora coi suoi trenta metri di altezza
poco prima della rupe di Castro[2].

Le rovine di Castro, difficili da raggiungere e troppo vicine
agli effluvi mefitici della Maremma, erano escluse dagli itinerari
del Grand Tour. Tra i pochi diari di viaggio suggeriti da Stendhal

ai turisti – Des Brosses, Lalande, Young – soltanto nel *Nouveau Voyage d'Italie fait en l'an 1688* di Misson, ripubblicato più volte nel Settecento, veniva citata la «demolizione di Castro»[3] a causa della quale la diocesi era stata spostata nella vicina Acquapendente dove il popolo era «rozzo e neghittoso»[4]. Stendhal stesso, nelle *Passeggiate romane*, accenna a Castro soltanto a proposito di Urbano VIII Barberini e della sua guerra per impadronirsi del ducato, ricordando unicamente l'increscioso episodio durante il quale l'esercito pontificio, guidato dal nipote Taddeo, ritrovatosi davanti a quello dei Farnese nei pressi di Bologna si era dato alla fuga[5].

Castro non era dunque che un toponimo, l'efficace toponimo per un titolo ad effetto e poco più per Stendhal. Nella *Badessa di Castro*, a cui lavorò a Parigi tra il 1838 e il 1839, l'unico accenno alla città viene ripreso dal *Successo occorso* dal quale Stendhal adotta quell'intercalare sempre uguale – «ora demolita» – che abbiamo ritrovato in tutte le relazioni sei-settecentesche tratte dal processo. Allora questo termine aveva un senso, ora a Ottocento inoltrato è soltanto una parola vuota. La Castro in cui nulla veniva portato a termine, la Castro perduta dei Farnese, per lo scrittore francese rappresenta soltanto un luogo astratto, una Castro fittizia, come d'altronde è fittizia la Parma della *Certosa* a cui lavora contemporaneamente: «Last sheet of the Abbesse de Castro, 15th sheet of la Chartreuse de Parme»[6], annota il 27 febbraio 1839. A Castro colloca un immaginario convento della Visitazione, che così descrive: «un vasto edificio circondato da nere mura, molto somigliante a una fortezza» dove vivono «più di trecento donne curiose», affiancato dalla chiesa, un «sontuoso edificio splendente marmi e ori», con un parlatorio separato dal coro da un'inferriata dorata coperta da un immenso velo nero[7]. Ovviamente, nulla a che vedere con le assai poco affascinanti quattro casette affacciate sullo stradone di porta Lamberta da un lato, e sul dirupo dall'altro, che tanto fecero patire la badessa e le sue consorelle decimate da febbri ed epidemie. Ma d'altronde, Stendhal come avrebbe potuto saperlo?

Lo scrittore francese ambienta quindi parte della *sua* storia in un luogo puramente immaginario, perché di una storia si tratta, e non più di una traduzione più o meno libera di un manoscritto antico come aveva fatto per *Vittoria Accoramboni*, *I Cenci* e *La duchessa di Paliano*, nelle quali aveva rispettato il patto con il lettore sui confini tra verità e finzione, indicandogli la giusta strategia di lettura. «Farne una novella. No, la verità è meglio»[8] aveva scritto a margine di uno dei manoscritti dell'*Accoramboni*. «Sfortunatamente per me e per il lettore» esordisce nella cronaca, «quello che segue non è un romanzo, ma la traduzione fedele di uno sconvolgente racconto scritto a Padova nel dicembre 1585»[9]. In realtà Stendhal adatta e in parte riscrive la sua fonte che non è però, come è stato sostenuto, un pamphlet anticlericale di fine Settecento, ma una variante tarda della cronaca circolata subito dopo gli avvenimenti narrati[10]. Con quel suo gusto «incorreggibile» per le *supercheries* – così lo definisce Victor Del Litto – Stendhal esagera sulla mole di quegli antichi manoscritti «ingialliti dal tempo», ricchi di «aneddoti piccanti», che dice di aver tratto da «tre o quattrocento volumi»[11]. Ne *I Cenci* invece, per introdurre i lettori alla storia «veritiera» della giovane eroina romana, li guida nella visita a palazzo Barberini alla ricerca del presunto ritratto di Beatrice Cenci di cui all'epoca circolavano «brutte incisioni» tra i turisti[12]. Un falso storico, com'è noto, una tradizione inventata e poi sfruttata da ciceroni a caccia di emozioni forti da proporre ai viaggiatori, della quale anche lo scrittore francese era stato vittima. Nel 1827, quando con un amico, «còlti da un sonno letargico» mentre venivano trasportati dal «calesse di Montecitorio» (così si chiamavano le carrozze pubbliche di Roma) era finito a palazzo Barberini ad ammirare il quadro di Guido Reni.

Anche la *Badessa* viene presentata come una *traduzione* – «traduco la storia da due voluminosi manoscritti, uno romano e l'altro fiorentino»[13] scrive alla fine dell'introduzione – ma sappiamo che non è esattamente così e che la sua non è che una prefazione menzognera tipica del romanzo storico ottocentesco basato sul *topos* del manoscritto ritrovato[14]. Quel fingere di tradurre fa parte di una strategia narrativa nella quale lo scrittore, o meglio l'io narrante, si propone come cronachista per dare alla sua storia un effetto di verità. «Dopo aver scritto tante storie tragiche», esordisce dopo l'introduzione l'autore del presunto manoscritto fiorentino, «finirò con quella che mi è più penoso raccontare», annunciando la storia della «famosa badessa del convento della Visitazione a Castro, Elena di Campi Reale», del cui processo e della cui morte «tanto si discusse nell'alta società di Roma»[15]. Ma al processo non è dedicata che l'ultima parte del racconto, mentre il resto è pura invenzione.

Affascinato dai manoscritti romani, Stendhal esitò a lungo
su cosa farne, cioè se limitarsi alla traduzione o se spingersi in
un vero e proprio lavoro di riscrittura. Che non si trattasse di
documenti *perfettamente veri*, né di cronache contemporanee
agli eventi narrati, ma piuttosto di «bavardages»[16], chiacchiericci,
se non vere e proprie «coglionerie»[17], Stendhal lo aveva capito
abbastanza presto cominciando a lavorarci. Così aveva scritto
mentre trattava con Buloz, il direttore della «Revue des Deux
Mondes»: «queste novelle non sono mie, ed è stato convenuto
verbalmente che mai il mio nome sarà pronunciato»[18]. Il ricorso
al manoscritto ritrovato aveva esattamente questo scopo: permetteva all'autore di nascondersi dietro una finzione che garantiva
l'allusione al *vero* richiesta dai lettori, lasciandolo al contempo
libero di intervenire come voleva sul testo antico, e se necessario
di inventare. Quanto alle «coglionerie» forse era una reminiscenza
delle parole che, nella *Biographie Michaud* alla voce «Ariosto»,
venivano attribuite al cardinale Ippolito d'Este a proposito
dell'*Orlando furioso*: «Donde diavolo, messer Ludovico, avete
pigliato tante coglionerie?»[19].

In ogni caso quella verità, quella trasparenza che gli era
sembrato di cogliere all'inizio, «abbagliato nella sua nuvola di
polvere»[20], era diventata così difficile da gestire da giustificare
secondo alcuni critici il ricorso alla novella come alternativa alla
pura traduzione[21]. È un'ipotesi più che plausibile, ma c'è forse
qualcos'altro. È possibile infatti supporre che l'invenzione sia
diventata necessaria davanti alla piattezza del *Successo occorso*,
quella stessa piattezza che aveva inizialmente portato Stendhal a
scartare molte delle relazioni che si era fatto copiare.

«Molti crimini banali in questo volume, poco da prendere»[22]
annotava ai margini del tomo contenente l'*Origine delle Grandezze
della Famiglia Farnese* da cui, secondo la critica, avrebbe invece
poi tratto la prima idea della *Certosa di Parma*. Vile e piatto gli
sembrò il delitto Comparini-Franceschini, un triplice assassinio
per motivi di interesse avvenuto a Roma a fine Seicento, che
invece di lì a poco avrebbe ispirato Robert Browning. Dopo aver
rinvenuto alcune carte attinenti al processo in una bancarella a
Firenze, il poeta inglese dedicò alla vicenda un poema in dodici
libri e quasi ventunomila versi, *The Ring and the Book*, pubblicato
tra il 1868 e il 1869[23].

Anche il *Successo occorso*, nelle parole del finto cronachista
della *Badessa*, non è che «un sunto necessariamente arido del

processo» (*fort sec* nel testo francese). Stendhal non a caso ne reinventa il finale, come del resto avevano fatto prima di lui anche gli anonimi autori della relazione. La *sua* eroina Elena di Campi Reale non poteva morire in modo così banale, in preda ai rimorsi in un'orrida cella. Ma per cambiare il finale bisognava cambiare anche il passato, l'antefatto, ciò che precedeva il processo.

È a causa dell'amore infelice per un brigante, Giulio Branciforte, che Elena, giovane nobildonna originaria di Albano, entrava nel convento della Visitazione di Castro, e qui, credendo che il suo primo amore fosse morto, accettava le lusinghe del vescovo. Finita in carcere e venuta a sapere che Giulio invece era vivo e cercava di lei, si uccideva per la vergogna con una daga nel cuore. In questo miscuglio di cronaca e finzione, Stendhal, come d'abitudine, seminava indizi volutamente vaghi o fuorvianti sulle fonti del suo racconto, per il gusto dei lettori «nati a nord delle Alpi»[24] e per il futuro rovello dei critici.

Nella *Badessa di Castro* vengono citati tre manoscritti antichi: uno «fiorentino», da cui sarebbe stata tratta la storia di Elena prima della sua reclusione in convento; uno «romano», citato a proposito delle manovre della madre di Elena per farla diventare badessa; e, infine, gli «otto volumi in-folio» del processo che il cronachista fiorentino avrebbe letto «in una biblioteca» di cui deve «tacere il nome»[25]. Di questi tre, uno soltanto è considerato *vero* dalla critica: il manoscritto «romano», che va identificato con il *Successo occorso*, anche se viene evocato soltanto due volte con finte citazioni. Quello fiorentino sarebbe un puro artificio letterario, così come gli otto volumi in-folio del processo, riferibili sempre e solo al *Successo occorso*, di appena trentaquattro pagine. In quest'ultimo, come osserva acutamente Del Litto, il sordido prevale sull'eroico e sul romanzesco più che nelle altre fonti italiane. E questo spiegherebbe il ricorso alla rielaborazione romanzesca dopo vari esperimenti condotti sugli altri manoscritti romani. Veri e propri laboratori linguistici nei quali Stendhal mise alla prova «le sue teorie sul romanzo storico e sullo stile narrativo»[26], le *Cronache italiane* nel loro complesso hanno dato luogo a giudizi contrastanti. Secondo Benedetto si tratta di «lavori tirati via, senza nessuna originalità né serio impegno», puri «travasamenti linguistici», la cui velleitaria fedeltà alle fonti originarie ne impedisce la trasformazione in capolavori[27]. Il «decentramento» della *Badessa* – così lo ha efficacemente chiamato Di Maio –, rispetto alla fonte italiana, rende in effetti tutto il racconto un'amplificazione dello spunto iniziale, amplificazione che segna il passaggio dalle *historiettes romaines* alla novella in forma di cronaca. Un «punto di arrivo, quasi una vittoria» per Colesanti, uno stratagemma debole per altri, che rende il racconto squilibrato e troppo artificiosa l'adesione alla fonte antica[28].

Lasciamo agli studiosi di Stendhal il giudizio se si sia trattato di un'operazione riuscita. Ciò che qui ci interessa indagare, per ricostruire il percorso di una vicenda che si fa subito *storia*, dalle affabulazioni processuali (*istorie* per il vescovo, *figurazioni* per la badessa) fino alle rielaborazioni cronachistiche e letterarie, è piuttosto in quale modo e con quali finalità lo scrittore francese abbia lavorato sulla relazione originaria.

È essenziale prima di tutto tener conto di un'annotazione vergata a margine del *Successo occorso*. Nel 1838 lo scrittore si chiedeva se per «prudenza»[29] non sarebbe stato meglio, invece che a Castro, ambientare la storia in una città più lontana da Roma. È una curiosa domanda visto che Castro, come sapeva bene, non esisteva più da duecento anni. Forse più che a Castro, era allo Stato Pontificio che pensava. Le sue posizioni anticlericali erano ben note a Roma, e per questo era stato inviato come console nella provinciale Civitavecchia, lontano dalla capitale dello Stato Pontificio dove pure veniva tollerata la sua scomoda ma episodica presenza[30]. Cinque anni prima il suo *Roma, Napoli e Firenze* era stato censurato dalla Congregazione dell'Indice: il consultore Paolo Polidori, futuro cardinale, aveva sottolineato come il testo fosse pieno di «licenziose galanterie immoralissime» vòlte a diffondere «massime liberali»[31]. Stendhal – argomentava Polidori – non aveva d'altronde scritto che Napoleone era venuto a «risvegliare l'Italia» trovando un popolo già ben disposto da Beccaria, Verri e Parini?

Come si è accennato, Stendhal inizialmente scartò molte relazioni, per esempio quelle contenute in un volume di storie «eccellenti» – tra cui una vita di Urbano VIII e una delle versioni della storia di Vittoria Accoramboni – che, come egli stesso annotava, non avrebbe mai potuto pubblicare a Roma a causa del suo incarico ufficiale. Gli argomenti di molte relazioni erano infatti scabrosi e imbarazzanti, non soltanto perché trattavano di una

Chiesa corrotta, incline alla simonia e in alcuni casi alla violenza, ma anche perché vi erano coinvolte persone i cui discendenti avrebbero potuto essere ancora vivi all'epoca. È probabilmente per questo che i Caetani, nel concedergli la consultazione dei documenti conservati nel loro archivio, gli avevano chiesto una certa discrezione, quella stessa discrezione che era stata richiesta a Walter Scott nel maggio del 1832 – un anno prima della «scoperta» di Stendhal a palazzo Caetani – riguardo a una raccolta di «relazioni tragiche» aventi come protagonisti esponenti di importanti famiglie.

Il noto romanziere scozzese, in Italia per un breve soggiorno, era stato invitato a cena dai principi Torlonia nel loro castello di Bracciano, vicino a Roma. In quell'occasione uno degli ospiti, il duca di Corchiano Luigi Santacroce, gli aveva magnificato la sua vasta collezione di antichi manoscritti relativi a omicidi, avvelenamenti e intrighi. Si trattava, assicurava Santacroce, di «true accounts», resoconti *veri*, che avrebbe volentieri messo a disposizione dello scrittore scozzese, se egli lo avesse desiderato. Avrebbe potuto copiarli e pubblicarli come «historical *romances*»[32] a patto però di non rivelare i veri nomi dei protagonisti per non compromettere l'onore di eventuali discendenti (un Santacroce in effetti, alla fine del Cinquecento, aveva pugnalato la madre per motivi di eredità). Scott lo aveva ringraziato promettendogli di andarlo a trovare quando la sua salute, in quel momento assai malferma, glielo avesse permesso: non ebbe però il tempo di farlo perché di lì a poco morì. In ogni caso, non era la prima volta che gli veniva fatta una proposta del genere. Molti anni prima, nel 1821, proprio Stendhal gli aveva scritto – a quanto sembra senza ricevere risposta – suggerendogli una «schietta raccolta di aneddoti che dipingono i costumi di quell'epoca», tracce di una «storia particolare» ancora tutta da scrivere e da contrapporre alla «grande Storia»[33].

Resoconti veritieri e «romanzetti»[34] storici: le idee evidentemente circolavano e Stendhal, ancora prima di diventare un romanziere, aveva colto le potenzialità letterarie di quelle relazioni. Fu però proprio per prudenza, oltre che per le difficoltà sopraggiunte nel misurarsi con il romanzo storico, che aspettò di tornare in congedo a Parigi, tra il 1837 e il 1839, per lavorare e pubblicare, in forma anonima o con uno pseudonimo, le prime rielaborazioni dei manoscritti romani. La *Badessa di Castro*, come si è accennato, si distingue però da tutte le altre allontanandosi dalla fonte originaria che corrisponde a una parte minoritaria del testo.

Il manoscritto italiano entra «ufficialmente» nella narrazione alla fine del sesto e penultimo capitolo della *Badessa* quando Elena di Campi Reale, ormai rassegnata a vivere in convento dopo il fallito tentativo di rapimento da parte di Giulio Branciforte che ella crede ormai morto nelle Americhe, è divenuta badessa. È allora che conosce il vescovo Francesco Cittadini, «nobile milanese»: così lo definisce il *Successo occorso*, e così lo lascia Stendhal aggiungendo però, per dare un po' di colore, che si trattava del «più bell'uomo della corte pontificia». L'occasione della frequentazione (la «fabrica non compita del Chiostro» nel *Successo*, la «muratura del nuovo chiostro» nella *Badessa*), il luogo degli incontri (la stanza della badessa passando attraverso la Chiesa), il vescovo che «instupidisce dalla paura» quando viene a sapere della gravidanza, la febbre di Elena e la malattia di Cittadini, il medico che promette di aiutare la badessa e molti altri dettagli sono ripresi abbastanza fedelmente dal *Successo occorso*, dal quale lo scrittore si discosta a tratti, con ben studiati inserti.

La figura del cardinal Farnese, per esempio, «tutto *zelante* della pudicizia delle vergini» viene trasformata da Stendhal in un'allusione all'«appoggio dei cardinali *zelanti*»[35] ricercato dal porporato per diventare papa. Un anacronismo che anticipa almeno di mezzo secolo la nota fazione cardinalizia ma che rientra nel tentativo un po' maldestro di dare un effetto di storicità alla novella.

La storia della fornaia e del suo somaro è poi un'occasione gustosa che Stendhal non si lascia sfuggire:

Nessuna aveva visto nulla, nessuna aveva sentito nulla. Ma la badessa aveva consegnato al medico qualche manciata di zecchini appena coniati alla zecca di Roma. Il medico ne diede parecchi alla moglie del fornaio. La donna era graziosa e il marito geloso: questi le frugò nella madia, trovò le monete d'oro lucente, le scambiò per il prezzo del disonore e costrinse la moglie, coltello alla gola, a dirgli da dove provenivano. L'altra, dopo qualche tentennamento, confessò la verità, e la pace fu fatta. Cominciarono allora ad interrogarsi sull'impiego di una tale somma. La fornaia voleva pagare certi debiti; ma il marito pensò che era meglio comperare un mulo, e così fecero. Quel mulo fece lo scandalo nel vicinato, che sapeva bene quanto fossero poveri i due sposi. Una dopo l'altra, le comari della città, amiche e nemiche, vennero a chiedere alla moglie del fornaio quale prodigo amante l'aveva messa in condizioni di comperarsi un mulo. La donna, esasperata, a volte rispondeva con la verità[36].

Quanto alla presunta ingenuità delle monache – una vera e propria invenzione nelle relazioni sul processo – Stendhal riprende la fonte ampliandola e arricchendola di dettagli. Così nel *Successo occorso*:

> Furono esaminate le altre Monache, fra le quali vi furono di quelle così semplici, che due di esse sottoposte all'esame, una disse essere stato il malfattore il gatto, per tenerlo l'Abadessa continuamente in braccio; e l'altra disse che era stato il vento, perché l'Abbadessa stava continuamente in un mignano scoperto, e che questo gli avesse cagionato una tal gravidanza.

E così nella *Badessa di Castro*:

> Una delle religiose, *interrogata davanti agli strumenti di tortura*, risponde che l'autore del crimine deve essere il gatto, perché la badessa se lo tiene sempre in grembo e lo accarezza molto. Un'altra sostiene che l'autore del crimine deve essere il vento, *perché nei giorni ventosi la badessa è contenta e di buon umore, e le piace abbandonarsi alle folate* su un belvedere *che ha fatto costruire apposta*.

Ma questi non sono che i dettagli del libero adattamento del testo originario già sperimentato in *Vittoria Accoramboni* e ne *I Cenci*. È invece a proposito del *carattere* della badessa e delle ragioni intime della sua caduta che lo scrittore interviene in modo più deciso colmando i vuoti di una fonte reticente come il *Successo occorso*. Non ha infatti molti appigli, se non qualche frase apparentemente sprezzante, come quella pronunciata da Elena quando le consorelle le chiedono chi fosse il padre del bambino («Non l'ho detto ora neanche al confessore; pensate se lo voglio dire a voi?») che lascia sostanzialmente invariata. Oppure quella in cui, ammettendo il proprio peccato, la badessa afferma che «quanto a Dio è il medesimo peccato l'averlo commesso con un principe, o con un vile famiglio di stalla». È una frase forte, che come abbiamo visto va letta non soltanto quale espressione di appartenenza a un rango, ma anche come risposta all'umiliazione subita durante il confronto con il vescovo che ha accusato Elena di mentire. Stendhal forse non coglie questa sfumatura o, se lo fa, ne inverte comunque il senso, non citando direttamente la frase ma ampliandola a dismisura per farne la chiave che spiega il rapporto tra i due. Nel racconto è Cittadini che viene continuamente umiliato: la badessa, come Stendhal fa dire a un testimone, lo tratta infatti «come un domestico».

Questo passaggio segna un cambiamento di rotta rispetto ai propositi iniziali di Stendhal. Quando aveva cominciato a lavorare sul *Successo occorso* aveva subito sentito l'esigenza di corredarlo di un passato che rendesse meno brutale il resoconto del processo. In un'annotazione così aveva delineato il profilo psicologico e il movente dei protagonisti:

> La badessa, bellissima giovane, costretta ad andar via di casa a sedici anni. Il vescovo, stessa sorte. La compassione per una sventura analoga è quel che li unisce, in principio[37].

Una felice intuizione, potremmo dire, visto che Stendhal non poteva certo conoscere quel sentimento comune di frustrazione e di claustrofobia che abbiamo visto emergere nelle lettere della badessa e del vescovo a proposito della loro relegazione a Castro. In ogni caso, nella redazione finale del racconto, lo scrittore francese abbandona questa chiave interpretativa. Nell'economia generale della narrazione, nel passaggio da Elena di Campi Reale a ciò che ella poi diventa – soltanto «la badessa» – la brutalità del *Successo occorso* è in qualche modo necessaria per evidenziare la perdita di quell'amore idilliaco che giustifica la caduta[38]. In questo processo di inversione è possibile però che oltre al *Successo occorso* qualcos'altro abbia ispirato Stendhal.

Capitolo dodicesimo

«Addio Monsignore, mi fate orrore»

Non è provato che Stendhal e Manzoni si siano conosciuti personalmente. Stendhal, per la verità, sosteneva di aver incontrato il «grande poeta»[1] nel 1827, a Genova, a casa del marchese Di Negro, ma a parte questa breve allusione, non vi è traccia nemmeno nelle opere e nei carteggi manzoniani di un dialogo o di uno scambio epistolare tra i due. È noto però come a quell'epoca lo scrittore francese aspettasse con una certa impazienza l'uscita del terzo volume dei *Promessi sposi*[2]. Ed è proprio alla più celebre opera manzoniana, in particolare all'episodio della monaca di Monza, che non si può non pensare leggendo la *Badessa di Castro*, almeno nella sua ultima parte, quando a causa della nascita del bambino l'intrigo con il vescovo viene scoperto e la badessa viene condannata al carcere perpetuo. A differenza però della Virginia-Gertrude manzoniana, che accetta senza resistenze il percorso di espiazione, la badessa, murata viva nel convento romano di Santa Marta, si toglie la vita sopraffatta dalla vergogna.

La trama, in sé e per sé, potrebbe tuttavia non essere sufficiente a giustificare una derivazione diretta dai *Promessi sposi*, verso cui Stendhal espresse in seguito non poche riserve – «romanzo sin troppo lodato»[3] scrisse commentando la digressione manzoniana sui bravi. Non solo, ma Stendhal si era già avvicinato al tema claustrale attraverso la storia del convento di Sant'Arcangelo a Baiano, che conosceva bene e a cui si è già accennato a proposito delle relazioni sei-settecentesche «tragiche» e licenziose[4]. Ed è proprio a partire dalla cronaca di Baiano che, secondo i critici, lo scrittore avrebbe quindi composto l'episodio di Lucrezia Frangimani, pubblicato nelle *Passeggiate romane* e ambientato nell'immaginario convento di Catanzara nelle Marche, così come le altre novelle d'ambientazione claustrale – *Vanina Vanini, Trop de faveur tue* e la stessa *Badessa di Castro*. Ciò non toglie naturalmente che Stendhal non possa essersi in qualche modo ispirato anche al Manzoni, se non altro nella «fisionomia nobilissima» di Lucrezia Frangimani i cui «grandi occhi neri e penetranti» non possono non ricordare i «due occhi pur nerissimi» che «s'affissavano talora in volto altrui con una investigazione superba, talora si chinavano in fretta come per cercare un nascondiglio»[5] della Gertrude manzoniana. Come è stato giustamente ricordato, obiettivo di Stendhal non era però quello di fare dei suoi racconti un manifesto contro le monacazioni forzate o la corruzione della Chiesa sulla scia de *La religiosa* di Diderot[6]. Per lui il chiostro non è altro che un'occasione poetica per indagare sulle pieghe più recondite dell'animo umano e per risalire alle origini di quell'*italianità*, di quel «popolo nervoso»[7] dal carattere passionale di cui la *Chartreuse*, redatta nello stesso torno di tempo della *Badessa*, rappresentava la quintessenza[8]. In questo senso il convento immaginario di Castro può essere letto come il luogo perfetto per dar vita al romanzo, il luogo dove un duplice *desiderio* – quello di evasione da parte della badessa e quello di violazione di un'interdizione da parte del vescovo – anima una passione proibita e un finale esemplare.

In un primo momento, come si è visto, Stendhal immagina un rapporto tra la badessa e il vescovo cristallizzato a partire dalla reciproca compassione per le analoghe sventure. Ma è una soluzione che abbandona presto, figurandosi invece una badessa animata più dal sentimento di disprezzo che da quello della pietà. «Addio Monsignore, mi fate orrore, è come se mi fossi data a un lacché» le fa dire infatti dopo il loro primo incontro. In quel «lacché» riecheggia il «famiglio di stalla» della *vera* badessa, ma per Stendhal non è che la conseguenza di quel sentimento di noia e di vanità che «dopo sei mesi di clausura e di distacco dalle cose del mondo» domina Elena spingendola verso quel «lento degradarsi di un'anima nobile e generosa»[9] che culmina con la relazione proibita. I due termini – noia e vanità – non sono casuali nel lessico stendhaliano. Se la vanità è ciò che, per lo scrittore, spingeva gli uomini francesi del Cinquecento a coltivare quello «spirito galante» che prepara «il successivo annientamento di tutte le passioni», la noia – l'*ennui* in francese – è un termine che viene da più lontano. Contrapposto alla passione in Stendhal, nella tradizione culturale francese è anche portatore di malinconia: è quella malattia dell'*ennuy* che emerge dopo la Fronda a simboleggiare per la nobiltà un sentimento di ribellione repressa e di sconfitta[10]. Ma le parole di Stendhal ricordano anche quelle del Manzoni nel momento in cui descrive il «gran cangiamento» avvenuto in Gertrude quando «alla noia, alla svogliatezza, al rancore continuo» era subentrata, dopo l'incontro con Egidio, «tutt'ad un tratto nel suo animo una occupazione forte, gradita, continua, una vita potente si trasfondeva nel vuoto dei suoi affetti»[11].

Del resto, anche la digressione iniziale sul fenomeno del brigantaggio potrebbe ricordare i *Promessi sposi*, anche se affrontata con assai meno rigore storico e con un esplicito invito ai lettori a diffidare degli scrittori «generalmente approvati»[12]. Paolo Giovio, l'Aretino e «cento altri meno divertenti» come William Roscoe o William Robertson sono per Stendhal «pieni di menzogne», perché non sanno evocare in modo efficace ciò che egli intravede invece in quello scorcio di Cinquecento, là dove è proprio l'odio per i tiranni ad infondere «tanto coraggio negli italiani» e «tanta genialità nei loro artisti»[13]. È questa l'idea che Stendhal propone del Rinascimento, un'idea germogliata in realtà proprio da quelle letture a cui attinse per l'*Histoire de la peinture en Italie*, pubblicato nel 1817, letture che ora rinnega[14]. Del resto anche nelle *Passeggiate romane*, consiglia ai turisti le novelle del Bandello che «si fondano su fatti veri» per «guarire»[15] dalle falsità e dai pregiudizi inoculati dagli «storici moderni» come Botta e Sismondi. Ma è, in qualche modo, un gioco delle parti, nel quale la verità è piuttosto un effetto più che l'aderenza a ciò che è realmente accaduto.

Analogamente all'autore dei *Promessi sposi*, Stendhal presenta la sua storia come *vera* facendo dire al cronista-narratore di averla tratta dai due voluminosi manoscritti, uno dei quali sarebbe tratto dalle carte originali del processo. Eppure, a differenza del Manzoni, che simula l'esistenza di un «dilavato e graffiato autografo» sulla storia di Renzo e Lucia che in realtà non esiste, Stendhal ha davvero per le mani un documento antico, ma lo rielabora e lo riscrive a tal punto da farlo diventare qualcosa a metà tra il *pastiche* e il falso. In entrambi i casi si tratta di un espediente narrativo tipico di molta letteratura coeva basata sul *topos* del manoscritto ritrovato che si salda con la moda del romanzo storico di cui in Italia *I promessi sposi* rappresentano

il risultato più compiuto ma forse, come è stato scritto, anche
l'epitaffio[16]. Almeno a giudicare dalla produzione stereotipata e
un po' stantia che ne è derivata dei «centoni a base di reminiscen-
ze»[17], dalla *Beatrice Cenci* del Guerrazzi a *La monaca di Monza*
del Rosini che cade nella tentazione boccaccesca della «sozzura
claustrale»[18] per accontentare i lettori rimasti insoddisfatti dalla
reticente «sventurata rispose».

Ma se Stendhal, almeno secondo quanto la critica ha fino ad
oggi potuto appurare, ha soltanto *finto* attraverso la figura del
cronista-narratore di aver visto il processo originale, Manzoni
poté effettivamente leggere il *vero* processo contro Virginia Maria
de Leyva, di cui ebbe però tardiva notizia soltanto tra il 1835
e il 1840 a romanzo già pubblicato[19]. Per dieci giorni ebbe la
possibilità di esaminarlo, anche se non sappiamo quale effetto
produsse in lui questa lettura dalla quale, se avvenuta precedentemente, sarebbero potuti forse affiorare ulteriori spunti per
la sua storia. Con mirabile intuizione, aveva comunque saputo
coglierne i tratti salienti a partire dalle pagine ben documentate
delle *Historie* del Ripamonti.

E se anche Stendhal per avventura si fosse imbattuto nel
vero processo alla badessa di Castro? La domanda potrebbe
sembrare pretestuosa se non fosse che il processo fu realmente
celebrato nel 1573 presso il tribunale dell'Auditor Camerae, quel
processo il cui verbale finì all'asta a Londra nel 1859. Il *Successo
occorso* ne fornisce una stringata sintesi, cosa di cui Stendhal
non mostra di dubitare, tanto da far dire al narratore di avere
realmente consultato l'originale esagerando sulla sua consistenza.
Il collezionista e bibliofilo Guglielmo Libri nel mettere in vendita l'incartamento processuale, lo presenta come il documento
nel quale si raccontano i fatti che avrebbero ispirato proprio
La badessa di Castro: una coincidenza tardiva camuffata con la
consueta menzogna del manoscritto ritrovato?

Che Stendhal possa essersi basato anche su altri documenti
oltre al *Successo occorso* non è in linea di principio da escludersi.
Come sappiamo, riprese dalla cronaca antica il nome fittizio
della badessa, Elena di Campi Reale. In realtà, il suo vero
nome è Elena Orsini e, forse non casualmente, gli Orsini sono
citati più volte nella *Badessa* in quanto *imparentati* con i Campi
Reale, potrebbe però trattarsi di una coincidenza. Scarne nozioni
di storia locale, che chiunque avrebbe potuto rinvenire nella
pubblicistica coeva, fanno dire a Stendhal che gli Orsini erano

«eterni rivali dei Colonna»[20], circostanza utile a spiegare l'opposizione della famiglia di Elena all'amore di Giulio, partigiano dei Colonna. In questo modo lo scrittore aderisce al facile *topos* dei due amanti contrastati da famiglie rivali, sul genere dei Montecchi e Capuleti, che gli dà modo di dar più consistenza al passato della badessa. C'è poi la questione del possibile matrimonio di Elena di Campi Reale con don Ottavio Colonna, prospettatole dopo «dieci anni di vita infelice»[21] passata a rimpiangere il suo Giulio: anche questo potrebbe essere soltanto un caso fortuito.

Come sappiamo, nella *Relazione distinta* e nei documenti allegati conservati presso la Biblioteca Vaticana, dove la badessa è citata con il suo vero nome, si allude alle mancate nozze di Elena con un Colonna a causa dell'opposizione dei fratelli[22]. Si parla anche dell'età della badessa – ventotto anni – che non risulta in nessuna delle altre relazioni conservate, tanto meno nel *Successo occorso*. Stendhal attribuisce ad Elena l'età di ventisette anni, anche questa una coincidenza? C'è inoltre la questione del ritratto. La *Relazione distinta* dipinge Elena in modo piuttosto convenzionale: «molto cortese e gentile, bella a maraviglia [...] grande d'aspetto, bianca di carnaggione e aveva nel volto un parlare così cortese e grato che legava li cori»[23]. Stendhal va molto oltre. Descrive infatti un vero e proprio ritratto di Elena che il cronista-narratore afferma di aver visto a Roma, nella galleria di dipinti a palazzo Farnese:

> La forma del viso è un ovale allungato, la fronte è ampia, i capelli sono di un biondo scuro. La fisionomia è piuttosto lieta; aveva grandi occhi dall'espressione profonda, e sopracciglia castane che disegnavano un arco perfetto. Le labbra sono sottili, e i contorni della bocca sembrano disegnati dal celebre Correggio. Veduta in mezzo ai ritratti che la circondano nella galleria Farnese, ha l'aria di una regina; e di rado a lieto aspetto si accompagna la maestà[24].

Difficile interpretare questo paragrafo. Come si è accennato, due anni prima Stendhal aveva pubblicato *I Cenci* dove raccontava come i viaggiatori del Grand Tour ricercassero il ritratto della *bella* Beatrice Cenci e della matrigna Lucrezia Petroni nelle gallerie di quadri della grande aristocrazia romana. È possibile quindi che abbia semplicemente riproposto un altro *topos*, quello dell'eroina giovane e «bella a meraviglia» (così del resto recitava la *Relazione distinta*), invitando di nuovo i lettori a indovinare tra i ritratti conservati a palazzo Farnese – o piuttosto nella galleria di Capodimonte a Napoli, dove si trovava la collezione farnesiana all'epoca di Stendhal – il ritratto della badessa[25]. Ma seguendo la logica della storia, è lecito domandarsi per quale ragione il ritratto di una qualunque Elena di Campi Reale avrebbe dovuto trovarsi nella galleria Farnese. Era forse un modo indiretto per dire che in realtà la badessa era un'Orsini? In questo caso, in quanto prima cugina del cardinal Alessandro Farnese e del duca Ottavio, sarebbe stata giustificata la presenza del suo ritratto nella collezione Farnese, dettaglio che per prudenza Stendhal potrebbe aver preferito dissimulare lasciando gli Orsini sullo sfondo della storia come alleati degli immaginari Campi Reale.

Infine c'è quella «sventura analoga» che Stendhal ipotizza come primo legame tra la badessa e il vescovo. Per la badessa, in particolare, l'entrata in convento sarebbe stata frutto di costrizione. Nella *Relazione distinta*, l'anonimo autore si dilunga molto più di quanto il *Successo occorso* non faccia su cosa avrebbe unito in principio i due amanti sacrileghi. Lo abbiamo visto nel precedente capitolo e lo riprendiamo qui:

> Il vescovo sentendo le disgrazie dell'abbadessa, e approvando la sua disperatione, l'essere controvoglia per racchiusa, entrò in qualche discorso d'amore, come alle volte suol usarsi da quelle monache che per disperate hanno preso l'abito munacale di trattare con quelli che erano per lo prima confidenti. Sospirava Suor Elena li suoi intrinsechi amori, e gl'altri suoi desideri al vescovo il quale essendosi inbarcato à un segno, che non riposava né giorno né notte poiché come tutto acceso in questo amore quasi vaneggiando si vedeva al detto Monastero[26].

Certamente, il tema delle monacazioni forzate era già ben consolidato tra Sei e Settecento e Stendhal, come si è detto, lo conosceva bene. Tuttavia questi pochi ma significativi indizi permettono di non escludere che Stendhal possa effettivamente aver attinto alla *Relazione distinta* conservata nella Biblioteca Vaticana tentando di avere accesso alle carte processuali originali. Che all'epoca vi fosse, oltre che una caccia ai ritratti, anche «curiosità comune»[27] sui processi originali, è provato dal tentativo di Stendhal di entrare in contatto già nel 1823 con Angelo Mai, primo custode della Biblioteca Vaticana, per cercare il processo dei Cenci che si trovava in realtà nell'archivio del tribunale del Vicariato e che sarebbe stato distrutto, insieme ad altre migliaia di incartamenti processuali, nel 1839[28]. Nel 1825 fu pubblicata a Parigi una *Histoire de la famille Cinci. Ouvrage traduite sur l'original italien trouvé dans la bibliothèque du Vatican par M. l'Abbé Angelo Maio, son conservateur* attribuita da alcuni critici a Stendhal, così come anche la *Rélation de la mort de Giacomo Cenci et de Lucrèce Petroni* pubblicata già nel 1822, ma si tratta, allo stato attuale delle ricerche, di congetture[29]. In ogni caso non si trattava degli atti del processo, ma soltanto di una «relazione tragica» confusa più o meno deliberatamente con gli assai più voluminosi atti originali.

L'ipotesi che Stendhal sia comunque riuscito ad avere accesso a documenti conservati presso la Biblioteca Vaticana potrebbe sembrare confermata da quanto molti anni dopo, il 31 dicembre 1850, lo scrittore Prosper Mérimée, antico amico di Stendhal, scrisse al conservatore della British Library Antonio Panizzi proponendogli di acquisire i quattordici volumi in-folio contenenti i manoscritti italiani di Stendhal che la sorella di quest'ultimo, in gravi difficoltà economiche, cercava di vendere. Così Mérimée descriveva il modo attraverso il quale Stendhal era riuscito ad ottenerli:

> Nell'epoca in cui questa copia è stata fatta, era difficile penetrare negli archivi del Vaticano. Il signor Beyle, che era console di Francia a Civitavecchia, aveva ottenuto, con molta pena, il permesso di copiare i suddetti manoscritti[30].

Forse Mérimée ricavò questa informazione dallo stesso Stendhal, che potrebbe però aver volutamente mentito sulla vera origine dei manoscritti. Oppure quell'allusione al Vaticano era per Mérimée, come in fondo anche per Stendhal, un modo per magnificare, per rendere più attraenti quei documenti «scritti da una bella mano italiana in italiano e in latino»[31] dando loro quell'alone di mistero e di segreto che la sola parola «Vaticano» poteva all'epoca evocare. Panizzi comunque rifiutò l'offerta, e così fece anche Alexandre Dumas autore di quei *Crimes célèbres* pubblicati tra il 1839 e il 1840 nei quali figurava ovviamente anche la storia di Beatrice Cenci. Alla fine, come si è accennato, furono acquisiti dalla Biblioteca nazionale di Parigi.

Al di là delle congetture che si potrebbero fare *ad libitum* su di uno scrittore che mantenne un voluto riserbo sulle proprie fonti d'ispirazione, rimane in sospeso la questione delle carte processuali evocata da Libri. La lettera di Mérimée suggerisce, da questo punto di vista, una possibile pista da seguire per sciogliere l'enigma, se di enigma si tratta. Mérimée, oltre ad essere amico di Stendhal e Panizzi, lo era anche di Guglielmo Libri. Fu proprio a quest'ultimo infatti che presentò Panizzi, con il quale Libri condivideva un passato da patriota[32]. Come si vedrà, proprio grazie a Panizzi, e con la probabile intercessione di Mérimée, Libri riuscì a vendere poi il manoscritto del processo alla British Library. Non sono invece provati rapporti diretti tra Libri e Stendhal anche se non erano pochi gli interessi e le frequentazioni che avevano in comune tra l'Italia e la Francia.

Libri, nato a Firenze nel 1802, arrivò giovanissimo a Parigi tra il 1824 e il 1825, dove si distinse subito per il suo precoce talento di matematico e fisico, talento che gli aveva permesso di entrare a soli quattordici anni all'Università di Pisa e a ventuno di diventare membro corrispondente dell'Accademia dei Georgofili[33]. A Parigi attraverso Humboldt fu introdotto all'Accademia delle Scienze, dove conobbe Ampère e Arago, mentre attraverso l'ambasciatore di Toscana fu presentato al re Carlo X. Cominciò quindi a frequentare i salotti parigini, dove incontrò Guizot, futuro ministro dell'Educazione e poi degli Affari interni, che divenne in seguito il suo principale protettore. Tornato a Firenze riprese a frequentare il Gabinetto Vieusseux – era stato proprio lui nel 1821 a sollecitare Giovan Pietro a fondare l'«Antologia» – e il *cabinet de lecture* del libraio Giuseppe Molini. Nel frattempo corteggiava la bella ed eccentrica scrittrice Hortense Allart de Méritens, che era vicina anche al marchese Gino Capponi, amico del Libri. Sono tutti luoghi e persone frequentati negli stessi anni anche da Stendhal[34]. La sua presenza risulta infatti nel libro dei soci del Vieusseux tra il 1823 e il 1824, e poi ancora nel 1827, l'anno in cui cominciò a frequentare l'Allart, con la quale Libri aveva ormai intessuto una contrastata *liaison* sin dal 1826.

Nel 1830, dopo aver partecipato a Parigi alla Rivoluzione di Luglio che aveva portato sul trono Luigi Filippo d'Orleans e che segnò l'ascesa del conservatore Guizot, Libri tornò a Firenze dove aderì a un fallito complotto contro il granduca Leopoldo, costatogli poi l'allontanamento definitivo dalla città. Di nuovo a Parigi, Libri ottenne la naturalizzazione e l'incarico di professore alla Sorbona; qualche tempo dopo nel salone del pittore Paul Delaroche conobbe Mérimée che nel 1841 gli presentò Panizzi[35]. Mentre entrava a far parte della comunità di *fuoriusciti* guada-

gnandosi la stima e l'amicizia di Gioberti, Mazzini, Confalonieri
e Guglielmo Pepe, l'amica Hortense Allart, che rifiutò due sue
proposte di matrimonio, lo introdusse nei migliori salotti parigini
e gli presentò Sainte-Beuve. A quell'epoca Libri era già da tempo
assiduo collaboratore della «Révue des Deux Mondes» – dove
Stendhal pubblicava nel frattempo le sue prime *historiettes*, tra
cui la *Badessa di Castro* – e del «Journal des Débats», del cui
comitato editoriale entrò a far parte nel 1838. Quell'anno usciva
la sua *Histoire de sciences mathématiques en Italie depuis la Renaissance des lettres*, in quattro volumi. Il motto «Italia lacerata,
Italia mia!» citato da Magalotti nella prima pagina, e la dedica
agli amici che aveva «lasciato in Italia»[36] esibivano l'intento pa-
triottico dell'opera, nella quale Libri proponeva un'idea di storia
italiana di matrice anticlericale. Fedele alle idee di Machiavelli, la
Chiesa per lui era la causa della divisione dell'Italia e della sua
decadenza morale contrapposta a quella *Renaissance* delle arti e
delle lettere che di lì a qualche decennio avrebbe preso forma
nella cultura francese ed europea.

La posizione di rilievo del Libri nel *milieu* intellettuale parigino era dovuta anche alla sua passione per i libri e i manoscritti
a cui si era dedicato sin da giovane e che, anche dopo l'esilio a
Parigi, aveva continuato a coltivare. Come osservò acutamente
Paul Lacroix – il bibliotecario all'Arsenale conosciuto anche
con lo pseudonimo di P.L. Jacob, autore di romanzi storici
e ricerche erudite che Stendhal conosceva bene – più che di
passione si trattava di una vera e propria mania per l'acquisto
di libri, manoscritti e autografi da rivendere poi a caro prezzo[37].
Libri era di fatto un mercante e, sin da quando era approdato
a Parigi come fuoriuscito, aveva mantenuto i contatti con i suoi
dealers italiani dato che, come poteva riscontrare quasi quotidianamente tra librai antiquari e *bouquinistes*, i libri antichi e
i manoscritti italiani nella capitale francese si vendevano bene.
In Italia, anche se sin dal Settecento si era acceso «un ardente
desio di andare in traccia di libri antichi»[38], all'inizio era stato
soprattutto il collezionismo privato ad alimentare il commercio
librario, che però aveva finito per orientarsi molto anche verso
l'estero, dove il più dinamico sistema delle aste di Parigi, Londra
e Amsterdam aveva determinato una costante fuga di libri e
manoscritti dall'Italia ma anche la nascita di una solida rete di
relazioni e di scambi internazionali. Era attraverso i cataloghi di
vendita dei librai e dei mercanti antiquari italiani, che comunque

potevano contare su un'accresciuta domanda culturale anche da parte di biblioteche, istituti e accademie culturali, che Libri attingeva al vasto giacimento di cinquecentine, manoscritti e incunaboli provenienti da biblioteche gentilizie ma anche da un fiorente mercato di falsi o di materiale di provenienza sospetta[39].

Ciò che lasciava un po' interdetti gli amici di Libri era però la sua scarsa disponibilità finanziaria a fronte di acquisti, anche onerosi, di preziosi volumi e incunaboli. Come poi emerse successivamente, la mania per i libri si traduceva, di fatto, in sottrazioni illecite, iniziate molto presto, sin da quando nel 1825, al ritorno da Parigi, era stato nominato bibliotecario presso l'Accademia dei Georgofili di Firenze. Dopo solo due anni, il nuovo direttore della biblioteca aveva constatato la mancanza di trecento volumi, alcuni dei quali molto preziosi: soltanto una trentina di questi erano stati restituiti dal Libri come prestiti non registrati. È con questa poco onorevole fama di ladro, messa a tacere dalla famiglia, che Libri era arrivato a Parigi al principio degli anni Trenta, dove contava di potersi rifare una reputazione lontano dalle maldicenze fiorentine.

È possibile che Stendhal, mentre lavorava ai manoscritti italiani durante il lungo congedo in Francia tra il 1837 e il 1840, abbia incontrato Libri. In linea di principio non lo si può escludere ma non vi è nessun riscontro concreto che lo dimostri. Inoltre, non sappiamo se Libri fosse già in possesso del processo alla badessa. Non ne dichiarò infatti mai la provenienza e non risulta tra i manoscritti che alcuni anni dopo, nel 1846, cercò di vendere alla British Library tramite Panizzi. La cosa in sé non è particolarmente rilevante se si tiene conto di come concretamente Libri conservasse la sua collezione, all'epoca di oltre milleottocento manoscritti e quarantamila volumi a stampa provenienti da fondi privati, aste e da appropriazioni indebite.

Così Frederic Madden, conservatore dei manoscritti della British Library, definendo il rivale Panizzi (che pure lo aveva introdotto al Libri) «vile italiano», straniero «di quella cerchia di ingrati imbroglioni, il migliore tra loro»[40], descriveva la sua visita a Parigi nell'appartamento del collezionista presso la Sorbona, dove si era recato per verificare di persona la tanto magnificata, quanto sospetta, collezione del bibliofilo italiano, valutata da quest'ultimo per la cifra all'epoca esorbitante di diecimila sterline:

Il sig. Libri ci ha ricevuto molto cortesemente. Dal suo aspetto esteriore sembrava che non avesse mai usato acqua e sapone o una spazzola. La stanza nella quale siamo stati introdotti, non era più larga di circa sedici piedi, ma piena di manoscritti sugli scaffali fino al soffitto. Le finestre avevano un doppio telaio e un fuoco di carbone e coke bruciava nel focolare, il cui calore, aggiunto all'odore delle pile di manoscritti in giro era così insopportabile, che mi mancava il respiro. Il compito di esaminare i manoscritti era una grande fatica: essi erano solo parzialmente disposti a causa di mancanza di spazio nella stanza, e il sig. Libri rimase in camera per tutto il tempo, in piedi vicino a noi, così non fummo in grado di fare alcuna osservazione sullo stato dei manoscritti, senza che lui ci sentisse[41].

La visita si era resa necessaria poiché, da quando si erano aperte le trattative, Libri si era mostrato piuttosto reticente sia nel fornire una lista definitiva dei manoscritti, sia nel rivelarne la provenienza. In quel momento già circolavano in Francia, tra i funzionari delle biblioteche così come nel mercato antiquario, voci su furti avvenuti proprio nelle biblioteche visitate dal Libri. Questi, dal 1841 lavorava su incarico del governo a un catalogo generale dei manoscritti – molti dei quali non inventariati – conservati nelle biblioteche dipartimentali francesi. Un testimone raccontò di aver visto Libri entrare nella biblioteca municipale di Orléans avvolto in un enorme mantello sotto il quale, come poi fu scoperto, ogni giorno nascondeva il materiale prelevato, che grazie all'aiuto di un'équipe di restauratori e rilegatori contraffaceva, eliminando *ex libris* e modificando legature e titoli, per farli figurare come provenienti dall'Italia. La nomea di ladro che aveva lasciato a Firenze aveva gravato nuovamente su di lui quando, nel 1844, aveva ottenuto il permesso di esaminare alcune filze di documenti conservate presso l'Archivio Mediceo di Firenze, dove era stato sottoposto a una stretta quanto inefficace sorveglianza: una volta uscito, l'archivista riscontrò troppo tardi che mancavano quattro documenti[42]. Un rapporto sull'accaduto era stato inviato perciò a Parigi, dove nel frattempo un funzionario ministeriale stava compilando un preciso atto di accusa.

Il cerchio si stringeva intorno a Libri, che decise così di disfarsi della sua collezione all'estero, contando sulla vaghezza del diritto internazionale in materia di restituzione della proprietà rubata, cosa che avrebbe quindi escluso ogni azione legale nei suoi confronti al di là del confine francese. Le trattative con la British Library non andarono però a buon fine. La ragione ufficiale di tale esito fu l'indisponibilità economica del Comitato che distribuiva i fondi ai vari dipartimenti della biblioteca, ma in realtà pesarono più che altro le informazioni raccolte presso i librai Payne e Boone che confermavano l'imminente avvio in Francia di una causa a carico di Libri per il furto di centinaia di opere di inestimabile valore. A ciò si aggiungeva il fatto che Libri, mentre era in trattativa con Madden, aveva già messo in vendita alcuni autografi già promessi alla British Library. Ciò non impedì a Madden di annotare, quando le trattative erano ancora in corso: «Nonostante io inizi a sospettare che il sig. Libri sia un farabutto, desidero tuttavia assicurarmi la sua collezione per il Museo, se ciò può essere concluso correttamente»[43].

L'ultima frase era in realtà di pura circostanza: con una sorprendente disinvoltura John Holmes, assistente di Madden, propose l'acquisto a lord Ashburnham il quale, ignaro della provenienza sospetta di parte della collezione stessa, tra cui figurava un rarissimo Dante e un Pentateuco mirabilmente miniato, se ne assicurò l'acquisizione. Molti anni dopo, nel 1884, provata l'origine fraudolenta di una parte della collezione, grazie alla mediazione dello storico Pasquale Villari, fu acquisita nella sua interezza dallo Stato italiano e depositata presso la Biblioteca Laurenziana, dove ancora oggi nella sala ad essa dedicata campeggia l'iscrizione: «Qui – ampliata la sede della Biblioteca – nel MDCCCXCI ebbero propria stanza i codici – che migrati già d'Italia – quando le spoglie della nostra antica grandezza – allettavano più agevolmente le brame degli stranieri – tornarono – dal castello di Ashburnham – alla patria reintegrata».

Il procedimento giudiziario contro Libri fu istruito a Parigi nel marzo del 1848. Qualche mese prima, Libri aveva mandato all'asta tremila volumi della sua biblioteca, scelti tra quelli più preziosi: tra essi figuravano molte edizioni italiane, come un rarissimo *Decamerone* del 1483, una delle tre copie dell'*Orlando furioso* del 1524, una prima edizione della *Divina Commedia* del 1472, due aldine delle *Rime* del Petrarca e delle *Poesie vulgari* di Lorenzo de' Medici[44]. Era una scelta non soltanto commerciale ma anche culturale, coerente con la sua duplice identità di mercante e di intellettuale *exilé* che però non bastava più per salvarsi. Con la proclamazione della Seconda Repubblica nel febbraio del 1848 e la conseguente caduta di Guizot, suo principale protettore, non gli restava che la fuga. Il dossier stilato contro di lui dal procuratore Boucly fu reso pubblico su «Le Moniteur Universel» il 19 marzo 1848. La notizia fu ripresa dal

«Times» il 27 marzo in un trafiletto firmato Galignani[45]. I fratelli Galignani, di origine italiana, curavano il *Galignani's Messenger*, al quale avevano collaborato Byron e Scott, e gestivano una nota libreria di Parigi frequentata anche da Stendhal. Libri lasciò precipitosamente Parigi. I documenti e i libri ritrovati nel suo appartamento, sequestrati e meticolosamente esaminati, fornivano le prove inconfutabili dei furti commessi presso la biblioteca Mazarine, quella dell'Institut, quella Imperiale e in molte altre biblioteche di provincia.

Libri fu condannato in contumacia a dieci anni di reclusione. Da Londra tentò in tutti i modi di difendersi cercando di provare l'origine non fraudolenta della sua collezione o almeno di parte di essa e di rientrare in possesso del materiale sfuggito al sequestro. È possibile che tra i quindicimila volumi recuperati nel 1857 vi fosse anche il processo alla badessa di Castro, ma è anche possibile che quest'ultimo sia stato acquisito successivamente alla fuga, quando Libri riprese a Londra la sua attività di mercante.

Come attesta una delle relazioni conservate presso la Biblioteca Vaticana, il manoscritto si trovava originariamente nell'archivio del tribunale dell'Auditor Camerae[46]. Come ne sia uscito non è dato saperlo, ma è possibile che ciò possa essere avvenuto *dopo* e grazie alla pubblicazione del racconto di Stendhal, che aveva restituito improvvisa visibilità a una vicenda da tempo dimenticata, di cui fino a quel momento soltanto i raffinati cultori delle «relazioni tragiche» conservate nelle biblioteche gentilizie italiane potevano avere avuto contezza. Da questo punto di vista, l'emergere degli atti processuali nel mercato antiquario a Londra nel 1859 lega la storia di quelle carte a ciò che comunque in un modo o nell'altro accomunava Stendhal e Libri: una passione per le antiche tracce di quell'Italia mitica che condivideva una lingua ma non una patria. Libri non esitò a falsificare documenti o ad inventare improbabili filiazioni letterarie, non soltanto per vendere meglio gli ambitissimi manoscritti di Dante, Petrarca o Galilei, ma anche perché questo poteva rappresentare, nel mondo nel quale cercò di inserirsi prima a Parigi e poi a Londra, un modo per mantenere un contatto con un paese perduto, con la sua lingua e la sua storia[47].

Il manoscritto ritrovato

«Di tutte le follie che possono portare un onest'uomo al manicomio» scriveva Edouard Laboulaye nel 1859 «la più innocente è a mio parere la mania dei libri»[1]. Parigi, a suo dire, era piena di gravi personaggi infervorati da questo vizio incurabile, pronti a condannare gli errori altrui per glorificare le proprie debolezze. «Non sapete la grande novità? La biblioteca del signor Sigogne è venduta, e a che prezzo!» avrebbe potuto dirgli uno di loro incontrandolo per strada. Oppure: «Sono il più infelice degli uomini! Avete visto l'ultimo catalogo di Leigh Sotheby? Un Plinio edizione Elzevier, stampato su un solo lato e incollato su carta in-folio, un esemplare unico, e in velina!» e via dicendo. Laboulaye alludeva in modo esplicito non soltanto ai tanti collezionisti che ormai affollavano le librerie antiquarie e i *bouquinistes* lungo la Senna ma anche e soprattutto a Guglielmo Libri, poche righe più in là definito come il più celebre degli *amateurs*. Una figura che, quando le nubi sul suo passato e sulla condanna in contumacia si fossero diradate, sarebbe potuta essere oggetto di studio per i moralisti e i curiosi. Ora Laboulaye ne magnificava i cataloghi appena pubblicati per le aste londinesi.

Da quando Libri era arrivato a Londra, si era subito inserito nella vivace comunità di patrioti italiani di «seconda generazione» (a quell'epoca Santarosa, Foscolo, Salfi erano già morti) che aveva contribuito al consolidarsi dell'idea di Risorgimento nell'élite liberale e moderata britannica che guardava all'Italia sempre con maggiore interesse, seppur con gli stereotipi e i pregiudizi sulla sua decadenza e arretratezza diffusi dalla letteratura del Grand Tour[2]. Quando Panizzi procurò a Libri un posto nella Reading Room della British Library, Madden provò a farlo allontanare anche perché aveva saputo che l'assidua presenza del «ladro italiano»[3] in biblioteca era stata intercettata dalla polizia. Ma non ci riuscì e l'«orco italiano Libri»[4] – così lo chiamava Madden – poté continuare a frequentare indisturbato la Reading Room.

L'obiettivo principale di Libri era quello di rimettere insieme la sua collezione, e finanziare i costi per le spese legali e per pubblicare alcuni pamphlet a sua difesa. L'allagamento di alcune miniere nelle quali aveva investito molti dei proventi della sua attività lo gettò però in gravi difficoltà finanziarie che lo obbligarono a mettere in vendita la sua biblioteca. Nei mesi che precedettero la prima asta di manoscritti del marzo 1859 arrivò a Londra Mérimée, che nel 1852 aveva scritto un'appassionata lettera indirizzata al direttore della «Revue des Deux Mondes» in difesa dell'amico Libri, tradotta poi sul «Bentley's Miscellany», nella quale ironizzava sugli errori tipografici e sulle palesi inesattezze e falsità contenute nell'*Acte d'accusation* contro l'amico, lettera che gli era costata il pagamento di un'ammenda e la condanna a quindici giorni di carcere[5]. Mérimée, che si era recato a Londra anche per avere da Panizzi consigli su come riorganizzare la Biblioteca Imperiale di Parigi, futura Biblioteca nazionale, ovviamente incontrò anche Libri che stava lavorando alla redazione del catalogo d'asta. Non è escluso che possa essere stato proprio lui a suggerire a Libri di presentare il processo alla badessa come un *manoscritto ritrovato*, e cioè come fonte originaria narrata nella *Badessa di Castro*. In ogni caso, nelle lettere di Mérimée a Panizzi prima e dopo l'incontro londinese, tra un commento e l'altro sugli effetti provocati nell'opinione pubblica internazionale dalle battaglie di Magenta e Solferino (erano gli anni che precedevano di poco l'Unità d'Italia), i due amici discutevano anche dell'*affaire* Libri di cui Panizzi chiedeva costantemente notizie. Mérimée non cessava di evocare il comune amico raccontandogli come facesse «follie» per cercare di dimostrare la sua innocenza con una serie di «stupidaggini inimmaginabili» e «assurdi pamphlet» coi quali aveva ottenuto il solo risultato di attirare l'odio dei suoi nemici oltre che quello dei suoi antichi estimatori. Alla fine, concludeva Mérimée, Libri era diventato come un personaggio dei manoscritti che cercava di vendere: «un uomo del XVI secolo che, come Cellini, girava all'angolo delle strade *all'largo*»[6].

Nel complesso le aste del 1859 andarono bene, ma non ottennero i risultati sperati da Libri, il quale aveva investito moltissimo per pubblicizzarle. I 1.190 lotti che andarono in vendita alla fine di marzo di quell'anno venivano magnificati nel catalogo come manoscritti «di ogni epoca, in ogni lingua e in ogni ramo dell'umano sapere»[7]. Si trattava di un'abile operazione commerciale e culturale al tempo stesso che, secondo quanto auspicava Libri, avrebbe potuto contribuire a disegnare il profilo di una storia dell'Europa moderna a partire dalle sue radici nella «renaissance des lettres»[8] (*revival of learning*, nella versione in inglese dell'introduzione) di cui proponeva, attraverso decine e decine di manoscritti, vividi esempi. Libri non poteva mancare di omaggiare l'amico Panizzi, che indicava esplicitamente come il principale sostenitore dell'operazione, ma anche per quella «cupola grande come quella di San Pietro»[9], e cioè la Reading Room, fatta progettare e realizzata da Panizzi, che accoglieva studiosi di tutto il mondo.

Libri aveva puntato molto sui manoscritti scientifici, tra cui annoverava Galilei, Keplero, Leibniz, Abel, D'Alembert, che però non riscossero il successo atteso. Madden fece acquisire le due opere di Galileo e Keplero, che poi con suo grande disappunto si rivelarono tutt'altro che autografe. Questa volta non era riuscito ad evitare l'ennesima truffa dello spregiudicato italiano, il quale, quando Sotheby gli contestò alcune «inaccuratezze» nelle descrizioni dei lotti, rispose seccamente che nelle condizioni di vendita era specificato che «i manoscritti saranno venduti con tutti i difetti e gli errori di descrizione» e dunque non avrebbe ripreso indietro alcun manoscritto[10].

Molti furono i collezionisti, mercanti e bibliofili inglesi, scozzesi, francesi, italiani, tedeschi, russi e americani che affollarono la sala di Sotheby & Wilkinson in Wellington Street, come riferiva il «Bulletin du bibliophile»[11]. Panizzi, dietro le quinte, aveva dato all'agente Boone precise indicazioni coerenti con la strategia culturale che lo animava nella sua patria di adozione. Iscritto da giovane alla società segreta dei Sublimi Maestri Perfetti, perseguitato dal duca di Modena e Reggio Francesco IV d'Austria-Este, Panizzi era fuggito prima in Svizzera e poi nel Regno Unito. A Londra nel 1823 era stato accolto con simpatia a Holland House, ritrovo degli esponenti di spicco dell'establishment whig e di molti esuli provenienti da ogni parte di Europa, dai quali però si distinse per la sua determinazione a farsi *inglese*, nella lingua che apprese subito e nelle opinioni politiche. Alla ricerca di un incarico come professore di italiano, si era quindi trasferito per qualche tempo a Liverpool, dove aveva avuto modo di conoscere personalmente, per il tramite di Foscolo, il principale esponente del recupero del Rinascimento nella cultura inglese William Roscoe, autore delle due fortunate biografie su Lorenzo de' Medici e su Leone X tanto aborrite, ma saccheggiate da Stendhal[12]. Nominato professore di italiano all'Università di Londra nel 1828, aveva subito pubblicato un'antologia di letteratura italiana dedicata alla prosa italiana. Si trattava di uno strumento non soltanto didattico ma culturale, nel quale Panizzi ridefinendo il «canone» da Alfieri a Vasari con l'apporto di pagine tratte da opere di autori viventi, tra cui Manzoni e Pindemonte, guardava all'intenso dibattito che si era aperto tra gli esuli e l'élite intellettuale che li aveva accolti a proposito dell'identità e della cultura italiana evocata a partire dai suoi classici. Nel contempo si era dedicato allo studio di Ariosto e Boiardo[13]. Diventato Conservatore alla British Library, aveva avviato una lungimirante politica di acquisizioni il cui obiettivo era, per ciò che riguarda la cultura italiana, quello di farla conoscere sfrondandola da un lato dai pregiudizi e dagli stereotipi e dall'altro da facili semplificazioni patriottiche. In questa chiave, nel 1846 era riuscito a farsi donare da Thomas Grenville, la sua preziosa biblioteca di oltre ventimila volumi alla quale aveva attinto per i suoi studi su Boiardo e Ariosto[14].

Tra i manoscritti della collezione Libri che la British Library si aggiudicò non vi era soltanto una rara versione della *Divina Commedia*, ma anche il processo alla badessa di Castro[15]. Così era stato presentato nel catalogo di vendita:

Questo curiosissimo volume contiene il verbale originale del processo istituito dall'Inquisizione contro la badessa di Castro (Elena della grande famiglia romana degli Orsini) per essere stata l'amante di Francesco Cittadino, vescovo di Castro. Questo manoscritto di circa 500 pagine sembra far parte di un volume più grande che conteneva evidentemente altri processi dell'Inquisizione ma è completo per ciò che riguarda questo processo che comincia al foglio 181 e finisce al foglio 417 cominciando con la prima informazione (datata 13 settembre 1573) fino al 5 maggio 1574, quando il processo fu interrotto dall'autorità. Gli interrogatori sono in italiano, pieni dei più straordinari dettagli di depravazione. Le *firme autografe* di tutte le parti e dei testimoni, incluse quelle della badessa e del vescovo, sono in questo ragguardevole volume sottoscritte alle deposizioni. Un recente romanzo francese, l'*Abbesse de Castro*, è basato sui fatti così dettagliatamente descritti in questo manoscritto inedito e fino ad oggi sconosciuto[16].

Libri non affermava esplicitamente che il racconto di Stendhal era basato sul processo, ma sui *fatti* in esso riportati. Una distinzione sottile, con quel tanto di ambiguità utile a far ritenere il manoscritto inedito e dunque di maggior valore, con firme autografe dei principali imputati. Il che non voleva dire che Stendhal non si potesse essere basato proprio su *quel* manoscritto, ma l'importante era citare comunque l'*Abbesse* per rafforzare l'importanza della pretesa scoperta che fu subito ripresa dal «Bulletin du bouquiniste»[17]. Tra i manoscritti di sicuro interesse per i collezionisti venivano segnalati anche un *Libro di tutti li condanati a morte in Bologna* (1540-1744) e una boccaccesca e «piccante» *Cronica della badia fiorentina* (1418-1460), nella quale si narrava dell'abate Guaschioni e delle «conversationi, giuochi, armeggerie et omnigene inhonesta»[18] che si erano tenute nel convento.

Fatto figurare fin dal titolo come «processo dell'Inquisizione» (anche se già nella prima pagina si menzionava il *vero* tribunale dell'Auditor Camerae) era proprio per questo funzionale a quella visione moderata ma anticlericale che Panizzi, Libri e Mérimée, attori di questa vicenda – probabilmente postuma rispetto a Stendhal, ma che da Stendhal aveva comunque avuto inizio – condividevano. Quel processo rappresentava la vivida testimonianza dell'altra faccia della *Renaissance*, quel lato oscuro del Cinquecento sprofondato nella Controriforma dominata da una Chiesa oppressiva e in realtà corrotta che, tra i molti intellettuali ed esuli italiani, giustificava ora lo slancio libertario risorgimentale[19].

Ma se il processo da allora è rimasto inedito nei depositi della biblioteca, la storia della badessa così come era stata raccontata da Stendhal avrebbe continuato ad interessare scrittori e pubblico come emblema di un passato corrotto e decadente.

Nei testi drammaturgici e negli scritti ispirati alla *Badessa di Castro* la dimensione scandalistica e anticlericale, che lo scrittore francese aveva prudentemente lasciato sullo sfondo, riemerse provocando critiche, stigmatizzazioni e censure sul fronte letterario e politico. Già all'indomani della pubblicazione del racconto, poiché la sua amica contessa de Tascher mostrava di non apprezzare la «disonestà» della seconda parte del racconto riguardante la relazione sacrilega della badessa, Stendhal si ripromise di rielaborare quella parte del racconto in chiave «virtuosa», anche se temeva di cadere nell'«illeggibile e nel banale» (*illisible et plat*) che aveva già riscontrato in molti manoscritti italiani[20].

Assai più pungente era stato Paul-Emile Forgues, giornalista e critico letterario che, su «Le Commerce», così aveva recensito la *Badessa* pubblicata da Dumont insieme a *Vittoria Accoramboni* e *I Cenci*:

> Potete vedere come da un tale soggetto, non c'era niente di più facile che costruire uno di quei romanzi volgari, con prologo, epilogo, dialoghi, paesaggi, grande sfoggio di erudizione, effetti di cosiddetto stile, dramma, peripezie e tutto quel pedantesco armamentario ad uso di quegli sventurati che Walter Scott ha portato sulla cattiva strada. [...] Ma che il signor Stendhal si rassicuri: solo a malapena questi tre racconti, abilmente mascherati da romanzi, si insinueranno nei *cabinet de lecture*, oggetto di disprezzo per le belle dame e le loro sarte[21].

Ma al contrario di ciò che Forgues aveva previsto, la storia della badessa nella veste che Stendhal le aveva dato era destinata a solleticare scrittori e drammaturghi proprio per i suoi aspetti più scandalistici, esponendola così al gusto morboso del pubblico e alla disapprovazione dei censori. Nel 1840 andò in scena a Parigi senza molto successo, nel popolare teatro dell'Ambigu-comique, *L'Abbaye de Castro*, dramma in cinque atti ispirato al suo racconto che si concludeva con un sorprendente lieto fine: Hélène de Campi Reale e Jules Brachioforte, sposati dal cardinale di Montalto sotto mentite spoglie, venivano liberati dai voti che uno spregiudicato papa Sisto V dichiarava nulli[22]. Una quindicina di anni dopo, la *Badessa di Castro* provocò gli strali del padre censore Ferdinando Piccini, per il quale il peccato di simonia in cui cadeva il cardinal protettore del convento di Castro nell'accettare Elena di Campi Reale e la «tresca inonesta fra essa e Francesco Cittadini vescovo di Castro [...] raccontata così minutamente da non aver bisogno di commenti»[23] rendevano il racconto talmente scandaloso da non ammetterne la circolazione in Toscana.

Intanto, nel 1858, con un'operazione editoriale piuttosto spregiudicata, lo scrittore Felice Venosta traduceva liberamente il racconto di Stendhal in italiano attribuendosene la paternità[24]. Ricordando ai lettori che avrebbero potuto ammirare un ritratto della badessa nella pinacoteca di palazzo Farnese, così cominciava:

Forse nelle veglie, o in romito luogo, mentre la cadente sera ci invita a dolce tristezza, udiste già dal caro labbro la storia che ci accingiamo a scrivere. Leggeteci tuttavolta, o voi che studiate, dimenticate i dolori che travagliano questa misera terra colla pietà per gli altrui affanni, che dotati di intelletto di gentili cose sapete compatire, perdonare. La nostra storia è un nuovo fiore tolto alla città eterna, ove sempre viviamo con l'anima. Nella medesima guida che allettaci un'armonia udita e riudita, poiché in essa vi discopriamo sempre nuove bellezze; così degli amori di una donna romana che si chiamava Elena. Assai sofferse la tapina: e le lagrime di lei vennero raccolte dalla memoria del popolo, trasmesse al vigile cronista, e rivestite di quelle forme che ai tempi d'allora si addicono: la sua storia fu quale noi la sentiamo oggi nel cuore[25].

Con l'Unità d'Italia e in particolare dopo la breccia di Porta Pia, nel clima apertamente anticlericale che accompagnò nel 1872 la soppressione delle congregazioni religiose, il dramma di Gobeaux liberamente tradotto in italiano con il titolo *Sisto V, ossia l'Abbazia di Castro*[26] fece furore a Roma insieme ad altre opere dai significativi titoli come *La monaca di Cracovia* o *I misteri dell'Inquisizione*[27]. L'«Osservatore romano» non esitò a definire il dramma di Castro un «aborto letterario» mentre «La Civiltà Cattolica» trovò in quella rappresentazione di papi, cardinali e monache quali «mostri di intemperanza, di scostumatezza e di ogni vizio più laido»[28] l'inizio dell'anarchia. Chiudeva il secolo un romanzo, *La storia del vescovo*, dello scrittore toscano Manfredo Vanni, nel quale l'autore, nel tentativo di rendere la vicenda più *vera*, pubblicava in appendice una relazione del caso conservata presso la Biblioteca Casanatense di Roma[29].

Dai verbali originali del processo alla trasfigurazione stendhaliana e alle sue derivazioni, la storia della badessa di Castro appare dunque delineata su livelli di narrazione distinti e al tempo stesso intrecciati che possono essere letti sia a livello diacronico che sincronico. Nel primo livello, tutto il procedimento si configura come un processo indiziario, basato non tanto su evidenze e riscontri concreti, quanto sulle deposizioni dei testimoni e degli imputati, veri e propri intrecci narrativi nei quali il confine tra *veritiero* e *verosimile* è spesso molto labile. Un esempio lampante è quello della confessione della badessa: prova *princeps* della sua colpevolezza secondo il rituale inquisitorio, perse improvvisamente di consistenza davanti alla determinazione del vescovo nel metterne in dubbio la veridicità lasciando i giudici e forse lo stesso pontefice incerti sul da farsi. Confermate durante la tortura, le ammissioni della badessa non fornivano quella certezza della colpa necessaria per formulare una sentenza contro Cittadini. Quel *locus veritatis*[30] che si dava per scontato, quella verità quasi dogmatica che costituiva il presupposto di ogni processo, si sgretolò in mancanza di prove schiaccianti. Il mancato ritrovamento dei biglietti scambiati tra la badessa e il vescovo, l'ostinazione di quest'ultimo nel negare ogni responsabilità, la resistenza alla tortura del servitore trasformarono la verità data, di cui il processo avrebbe dovuto essere una mera registrazione, in un duello verbale tra il giudice che interrogava e l'inquisito che rispondeva. In questo modo la verità tornava ad essere sostanzialmente argomentativa, oggetto di negoziazione tra amministrazione della prova e modalità di ricostruzione e di narrazione dei fenomeni.

È in questo contesto di discussione e di incertezza che emerse la ricerca di una soluzione extragiudiziale ben diversa da quella che qualche decennio più tardi sarebbe stata concepita per la monaca di Monza. Per quest'ultima fu previsto un percorso di espiazione che ella accolse senza resistenze e che la fece diventare, come scrisse Ripamonti, quasi un modello di santità quando non più «bella ed inonesta» ma ormai «curva, vecchiarella, scarna, macilente, venerabile»[31] sopravvisse all'immurazione per finire i suoi giorni nella cella remota di un convento. Anche Elena era pronta ad affrontare quel percorso, ma la famiglia non glielo permise e anche per questo, oltre che per aver perso tutto quel mondo di affetti che si era costruita tra le mura del convento, forse si lasciò morire.

La mancanza di una sentenza e quindi di una punizione esemplare aprì il varco alle cronache successive che rielaborarono reinventandole le affabulazioni, ritrattazioni e *figurazioni* degli interrogati. Da un anonimo autore all'altro, da un copista all'altro finirono per conformarsi alle esigenze stilistiche dei «casi occorsi» sotto alcuni pontificati – e in special modo sotto Sisto V – o del genere emergente ma elitario delle «relazioni tragiche». Tra Seicento e Ottocento un denso intreccio di allusioni, rielaborazioni e interpolazioni finì per trasfigurare completamente la storia. Da tipico, forse anche banale scandalo di convento apparentemente simile a molti altri, la vicenda si trasformò in una storia «tragica» che fece da canovaccio per un romanzo storico, l'unico di Stendhal, dove l'autore si misurava con un genere che affondava le proprie radici da un lato nel cosiddetto «effetto Scott» del manoscritto ritrovato, e dall'altro anche in un gusto per i documenti antichi sostenuto da un emergente mercato antiquario e da una platea sempre più ampia di collezionisti e di lettori. Ne emerse una narrazione nella quale lo scrittore, attraverso una fitta trama intertestuale che attingeva a una costellazione di più filoni letterari e storiografici, si interrogava non soltanto sui recessi più intimi del cuore umano ma anche sulla storia e sull'identità italiana letta in chiave mitica e al femminile. Come è stato giustamente osservato, nella *Badessa di Castro* la protagonista da vittima sacrificale si trasforma, anche in virtù del suo legame originario con il brigante, nell'emblema di un'opposizione e di una contestazione all'establishment civile e politico[32]. Non è più il personaggio «scorticato»[33] e arido dei primi esperimenti letterari di Stendhal, ma una figura piena attraverso la quale l'immaginazione del lettore viene guidata in quel mito italiano coltivato dallo scrittore sin dalla sua giovinezza.

Se questo è il percorso che abbiamo potuto ricostruire sul lungo periodo, a livello sincronico, quegli stessi testi possono essere considerati in una dimensione non più progressiva ma circolare che ha suggerito nuove letture. Senza il racconto di Stendhal, Libri non avrebbe mai potuto vendere alla British Library il processo, senza il quale la cronaca non sarebbe mai stata scritta e dunque mai scoperta da Stendhal che non avrebbe perciò mai potuto scrivere la *Badessa di Castro*. In questa chiave, tutto il percorso che va dalla scoperta dei manoscritti italiani nel 1833 passando per la pubblicazione del racconto nel 1839, fino ad arrivare all'apparizione delle carte processuali nel mercato antiquario nel 1859 e alla loro acquisizione destinata ad arricchire il fondo italiano alla British Library, può essere letto come un significativo tassello del complesso processo di formazione dell'idea di Rinascimento e di *italianità*. Un'idea che proprio in quei decenni gli esiliati cercavano faticosamente di costruire grazie alla straordinaria convergenza di interessi con romanzieri, intellettuali ed esponenti politici di ogni parte d'Europa quando l'Italia era ancora soltanto un sogno.

Appendice

Appendice

Quanto sia pernicioso il conversare l'uomo con la donna
il presente caso ce lo dimostra[1]

Le frequenti conversazioni con donne non vi è dubio che ciascuno le deve fuggire di qualsivoglia stato o grado si sia imperochè continuandole rendonsi molto dannose all'anima

L'anno di nostra salute MDLXXII regnando Gregorio XIII di santa memoria in Castro città del Duca di Parma hora demolita nel Monastero della Visitazione della Beatissima Vergine Maria governava per abadessa quelle monache Elena Orsina nata di Giovan Francesco Conte di Pitigliano, et occupava il posto di Vescovo di quella Diocesi monsignor Francesco Cittadini nobile milanese che per affari del Monastero hebbe più volte occasione di parlare alla detta Abbadessa si come anco ella era astretta à trattare con il Vescovo e per l'occorrenze del suo governo e per la fabrica non compita del chiostro. Da questa dunque hebbe principio da fabrica de loro amori, perché ritrovandosi di continuo alla grata si accesero nel seno d'ambidui da piccole faville fiamme così potenti, che ridotto in cenere il lume della raggione cominciorono fra essi a crescere scambievolmente gli affetti e guadagnatisi con reciprochi doni le volontà squarciando il velo d'ogni rispetto la vergogna si incaminarono a briglia sciolta alla sodisfazzione del senso. Non riguardando dunque, né al voto, ne al sacrilegio disposero render paghe le sacrileghe brame, si che nel mezzo del mese di novembre 1572 *Proc fol.* restando qualche giorno avanti così di concerto, determinò l'Abbadessa alle cinque della notte d'accogliere il Vescovo nel monastero.

Incaminossi egli involto non meno nelle tenebre della notte, che in quelle delle sue colpe divenuto lupo rapace del gregge consegnato alla sua pastoral cura, e giunto alla chiesa gli fu aperta la porta dalla Abbadessa che lo attendeva et si incaminarono verso la stanza di quella violatrice della fede promessa al suo redentore. Era questa camera contigua alla chiesa è segregata da quelle delle altre monache le di cui mura servirono di testimonio a sacrilegio così esecrando. Partissi doppo un'hora il Vescovo è fece ritorno al suo palazzo, non tralasciando doppo le visite e reiterando i presenti. Il Carnovale seguente diede motivo con la sua libertà a nuovo concerto *Proc. Fol* simile al primo, e passata la Quaresima pochi giorni doppo Pasqua si ritrovarono nel medesimo luogo et in quella notte la meschina con suo eterno dolore accennò al medesimo d'esser gravida. Istupidì a questa nuova il Vescovo rappresentandosegli avanti gl'occhi la gravezza del suo misfatto, l'honore tolto ad una dama di quella qualità, il voto fatto al suo Signore doppiamente violato, lo scandalo et il pessimo esempio portato a tutto il mondo, l'haver egli contaminate quell'anime che doveva custodire illibate per il paradiso mercé del carattere conferitogli dal vicario di Christo, l'ira del duca e l'indignazione del pontefice, nulla di meno consolando al meglio che poteva fra tante angustie quella infelice, e doppo quella breve dimora si partì.

Cresceva in tanto alla misera il ventre, e benché ella procurasse di celare più che poteva il suo errore, nulla di meno alla fine, e per gli incommodi della gravidanza, e per gli rammarichi della colpa commessa fu assalita da una febre la quale avanzatasi fu di mestiere chiamare il medico per curarla al quale ella fatta forza alla vergogna che gli chiudeva le labra gli narrò il successo pregandolo a porgergli il soccorso in quelle angustie. Restò stupito il buon fisico a tal racconto e promessagli in ciò la sua opera vedendo propinquo il bisogno confidollo a certa donna moglie d'un fornaro, e domestica di sua casa incaricandogli la secretezza. L'Abbadessa fra tanto chiamate due monache le più confidenti una per nome suor Vittoria e l'altra suor Bernarda, e fattole giurare sopra un breviario non senza un diluvio di lagrime narrò lo accidente alle medesime che attonite di tal fatto non potevano proferire parola et interrogata poscia da una di esse chi avesse contaminato il suo candore ella gli rispose queste precise parole *Proc. fol.* = non l'ho detto ne meno al confessore considerate se lo voglio dire a voi. Consultato di poi fra esse ciò che si dovesse fare determinarono levarla da quella camera, e portarono il letto nella spiziaria per essere stanza più remota a ciò sopragiunta da dolori del parto che soprastavano non potesse il romore giungere alle orecchie dell'altre monache. Condotta venne anche dal medico sotto altro pretesto nel Monastero la donna confidente e restò nascosta ivi fintanto che cresciute alla Abbadessa le doglie del parto diede in poche hore alla luce un pargoletto che fu dalla donna benche poco prattica accolto et involtato in una camicia, et un telo di lenzuolo et perché appena nato cominciò a piangere non solo meno le sue miserie che quelle anco della madre fu dalla medesima donna portato nella cantina e apertagli da una delle due monache aperta la porta di dentro e dal medico il catenaccio da fuori uscita si portò conforme era stato di già concertato fuori della porta della Città et entrò in una grotta per attendere ivi chi dovesse dare ricapito al detto putto.

L'Abbadessa benché oppressa dalli dolori del parto e dal timore di non essere scoperta al meglio che poté scrisse un biglietto di questo tenore *Proc. fol.* = Sapendo io quanto voi siete affezionato a chi ha interesse, et ha havuto che fare per conto di un putto che è nato, però sarete contento andare fuori della porta della città che trovarete una donna che tiene detto putto, pigliatelo e dategli qualche ricapito = *Proc. fol.* Sigillato detto biglietto disse a suor Vittoria. Fate chiamare Cesare Alberto Del bene, è voi medesima porgeteglielo in proprie mani. Fu eseguito il tutto et andato il detto Cesare fuori della porta vidde una grotta la donna la quale fattogli cenno gli diede à vedere che esso attendeva, e volendogli porgere il putto Cesare gli impose che si trattenesse fin tanto che fosse andato a prendere il cavallo come prontamente fece, e preso il putto velocemente prese il camino verso Monte Fiascone, e giunto all'osteria incontinente pregò l'ostessa che volesse procurare di trovare panni a proposito per involgere la creatura e fu subito da detta ostessa chiamata una raccoglitrice è lavato il bambino fu subito fasciato, e portato a Santa Margarita chiesa più vicina e fu fatto battezzare con imponergli il nome d'Alessandro e poi dall'ostessa medesima trovata una sua vicina alla quale appunto era morta una picciola figliola che allattava gli fu dato il putto per educarlo, et il suddetto Cesare gli lasciò sei scudi d'oro con promissione in breve portargli dell'altri per comprargli è panni, è ciò che fosse di bisogno. Mossi dalla curiosità e l'oste che il Contino era nominato e la moglie e l'altra donna domandarono più volte a Cesare di chi fosse figliolo il putto ma egli schermendosi solo gli rispose che non si curassero di saperlo.

Nel mentre che si dava ricapito al putto non tralasciavano le monache compagne d'attendere alla cura della partoriente, che più dal timore che dal male veniva oppressa. Venne questa mentre guardava il letto visitata *Proc. fol.* dal Vescovo assieme con il medico et essendo ambedue confusi dal rimprovero de loro misfatti passate fra di loro alcune parole di condoglienza si trasferì il Vescovo al suo palazzo.

Ritornato in questo tempo Cesare dall'haver dato provedimento al bambino procurò ne restasse di ciò informata la madre, et allhora appunto accadde che havendo il medico date per ricognizione alla donna che havea raccolto il parto alcune monete d'oro, le quali osservate dal marito che credè fossero state date per qualche non buono affare e ricercando alla moglie per qual causa gli fossero state date è negando essa pertinacemente aggiunse il geloso marito alle richieste le minaccie di modo che per sincerarsi fu costretta la donna a riferirgli tutto il segreto, è restato attonito il marito consultatisi che dovessero fare del denaro, mentre la donna voleva pagarne alcuni debiti, esso si risolvé comperare un giumento, et interrogata dalle vicine la donna come havessero potuto fare tal spesa stante la loro povertà gli raccontò essa il fatto, che resosi pubblico a poco a poco per Castro era divenuto la materia del scandalo e del discorso di tutti.

Erasi portato di novo il suddetto Cesare a vedere il putto, e lasciati altri denari alla Balia andò al Monastero a ragguagliarne la Badessa, la quale benché per altro inferma si condusse alla grata e si dolse con detto Cesare che il secreto fosse di già esposto alla notitia di tutti.

Giunse tal scandalo già reso pubblico all'orecchie del Vescovo che dato nelle smanie allhora si avvidde maggiormente dell'errore, pentito di non haver creduto alle salutifere ammonizioni de PP Confessori destinati alla custodia di dette monache, gli quali più volte l'havevano avvertito dello scandalo che portava con le visite così frequenti, ma esso poco apprezzandole mascherava con l'interesse del monasterio l'infamia de' suoi Amori. Si risolvé dunque il Vescovo benche infermo per non vedersi lo scopo delle maldicenze del Popolo partirsi di Castro, è perché è proprio di chi camina per la strada del precipizio passare da un abisso a un altro presa la penna scrisse un biglietto di tal tenore *Proc. fol.* = Già vi sarà noto essersi pubblicato per tutto ciò che è successo si che se vi è caro salvarmi insieme con la riputazione la vita e per evitare scandalo maggiore potreste incolpare Giovanni Battista Doleri morto da pochi giorni, che se non riparate al vostro honore almeno ristarà illeso il mio = Sigillato il biglietto chiamò Don Luigi in quel tempo confessore di dette suore, è gli impose il darlo in proprie mani alla Abbadessa, la quale lettone il contenuto determinò secondarne l'invenzione.

Giunse tal sacrilego eccesso alla notizia del cardinal Alessandro Farnese che ordinò al podestà di Castro di far arrestare il Vescovo al quale avviso alcuni de servitori per non esser ancor essi ristretti in carcere presero la fuga. Il Vescovo vedendosi guardare nel palazzo scrisse a Milano alli suoi fratelli dandogli avviso di essere incolpato del suddetto misfatto, onde gli medesimi a gran giornate portatisi a Castro, trovarono che il Vescovo era infermo in Ronciglione, et ivi Cesare Del bene veniva ristretto in duro carcere.

Fu allora esaminata l'Abbadessa nel Monastero che prontamente negò la colpa nel Vescovo, ma altresì confessò d'haver havuto commercio con Giovanni Battista Doleri. Pervenuto di poi l'avviso di tal fatto al sommo pontefice ordinò al cardinale San Sisto che scrivesse a monsignor Alessandro Riario auditore della Camera, onde quello in vigore de commandi pontificii gli scrisse una lettera del seguente tenore

Proc. fol. Al molto reverendo come fratello monsignor il patriarca di Alessandria auditore della Camera

Intus vero = Molto reverendo signore come fratello Nostro Signore mi ha ordinato che scriva a vostra signoria che debba formare processo del caso occorso nel Monastero di Castro e bisognando essaminare l'Abbadessa, o altre persone di maggiore auttorità Sua Santità vuole lo possa fare, e però gli piacerà d'esseguire diligentemente questo ordine che del fatto ne sarà già stato informato dall'Illustrissimo cardinale Farnese; si conservi sana che con questo fine me gl'offro e raccomando sempre. Di Roma il dì 9 settembre 1573. Di vostra signoria Reverendissima come fratello. Il Cardinale San Sisto

A questo avviso incontinente spedì un commissario il suddetto auditore della Camera sì in Castro, come in Ronciglione dove era fermato il Vescovo, et il primo che fosse esaminato fu Cesare Alberto Del Bene suo

Cameriere il quale sempre negò di havere ricevuto biglietti, confessava bensì di haver portato il bambino a balia, contestava anco di haverglielo dato la donna fornara, nel resto non si poté cavar da lui a favore del fisco cosa alcuna con tutto che vi andassero le monache, et altri testimonii in faccia, onde fu posto alla tortura, et hebbe un'hora di corda, e la sera seguente mezz'hora essendogli andata in faccia la Abbadessa ma egli pertinacemente negando non poté il fisco da esso ritrarne altra notizia.

Furono poscia esaminate le due monache Suor Vittoria e Bernarda le quali confessarono il tutto, di haver prestato aiuto nel parto alla Abbadessa, d'haver fatto trafugare dal monastero il bambino, e suor Vittoria confessò di haver dato il biglietto al detto Cesare, et interrogata se gl'era noto che havesse ingravidata la Madre Abbadessa asserirono haver udito essere stato il Vescovo, furono anco esaminate la rotara, la portinara et infine tutte le monache quali parimente deposero il medesimo, cioè havere udito esser stato il Vescovo, adducendo che ella faceva imbiancare li di lui panni e fra essi loro passavano giornalmente regali; anzi fra le suddette monache vi furono alcune molte così semplici delle che alcuna di esse disse essere stato il malfattore il gatto per tenerlo la Abbadessa per tenerlo essa continuamente in braccio, altre dissero che stando ella continuamente in un mignano quel vento fresco potergli havere cagionata tal gravidanza scorgendosi così in che una Verginale innocenza. Fu poscia all'esame la fornara che asserii di haver raccolto il parto, è portatelo, è consegnato a Cesare del Bene il bambino; furono inoltre molti esaminati sopra la frequenza al monastero del Vescovo e vi fu chi disse, dal campanile della chiesa havere veduto un huomo et una monaca assise nel monastero e che l'huomo gli pareva il Vescovo, ma la monaca asserì non haverla riconosciuta.

Contestarono parimente nell'esame tutto il fatto il medico, l'oste di Montefiascone, la donna, che lavò il putto è che lo portò a battezzare, la balia, et il marito.

Essaminata di poi suor Elena Orsina Abbadessa ratificò l'esame fatto dal podestà.

Non si poteva esaminare il Vescovo quale benche infermo era carcerato in Ronciglione. Si ritornò dunque all'esame della Abbadessa, la quale disse di voler dir la verità e confessò di essere gravida del Vescovo con tutti gli amminicoli necessari, e interrogata perché havesse incolpato Giovanni Battista Dolere disse *Proc. fol.* per render salva la vita del Vescovo acciò potesse farmi custodire il figliolo; fu poi la medesima rinchiusa in una stanza a man dritta nell'entrare del Monastero detta la stanza de' frati, e fatte nuove diligenze di altri testimonii tutti concludenti per il fisco stimarono bene di condurre a Roma il Vescovo così anco consigliato per il suo male e con esso fu condotto Cesare del bene, ma in differente carcere, essendo questo rinchiuso nelle carceri di corte Savella, e quello in Tordinona e altri che erano ritenuti per detta causa furono posti similmente in corte Savella.

Di lì a pochi giorni trasportarono in Roma la Abbadessa con alcune monache per terminare la causa, e la Orsina fu posta in Monastero di Santa Marta, e le altre nel Monastero delle Vergini, che furono suor Vittoria, suor Bernarda, la portinara e la ruotara.

Fu essaminato dal giudice dell'auditore della Camera per la prima volta il Vescovo, e fu interrogato sopra la prattica, e frequenza del Monastero è circa gli regali da esso fatti, al che egli rispose al meglio che poté adducendo essere più volte stato andato al monastero per consolare la Madre Abbadessa nella morte seguita in detta città del signor Orso Orsino di lei fratello ucciso a colpi di più pistole; così terminato il primo esame fu il Vescovo ricondotto in secreta.

Furono di nuovo sottoposte all'esame l'Abbadessa, suor Vittoria, e suor Bernarda quali persisterono nel loro detto è di nuovo confessarono il fatto del biglietto soggiungendo che la Madre Abbadessa havea fatto chiamare da loro Cesare del Bene per consegnarli il biglietto, si che fu posto alla tortura il detto Cesare, che non solo mai confessò quello sopra di che era interrogato ma diceva ciò che al fisco non facea di bisogno; si che fu di mestieri dargli la reperita e furono a contestargli tutto in faccia la abadessa, e suor Vittoria, e suor Bernarda quali due sofferirono il tormento delli ciuffoli ma Alberto sempre sostenne non haver ricevuto alcun biglietto.

Vennero anco ad esaminarsi tutti gli confessori che erano stati alla custodia di dette monache durante il tempo della prattica del detto Vescovo et altri espose di haverlo anco avvisato di tralasciare la frequenza di detto Monastero per il scandalo che da ciò nasceva altri asserii essere perciò da tal carica partiti per questa sola caggione, e simili cose anco dicevano altri testimonii, fatti venire da diverse parti.

Ritornò all'esame il Vescovo è fu richiesto sopra il fatto dell'andare di notte, e del commercio carnale havuto con l'Abbadessa, il che egli pertinacemente negò, asserendo essere andato poche volte fuori di palazzo la sera è dava conto del tempo che era uscito, è del luogo dove era andato, e con chi era accompagnato, e che nel Monastero quando alla grata parlava con la Abbadessa egli era sempre stato in compagnia d'altre persone.

L'Abbadessa fu di nuovo esaminata, et interrogata se veramente fosse stato il Vescovo che avesse havuto commercio con essa così gli rispose *Proc. fol.* = Quanto a me haveria desiderato di poter portare tutta la pena senza che detto Vescovo ne havesse patito cosa nessuna, né mi ha mosso nessun rispetto mondano per che quanto alle cose del mondo io le ho messe tutte da banda, è quanto a Dio il medemo peccato e fallo è di haverlo fatto con un principe o con un famiglio di stalla; tutto quello che ho detto per la verità, è se detto Vescovo non fosse stato io non l'haverei incolpato.

Determinò finalmente il fisco di venire al confronto è presentarono avanti il Vescovo la Abbadessa tormentata dalli ciuffoli la quale gli disse *Proc. fol.* = Monsignore potrà negare di non havermi carnalmente conosciuta? L'errore è fatto però non negate quello che pur troppo è vero. Negò costantemente il Vescovo tutto rimproverandola di mendacio e calunnia. Fu di nuovo la monaca riportata al monastero e furono date le difese al Vescovo che esattamente si difese dando eccezzioni rilevanti a tutti gli testimonii ripetendoli ad un per uno, e fattone esaminare molti a suo favore che dal fisco furono interrogati de quali alcuni furono ammessi altri rigettati.

Deposero questi della di lui bona fama, e dell'haverlo veduto in tutte le funzioni celebrare messa pontificalmente con molta devozione, et simili altre cose che facevano a pio del Vescovo.

Ciò che poi ne avvenisse non si è potuto sapere non essendo nel processo originale esistente nell'archivio dell'auditore della Camera donde è stata estratta la presente relazione, registrata sentenza alcuna emanata in tal fatto si deve bensì credere che la monaca confessa ricevesse il meritato castigo e che il Vescovo non andasse esente dalla pena se non pure in questo mondo almeno nell'altro.

Prenda di qui il lettore documento di pregare continuamente il Signore Iddio di non rimuovere la sua santa mano dal nostro capo e d'illuminarci continuamente con la sua grazia per non cadere nell'abbisso di simili misfatti.

Fine

Relatione distinta del Successo occorso in Castro
Città del Duca di Parma gia demolita nel Monastero della Visitatione
della Beatissima Vergine l'anno MDLXXII[2]

Sopra gl'Amori di D. Elena Orsina figliola
di Giovan Francrancesco Conte di Pitigliano con Monsignor
Franancesco Cittadino nobile Milanese Vescovo di Quella Diocesi,
occorso nel Pontificato di Gregorio XIII°

Era così vigilante papa Gregorio XIII° di felice recordatione, che non
permise mai, che ne Stati ereditari della Chiesa vi fossero al governo di
questi huomini sospetti nelli vitij della carne, che in quelli della religione;
imperciò egli con la sua gran prudenza, e rettitudine fece spogliare molti
sacerdoti di quell'habito e carattere che indegnamente portavano, havendo
per zelo di Religione molti di questi interdetti, e perché gravi richiami
vi erano in Roma di gente scandalosa e vitiosa la giustitia di questo papa
poté regolar molti animi a ben vivere. Papa Celestino sommo pontefice
egli non per altro rinunciò al papato che si tema di non essere idoneo,
e così tanto si inquietò la mente che fuggì dal governo di Roma; tanto
questo esempio deve essere in un pontefice quanto in ogni religioso di
qualsisia Religione e particolarmente un sacerdote, molto maggiore in
un Vescovo che sotto la sua cura e custodia rimane il gregge battezzato.
Ritrovandosi per tanto in Castro monsignor Cittadini che aveva la
cura di quel popolo et era dal summo pontefice Gregorio colà mandato
per aggiustare le cose del Munastero della Visitazione e della Beatissima
Vergine nel quale Monastero era stata eletta dal signor cardinale Farnese suor Elena Orsina per Abbadessa, come donna la più prudente e di
sangue chiaro et illustre, la quale haveva dato saggio di se con una vita
ritirata sempre tenuta per molti altri prima et perché le cose della sua
casa poste in mano ai fratelli, huomini sanguinarii et tiranni che poco
facevano conto delle sorelle per esservi nate molte controverse; Alla fin
fine mancato di vita Giovanni Farnese conte di Pitigliano, risolvette suor
Elena col favore di detto cardinale Farnese di entrare in questo monastero,
il quale era imperfetto si nella fabbrica che nelle altre cose di maggior
bisogno. Papa Gregorio non volse mai che alla cura di detto Munasterio vi
fossero altri, che il suddetto Vescovo a poter trattare colle monache. Con
tale occasione monsignor Cittadini s'insinuò nella grazia di Suor Elena,
la quale gli pose tutto il suo affetto, e si vedeva il Vescovo tutto giorno
alla grata a discorrere, e molte volte nel refettorio alla presenza di tutte
le monache; con tale amicitia e confidenza del Vescovo nel Monastero
suor Elena poté agevolmente anche trattare degli interessi della sua casa
e delle cose passate e particolarmente di quelle litigiosità per le quali
egli soleva dire che disperatamente si era racchiusa in quel chiostro per
non haver potuto esigere la parte della sua dote che era stata trattenuta
dal fratello suddetto conte di Pitigliano già stato ucciso di pistola nel

petto; Il Vescovo sentendo le disgrazie dell'Abbadessa, e approvando la sua disperatione, l'essere controvoglia per racchiusa, entrò in qualche discorso d'amore, come alle volte suol usarsi da quelle monache che per disperate hanno preso l'abito munacale di trattare con quelli che erano per lo prima confidenti.

Sospirava Suor Elena li suoi intrinsechi amori, e gl'altri suoi desideri al Vescovo il quale essendosi in barcato a un segno, che non riposava né giorno né notte poiché come tutto acceso in questo amore quasi vaneggiando si vedeva al detto Monastero, et alle volte egli medesimo non sapeva che cosa poter chiedere, se non quelli vani discorsi.

La munaca era una figliola molto cortese e gentile, bella a maraviglia, di età di 28 anni grande d'aspetto, bianca di carnaggione e aveva nel volto un parlare così cortese e grato che legava li cori. Tutte queste cose erano da stimolo al Vescovo e perciò non tralassava la solita frequenza al monastero e perfino le giornate intiere alla grata. Questa sua frequenza diede molto che sospettare, non già alle monache ma alli religiosi et alli suoi servitori, che miravano il Vescovo quotidianamente così applicato e rivolto alli interessi con quella monaca, la quale parimente si era arresa all'amore del Vescovo, non solo per esser egli di bella presenza ma anche per la continuata dei regali, monete d'oro e d'argento, e altre cose che egli donava. Alla fine non poté tener il Vescovo più celato il suo ardente desiderio di doversi compiacere con la monaca; gli disse a bella posta che egli voleva ritornare a Milano sua Patria giacché si accorgeva che la sua vita sarebbe bene e certa per ritrovarsi il suo cor ferito da un amoroso suo dardo e che non poteva per ritrovar riposo onde era ben computibile il suo stato e con questo dire, havendo prima regalata la Madre Abbadessa di certe lane fine e pezze di tela gli donò un anello nel quale stava il suo ritratto giacché egli disse liberamente che il suo l'haveva scolpito nel core, e però non lo chiedeva a lei. L'Abbadessa sentendo che il Vescovo voleva veramente partire, e credendo alle sue parole, e concorrendo al suo genio per esser arresa anch'ella di quell'istesso foco, tanto l'una che l'altro disposero di volersi abbracciare assieme alla nuda nel proprio letto della monaca con haver trovato il modo di farlo entrare di notte nel Munastero e tenerlo a dormire tutta la gnotte della domenica di Carnevale (tempo più proporzionato) nel quale il Demonio s'adopra più agevolmente a far cadere l'animo in quelle colpe dishoneste. La monaca dunque disse al Vescovo che la domenica di Carnevale, doppo la rappresentazione di sant'Uliva³, esso si ritrovasse vestito da secolare ordinariamente vicino la porta del parlatorio, che poco era discosta da quella della chiesa. Si partì il Vescovo per andare a godere la monaca, e ritrovatasi nella detta stanza, fu dalla monaca segretamente rinchiuso in chiesa, dove era vicino a quella la sua stanza. Intanto che la monaca dava gli ordini soliti e che si assicurava che l'altre monache fossero andate al riposo, ella aprì la porta della chiesa e fece passare il Vescovo dentro la sua stanza, e serratolo ritornò di novo prima nell'Infermeria, e secondariamente a serrare la porta del refettorio

dove solevano andare anche doppo cena le monache a bere secondo il
loro bisogno e perciò chiudendo la suddetta porta veniva la monaca a
rendersi secura di non essere più vista da nessuna di esse. Se ne ritornò
dove stava il Vescovo, cioè nella sua stanza, il quale ritrovò a sedere sopra
del letto, e perché era tanto l'amore, dal quale fu sorpreso, che appena
giunta nella stanza con una lume in mano, che volle abbracciarla; ma la
monaca gli disse che non si conveniva commettere l'errore con quegli
habiti, e che però prima voleva spogliarsi siccome egli si era spogliato
di quelli del Vescovo; così si trattenne il Vescovo e vedendo spogliare
la Monaca, si spogliò anch'esso, e si pose nel suo letto per consumare
tutto quel foco, che si trovava acceso nel suo core. Tutta la notte della
domenica stiedero in questo sollazzo, onde la mattina per medesima
porta un'hora avanti la campana si portò il Vescovo alla sua habitatione
e sodisfatissimo della monaca e la mattina verso il mezzo giorno con la
medesima confidenza si introdusse alla grata a fare con la monaca li soliti
discorsi amorosi, o pure trattare de loro negotii. Passò tutto bene senza
scoprimento di cosa alcuna, e per la segretezza della munaca come per
quella del Vescovo, che era tale da poterne essere ella sicura. Passato un
mese e forse meno tempo, la munaca stessa che forse incitata a quella
sozzura disse al Vescovo se voleva tornare in sua camera, e che lo invitava
prima che giungesse la pasqua, a cenar seco. Accettò il Vescovo il secondo
invito della monaca, e vi si portò a i suoi cenni tanto preso, quanto che
ella l'haveva stimolato e lo racchiuse nel medesimo luogo della chiesa e
lo fece passare per doppo quella dalla sua camera, havendoli il Vescovo
fattoli prima provisione di vivande pretiose, che il giorno antecedente fece
portare al convento dal suo servitore. In questa notte la monaca si pose
a tavola con il Vescovo, e doppo haver ben mangiato e bevuto si andarono insieme a riposar nel solito letto, onde la monaca non hebbe quel
riguardo che già antecedentemente haveva havuto nelle sue soddisfattioni
lasciò correre il suo amore a violenza e perciò congiunti li sangui si rese
gravida d'un fanciullo; la mattina per tanto quasi presaga di quello che
gli era stato avvertito dal Vescovo mentre dalla violenza d'un vomito de
la questione di stomaco poté vedere ciò che fosse, ma non però affatto
sicura, diede licenza al Vescovo che ritornò al suo palazzo, come prima.

Era la Pasqua già passata quando la munaca si accorse del suo errore
restando ella rivolta nelle tenebre del suo delitto e perciò tutta mortificata
coll'occasione che il Vescovo andava a vederla gli disse che ella era gravida
e che il suo delitto e misfatto commesso per occultarlo era di luogo di
uccidersi con le sue proprie mani e piangendo alla grata sconsolatamente
la sua disgratia diceva al Vescovo che in qual modo egli pensasse di poter
riparare a quello scandalo e che quando non trovasse rimedio ella era
risoluta a confessarsi e communicarsi e poi avvelenarsi, e che non voleva
risolutamente andar più lungamente avanti col tempo per non essere
scoperta. Restò il Vescovo molto stupefatto non solo per il grave errore
appresso a Dio, ma anche per quello appresso gli huomini del mundo; e

però diceva il Vescovo che egli era il più infelice huomo di tutti sapendo che il pontefice Gregorio, pontefice tanto delicato e scrupoloso sopra di questi eccessi, che considerato bene il suo stato, già si apparecchiava a sostenere per la colpa suddetta la morte la più vergognosa; e perciò pensando a quello che più poteva fare per occultare quest'eccesso, cominciò prima a trattare la fuga di quella monaca suggerendogli che egli vestita da huomo si poteva portare a un castello di Milano, che era suo proprio, chiamato... dove l'haverebbe fatta custodire nascostamente.

Questo tal consiglio non piacque alla monaca di partire da quel monastero per essere ella di un Parentado cospicuo e di braccio forte che l'havrebbero fatta giungere da per tutto dove ella fosse andata e perché ancora era poco ben vista dal fratello e dal cognato per via della suddetta lite dispose più tosto di eleggersi la morte di veleno, giacché se ella fosse stata scoperta di quel misfatto né più né meno sarebbe stata fatta castigare nella vita.

Tutto questo racconto fu preciso in loro, cioè nel Vescovo e nella monaca, ma il Vescovo considerò molto bene a quello che più sarebbe stato di giovamento per nascondere il fatto, e fu che egli disse che la munaca si fingesse ammalata et indisposta in letto, e che non uscisse da quello prima della sua gravidanza, la quale ella poteva confidare con due monache e permettergli regali e favori per ottenere da loro questo servitio. Né più né meno fu dalla munaca preso questo consiglio per il più aggiustato a sicuro e riuscibile et in tanto di più procurare una balia che facesse l'effetto per nutrire il figliolo che si havrebbe da qualche donna segreta.

Credette la munaca che il consiglio del Vescovo fosse tale che potesse riparare a quella vergogna ormai manifesta, onde cominciò in tanto a crescergli il ventre, però non tanto che disdicesse. Era un di questi giorni passato per interessi del monastero il cardinale Farnese il quale volle visitare le monache e sapere quello che si fosse essecutato in tempo si lungo, onde fu fortuna che il cardinale Farnese facesse questa revisione in tempo che erano i principi della sua gravidanza e che la monaca era in stato di non poter essere per anco sospetta e scoperta, e però gli disse che per l'avvenire voleva che le monache non si intrigassero in questi fatti di fabriche ne di altre cose ma che solo dovessero attendere alli loro santi officij divini a far le solite [...] et questo discorso fatto dal cardinale alla Abbadessa fu solo perché già era stata scoperta dai Religiosi la frequenza del Vescovo, onde l'Apostolicae Camerae auditore deputò un perito che dovesse aggiustare tutte le cose necessarie et per avedere il monastero senza che il Vescovo vi havesse alcun maneggio, benché il cardinale non havesse alcun sospetto del seguito, ma si bene per prevenire quello potesse succedere con la lunghezza di tale amicitia, e freguenza così continua tanto nel monastero quanto nella grata e qualsivoglia altro luogo sagro. Fu pertanto la monaca da questa insolita ammonitione del cardinale quasi presaga da qualche scoprimento, ma per buona sorte del Vescovo, tanto egli durò in quel monastero tutto l'anno fino a gennaro, che la monaca si era già infantata e fatta tutta l'operatione che si dirà più avanti di questa relatione. Procurò il Vescovo di sapere donde ne nascesse questa novità del cardinale e scoperse che non da altro luogo era stata prevenuta, che per essersi mal effettuati gli ordini della fabbrica, e che in due anni non era stata alzata la chiesa come si desiderava e che le cose andassero con lentezza per esserci di mezzo il regolamento di una donna. Era alla monaca cresciuto il ventre, e quantunque ella andasse nascondendo il suo peccato, non però tanto questa che non si scorgesse in lei oltre la mutatione dell'utero anche quella della sua dispositione, oltre modo alterata; si conobbe in stato di porre in esecutione o il consiglio del Vescovo o quello di lei dettato dalla propria disperatione, risolse però di fare quello gli haveva il Vescovo avvisata cioè di porsi in letto con far apparire in lei grave indispositione, come alla fine egli fece. Mentre ella stava in letto, fu necessario per conoscere il suo male di chiamare il Medico, il quale andò a visitare la Madre Abbadessa e gli disse che ella da molto tempo era stata incommodata di mal d'utero; il medico che non haveva pensamento alcuno sopra di quel misfatto voleva far cavar sangue dalla Madre Abbadessa, onde ella fu costretta a narrargli tutto il successo, havendolo ritirato a casa a letto gli disse segretamente il suo peccato commesso, ma non però volle ella confessare il malfattore, quantunque il medico gli dicesse che haveva desiderio sapere qualle fosse stato l'usurpatore del suo honore, e verginale fiore. Inteso ciò il medico e volendo con effetto aiutare l'Abbadessa per sottrarla da quella vergogna, fece il medico chiamare una donna sotto pretesto di servirsene in quella sua indispositione per non esser lecito a huomini entrare in quel Munastero per andare a prendere le cose, che ordinava il Medico, fu chiamata questa Donna la quale era maritata ad un fornaro; et acciò usasse segretezza e diligenza in quel mezzo termine del parto, gli fu dato per recognitione dall'istesso medico scudi 10 cioè 2 doble d'oro e 4 scudi d'argento e fu il convenuto tra il Medico e questa donna, che nell'uscire et entrare dal Munastero non parlasse mai con nessuno, né tampoco con suo Marito. Fu anche il bisogno d'andare a chiamare due munache le più confidenti che egli havesse e medesimamente anche a queste parlasse del suo errore con le lagrime, che abbondanziosamente gli venivano dagl'occhi; le suddette munache conoscendo il pericolo grande in che si ritrovava la Madre Abbadessa fecero in modo che nessuna altra monaca potesse penetrare di quella enormità la caggione; onde ben curare la Madre Abbadessa sempre sequestrata in una stanza dove non era vista dall'altre munache se non quando era in letto acciò il ventre non gli fosse veduto così gonfio. Si adoprava con tutta la maniera anche il medico ad occultare il fatto e perciò egli più di tutti sparse voce che la Madre Abbadessa havesse un'hernia acquosa nel ventre, che gli dava dolori estremi, e così fu scritto anche al Cardinale Farnese che n'era il Protettore. Passò tutto bene fino al giorno del parto, e doppo il Parto come era stato concertato fra di loro. Perché essendosi la Madre Abbadessa accorta delle doglie che essa haveva chiamò subito il medico e gli fece intendere il suo maggiore bisogno di essere soccorsa in quel punto della sua gravidanza e nel dar fuori il parto; fu per tanto mandata a chiamare l'assistente donna soprannominata, la quale si portò subito dalla Abbadessa e fu dalle suddette due monache serrata la porta della camera et ordinato a tutte l'altre che nessuno entrasse dove era la Abbadessa perché se gli distoglierrebbe il sonno, oltre di che non poteva soffrire alcuna per l'inquietudine del male e come che il tutto era creso dalle munache mentre ella stava così racchiusa secretamente diede alla luce un figliolo molto bello e vago il quale fu raccolto al meglio che si poteva dalla fornara la quale subito con destrezza lo avvolse in un panno e copertolo con la propria veste fu portato via dal convento in luogo già appostato ove doveva andare il Vescovo a farlo prendere per poscia farlo allattare come suo figliolo e perché ciò fusse accelerato la monaca scrisse un biglietto al Vescovo dandogli la nova della sua salute, la nascita del bambino et il ricordo di fargli dar ricapito accennandogli il luogo. Il Vescovo sentendo tutto ciò ringratiando Dio che la munaca era uscita da' travagli senza alcun pericolo e di essere scoperta e di altro che egli haveva in pensiero che potesse portar disturbo et inquietudine alle munache: non interpose alcun indugio il Vescovo sapendogli duro che il corpo del delitto fosse ancora evidentemente quella città, e perciò mandò a prendere il putto da un suo servitore più assai fedele di quello che si può supporre il quale postosi a cavallo e regolata la donna, se ne passò via fuori della città quel bambino e fattolo battezzare in una chiesa detta Santa Margherita, fu dato ad educare il putto ad una certa ostessa in buona recognitione e promessa, stante che il putto era di buona nascita; furono levati tutti gli condegni che si sogliono usare con le partorienti e sbrigata la stanza fu dato libero transito alle monache le quali vennero a visitare la Madre Abbadessa e congratularsi seco della recuperata salute e dello stato in che si ritrovava fuori di pericolo per esser queste voci state seminate dal medico. Doppo di questo finse il Vescovo di andare anche esso a visitare la signora Madre Abbadessa et essendosi portato assieme col medico in quella stanza dove era ella in letto gli annunciò felice giorno, havendo la Madre Abbadessa fatto il suo complimento assai lagrimevole e forse anche il Vescovo, ambi pentiti dell'errore e così con parole ripiene di sommissione quasi fossero quelle di mestitia si partì il Vescovo et lassò la sconsolata Abbadessa. Ritornò l'istesso servitore del Vescovo la sera al suo Padrone al quale riferse che già il fanciullo era benissimo custodito e che si era trovata la buona occasione in educarlo. Pareva però che tutto l'esposto sin qui non havesse a dilungarsi senza qualche sospetto, perché essendo alla notizia del medico, del servitore, e della femina, li quali benché mostrassero di celare il fatto nulla di meno poi secondo l'occasioni, o in segreto o palese se ne da qualche picciola relatione, bastava che il negozio restasse in bocca d'una tal femina acciocché tanto più fosse scoperto, perché è proprietà delle donne di palesare il segreto più profondo al marito, e li fatti della propria casa, come se n'hanno degl'esempi. In questi puri e precisi termini si ritrova il negozio con somma quietitudine, et si viveva già sicuri sì dal Vescovo che dalla munaca, la quale essendosi levata dal letto sgravata dal parto andò subito a trovare quelle che gli havevano assistito e le fece giurare sul Messale della chiesa di non palesare ad alcuna il suo errore, né tampoco di motivare con le monache, discorrere di quella supposta sua malattia, sino alle monache poteva la Madre Abbadessa restarne sicura per essere racchiuse e partecipe del commesso stupro, come quelle che havevano aiutato a nascondere un sacrileggio così infame e cooperato, che non fosse a notizia, alla circa dell'altri, che vivevano fuori dal monastero n'aveva lasciato la cura al Vescovo acciocché si adoprasse a mantenere le cose già fatte in segreto.

Ma sicome il nemico dell'humana generatione che conduce l'anime a peccare per la via più facile quando poi n'ha riportato l'intento con a di farne nascere lo scoprimento acciò per maggiormente vedere inquietate quell'anime or così occorse in questo fatto, procurò il Demonio che si scoprisse l'eccesso per via d'una femina, la quale fu la descritta di sopra moglie d'un lavoratore di vigna che teneva anche il forno in quella Città e che viveva in grandissima gelosia della moglie e con miserie nella sua casa il quale Marito ritrovò accidentalmente in un pezzo di fazzoletto quelle monete d'oro che erano state regalate alla donna dal medico. Pensò subito a quello che poteva essere, che essa non fosse andata a far male alcuna notte, che haveva dormito fuori di casa e che diceva essa essere stata al Monastero onde volendo conoscere il convenuto e chi gli havesse date dette monete fu dalla donna raccontato il fatto a costo di molte percosse, e doppo haverlo publicato al marito, l'andò anche a publicare ad una sua vicina, moglie d'un oste, che lo ridisse al marito onde così si sparse questa facienna per la città, che la Madre Abbadessa già essendo stata accusata di questa infamia contro di lei, mandò a chiamare una certa donna, che serviva il monastero di alcuni erbaggi e frutta, e gli disse, che gli raccontasse un poco quella favola che s'era resa pubblica per la terra e che non havesse alcuna temenza. La donna gli disse fuori de denti che si diceva pubblicamente, che ella haveva partorito un fanciullo nel Monastero e che tutta la terra stava molto meravigliata di questa novità, e domandogli la Orsina che chi fosse incolpato di quel fatto, disse non saperlo, solo che era stato raccolto un bambino. Non indugiò la munaca alla relatione della donna di mandare subito dal Vescovo il seguente biglietto scritto di suo proprio pugno, et fu gli presentato in sue mani del seguente tenore.

«Ritrovandomi io fra le angustie del male anche con gli travagli del mal nome acquistato per Vostra cagione e mia, e perché vedo non essere riparo all'imminente castigo che corre in fretta per punire il nostro eccesso ho volsuto scrivere à voi, acciò vi adoperiate di ammunire quelle lingue che vanno publicando lo scandalo del Munastero e la mia vergogna, la quale è ormai a tutti palese. Resto la più infelice e sventurata fra tutte l'altre donne del mondo, anzi preparata a soffrire il castigo della mia colpa, che Dio non vuole resti occulto, acciò per l'eccesso mio si venga a dare esempio agl'altri che potessero poi in alcun altro tempo haver un tale pensamento di offendere Dio così mortalmente e perché non vedo a questo gran torrente, che corre per sommergermi, vi prego quanto più, che voi mi consigliate a quello che più sarebbe di rimedio per medicare il nostro male e la nostra vergogna. Io questo tutto ho preveduto molto prima, e però mi ero lassata intendere di voler nelle primitie più tosto morire di veleno che di soffrire simile vergogna, che restarà per sempre viva nella nostra casa, ricorro per ultimo al vostro consiglio, acciò voi non indugiate quanto prima di venire».

Questa lettera fu portata dal servitore del Vescovo coll'occasione che egli andava inanzi e dietro alla grata e sentendo il Vescovo quelli caratteri e facendogli nell'istesso tempo grandissimo senso ordinò al suo servitore che in tale caso che questa notizia giungesse al cardinale, stasse saldo nella negativa, perché egli ritrovarebbe qualche rimedio ad occultare l'infamia. Quello poi che tanto più grave sospetto al volgo era che essendo il Vescovo ogni giorno a frequentare il Munastero in questi tempi doppo successo il parto della monaca se ne era affatto allontanato e solo vi andò in due mesi che 3 volte, or sopraggiuntogli la lettera, rispose a quella della Abbadessa in così fatti sensi.

«Carissima et amatissima Signora, Con lagrime sul volto io ho scritto questo foglio assicurandovi che non vi è rimedio alcuno per occultare il negotio, né tampoco di raffrenare le lingue impertinenti del volgo che vanno publicando più che mai questo che voi sapete, havendo io procurato di sgridare un certo tale, ma vedo di haver più tosto fatto peggio di quello, che credevo smorzare il foco acceso di questa favola, e perché non è bene che io mi fermi più qui per li pericoli che vi sono evidenti e per altri miei pregiuditii ho destinato partire domani al mezzo giorno et andarmene in luogo da questo luogo lontano, onde se vi pare di potere resistere alle minaccie della giustitia che in breve verrà ad esaminarvi sarà vostra cura di negare tutto ciò, ch'è passato fra di noi et imputare in vece di me Giovanni Battista o Pietro Paolo servitori del monastero, perché sarebbe più grave l'eccesso e più rigorosa la pena, se voi accusaste me per delinquente, ma accusando questi, che sono morti, non potrà la giustitia haverne la confessione necessaria per questo fatto, onde in questo modo potrete sottrar voi e me dalla pena del meritato castigo. Pensate al vostro honore, et al carattere, non vi lassate lusingare alle false suggestioni de Demoni, perché non confessando voi il delitto, vi renderete sempre alla vista del mondo innocente e la verità diverrà una favola, come quella del duca di Mantova con donna Elisabetta monaca parimente professa. Stabiate quanto in considerazione che il mio carattere non mi permetterà mai di acconsentire a quello che voi mi dite; e che io più tosto soffrirò la morte volentieri che di confessare per poi più vergognosamente questa infamia. Il penare è da huomo et il perseverare è da Bruto; io ho tal emenda nel mio core, quale voi dite parimente havere nel vostro, onde con la confessione ne seguirebbe lo scandalo che si potesse questo verificare mediante la condannatione d'un processo, che approva il delitto. Mi rimetto nelle vostre braccia, pregando Dio che vi assista, e che ci perdoni li nostri errori, e se non ci rivederemo in questo mundo, sarà il nostro rivederci mediante il sagramento della confessione et il mio pentimento in Paradiso». Doppo letta questa lettera la Abbadessa la abrugiò acciò non gli fosse trovata, dalla perquisitione vicina che a momenti si aspettava mediante l'ordine del signor cardinale Farnese, havendo ella stabilito di porsi ad una forte negativa e sostenere qualsivoglia tormento, anche la stessa morte bisognando, piuttosto che confessare il misfatto et acciò che tutto restasse prevenuto e di concerto, ordinò al servitore che queste ambasciate portava che stesse avvertito di non confessare cosa alcuna di tutto l'accaduto, ne del figliolo ne di quanto era stato fatto nel monastero.

Seguitavano in tanto le relationi di detto successo in detta terra, e con derisione, e con scandalo grave di quel monastero, e molti dicevano per cosa sicura, che altri non sarebbero stati, che il Vescovo perché si vedeva tutto il giorno alla grata colla Monaca, e questo si discorreva anche la sera nelle conversationi e nelli ridotti che non furono pochi. Furono anche imputati rei di tal sacrileggio il confessore et il cappellano delle monache e quello che faceva il servitio attuale del Munastero, onde si diceva per deridere la faccenda che la Madre Abbadessa havesse fatto il peccato con il padre don Giuseppe che era un bell'huomo e una persona veneranda, e motteggiando anche gl'altri, risaputosi dal Padre che era tacciato innocente, questo scrisse al cardinale Farnese una lettera di poche parole nella quale in sostanza diceva che egli non voleva essere la favola del volgo e che però voleva ritornarsene a Roma perché gl'era gran vergogna l'essere da tutti creduto per il violatore della Madre Abbadessa, e che essendo passato per le strade della città di Castro, haveva inteso con le orecchie sue proprie questo malo nome. Supplicava pertanto sua eminenza a volerli dar licenza di ritornarsene al suo convento e dare il luogo suo ad un altro religioso che egli si dichiarava di restituirsi a render conto della supposta infamia ad ogni requisitione verbale della giustitia. Il signor cardinale dalla lettera di questo Padre, havuto per huomo di molta coscienza et egual santità, diede fede a quello che non haveva mai voluto prestar fede alla relatione d'altri e per farne una presta perquisitione per levar via questa imputatione, ordinò punto che fossero carcerati li relatori del preteso successo, e furono esaminati assai secretamente come costa da un Processo fatto li 24 di giugno di detto anno. Da questi si hebbe una certa relatione che servì al fisco di adunare tutti gl'Individui, e fu posto carcerato il Sacerdote confessore, il servitore e sequestrato il frate suddetto. Il Podestà di Castro andò a far perquirate alla munaca, e fu arrestato il Vescovo e sequestrate le guardie acciò non potesse uscire dal suo Palazzo, dispensato con Dio dalla Messa; e li servitori del Vescovo si fugarono per una chiavica, restando solo il cameriere. Ritrovandosi il Vescovo sequestrato in detta sua Casa, scrisse alli suoi parenti che non l'abbandonassero in questo tempo della sua causa, che era una falsa imputatione e perché li fratelli erano gente di nascita cospicua, o di seguito, con aderenze, et amicitie qui in Roma, scrissero molte lettere e tra l'altre cose si fecero intendere a Palazzo, che non si conveniva questo smacco vituperoso ad un Vescovo et ad un nobile milanese et che il Visconti ne restasse molto ben ammirato della risolutione del signor cardinale presa con tanto ardore contro un innocente; e che si ricordasse il cardinale Farnese che havrebbe da sodisfare poi la casa Visconti e render conto di quell'attione.

Tutte queste cose passavano, onde il papa a queste invettive e manifeste in forma di lettere, vi applicò anch'egli la mente che si facesse un'esatta giustitia per vedere se il Vescovo era innocente o reo e che non si tralasse per qualsivoglia accidente lo studiare questa causa, essendo stati mandati in partibus molti accusati; et non vedendo li parenti del Vescovo alcun miglioramento a questa pretesa infamia (come appunto sagro legamento pretendeva che fosse il Vescovo) andarono per le poste a Roma, e non potendo haver conferenza con il Vescovo, andarono al palazzo del Cardinale Farnese a farne molti chaprici, e querelandosi che ciò non si dovesse alla qualità del Vescovo né alla nobiltà della sua Casa, infamarla d'una cosa supposta dal volgo, che non vi era verità alcuna. Il Vescovo da questi disgusti e presenti e futuri si pose al letto con una febre violenta, che quasi lo ridusse ad estremo di sua vita; or qui si è che io non voglio riferire le maledicenze di Ottaviano Cittadini fratello del Vescovo fatte contro la casa Farnese, segno che fu disfidato colla spada il secondogenito del duca di Parma, e trattato assai malamente il cardinale al quale furono rivangate tutte le infauste istorie della Guerra di Paolo, con le supposte parzialità del papa verso la Francia, contro l'imperatore Carlo V, sopra il governo di Roma e sopra altre cose toccanti le fabriche che esso haveva inalzate in Roma, con altre vendete.

Credettero li fratelli del Vescovo di smorzare in parte e rendere estinto quel foco disceso, e liberare il Vescovo dall'angustie della Carcere privata ma fu tutto l'opposto perché il Cardinale, che scoperse essere tutte le pasquinate, maldicenze, e lettere false provenienti dalla Casa Cittadini si infervorò tanto maggiormente contro di essi e particolarmente volle che il Vescovo fosse esaminato e se mai causa alcuna fu fatta con premura in questa città, questa ne fu una, la quale non si tralassò, anzi, che si viddero menar carcerati anche in Roma, molte persone et piene erano già le carceri della città di Castro dove questi erano trasportati. Era non solo tutta Roma anziosa di questo fatto, ma anche altre città dell'Italia che stavano con grandissima anzietà osservando l'accusa e l'esito che haverebbe l'incominciato processo. Intanto che il Vescovo stava carcerato in Ronciglione, il Podestà fece esaminarlo dal Fisco, benche egli fosse così in letto e n'hebbe la negativa di quanto li pretendeva dalla Giustitia. Doppo andò il fisco con il medesimo ordine e v'era da esaminare la Madre Abbadessa, la quale parimente negò la sua colpa, onde gli furono portati in faccia molti testimonij de auditu, li quali benché non facessero per il fisco che a concluse degl'indizj nulladimeno fecero tal gioramento per la giustitia che la Monaca disse di voler confessare il tutto al Confessore, ma non fu di bisogno, disse il Podestà che per questo suo primo esame di poterne havere la verità del fatto, onde con maggiore violenza astrinsero la Monaca a palesare il tutto, che era già reso publico; ella disse finalmente che era voler di Dio, che non restasse nascosto questo suo fatto, e grave peccato, onde disse che ella haveva havuto commercio carnale con un tale Giovanni Battista il quale di paura era passato all'altra vita per haver inteso la divulgatione di questo fatto in bocca alla gente. Poscia che vi fosse qualche verisimilitudine di questa sua confessione, onde il Podestà scrisse al cardinal Farnese che la monaca haveva confessato il delitto, ma che il Vescovo si rendeva innocente per non esser stato egli quello che si supponeva reo, ma un tale Giovanni Battista servitore del luogo, il quale era morto.

Il rev. cardinale dall'altra parte, era stimolato dal suddetto frate che parimente haveva havuto l'imputatione, il quale frate persistendo che fosse stato il Vescovo forse che dagl'andimenti di quella sua frequenza nel suddetto Monastero haveva ricavato gl'inditii certi. Su questa opinione sempre ferma nel cardinale Farnese che potesse essere il Vescovo stato il malfattore andò dal papa a dirgli che le voci erano la maggior parte contro il Vescovo non ostante che la munaca havesse variata et imputato altro innocente, e che dalla solita sua frequenza lì dentro il monastero, che alla grata come dalli regali, danari, servitii, et altro si rendeva magis atque magis colpevole. Sua Santità come Prencipe e altro, che ha lo spirito santo per suo direttore e regolatore delle cose humane, ordinò subito che con somma diligenza non solo l'esaminasse di novo la monaca ma bisognando se gli dassero i tormenti, li facesse piegare il Vescovo a questa esame, con le solite regolari forme consuete, solite praticarsi con i vescovi in occasioni di gravi delitti onde diede di ciò l'incombenza al fiscale e fece incaricare il Riari[o] e ordinò a detto ministro auditore della Camera, che venisse per via più spedita alla terminatione del processo. Fu per anco novamente spedito un altro commissario apostolico e fu carcerata la Balia, et il servitore del Vescovo. La donna non negò il raccolto parto, ma di più disse che l'haveva consegnato ad un servitore del Vescovo e questo era un contrasegno evidentissimo del di lui misfatto, perché se altrimenti fosse stato innocente, non havrebbe negato quello che si pretendeva dal fisco, o almeno havrebbe confessato l'havere prestato aiuto alla Madre Abbadessa di mandare quel figliolo a Balia come dicevano li testimoni. Tutto questo era sin qui accaduto quando il commissario tornò al monastero per esaminare nuovamente la monaca, quale doppo confessò di essere stata aiutata dalle 2 monache e si mentenne nella negativa, che fosse il Vescovo di quell'eccesso.

Il fisco andò ad esaminare una tal suor Bernarda la quale fece la seguente relatione: che essa era stata richiesta dalla Madre Abbadessa acciò gli prestasse aiuto nel parto, e non palesasse a nessuno quello gli haveva dato in segreto. Rispose il fisco che voleva saperne le circostanze e di chi fosse stato il reo, che solito a pratticare con la Abbadessa, et il simile fu detto dal fisco all'altra monaca. Le quali negarono il reo per non haverne cognitione, solo attestarono le operationi di parto, e del bambino dato a Cesare cameriere del Vescovo.

Fu questo come capo principale dell'haver tenuto mano al Vescovo posto alla corda, la quale gli fu replicata acciò confessasse, ma egli che promesso havendo fedeltà al suo padrone non volle mai accusare il Vescovo di quell'eccesso, onde sostenne li tormenti della corda e poco conto fece delle minaccie della giustitia. Furono doppo novamente esaminate le monache suddette che havevano dato aiuto alla Abbadessa e ratificarono il medesimo di sopra cioè solo di haver assistito al parto e dato aiuto e prestato il servitio per quella sua gravidanza; furono le Monache anche esaminate sopra la prattica del Vescovo che haveva nel detto monastero e per ciò che confessarono che era molto frequente e quando non poteva parlargli nel concento, gli parlava alla grata, oltre di che si scoprirono tutti i regali fatti dal Vescovo alla Madre Abbadessa, con tutte le altre cose che erano a favore del fisco. Si che gl'indicii adunati in questo fatto concludevano tutti contro il Vescovo che non poteva negare il commesso stupro ne tampoco sottrarsi dalla colpa, che era in lui.

Per abbundare in cautela fu mandato anche ad esaminare l'oste di Montefiascone, dove per saperne la verità e scoprimento del fatto gli fu promesso dal cardinale Farnese 500 scudi, se egli potendo per verità potesse conculcare sotto l'esame del servitore quella Vescovo, la quale era difficilissima per la non confessione del servitore che doveva approvare tutto il riferito di sopra, e confessato dalle parti non potendosi haver altra confessione dal Vescovo, si ritornò a quella della Madre Abbadessa, la quale disse di voler dire la verità di tutto l'accaduto per sottrarsi da quelle molestie e per non veder tutto il giorno il giudice, notaro et altri ministri di giustitia, onde disse che era ella risoluta a confessare con queste parole «Io confessarò così come per la verità sono obbligata» et confessò.

Confessione di Suor Elena al podestà e deputato apostolico

«Conosco molto bene quanto io sia colpevole del commesso delitto già fatto palese agl'huomini del mundo, il che sarebbe poco (non ostante il mio honore) se non fosse per quello della offesa fatta al mio redentore, al quale io havevo promesso la castità con l'attestazione di essermi vestita con quest'habiti. Io confesso per tanto, che la prattica havuta con il Vescovo munsignor Cittadini è stata la cagione di questo mio errore per havergli posto, più di quello, che si suole il mio affetto, e perché essendomi di più inoltrata in quell'amore, nel quale sono cadute molte altre di maggiore sfera della mia, così il desiderio mi spinse, persuasa dalle sue parole di dargli l'ingresso nel Munastero una notte di Carnevale, et la seconda volta che io lo ricettai nel medesimo con mio grande rossore, e vergogna anzi per castigo di Dio doppo alcuni mesi ne diedi il frutto di questa vergogna con un figliolo, che io scrissi a lui che fusse da qualcheduna custodito; come sa il medico, la curatrice, il servitore, e le suddette due monache, che mi hanno assistito».

Fu interrogata per qual ragione havesse incolpato Giovanni Battista suddetto, rispose che ciò che haveva fatto per discolpare il Vescovo acciò potesse sottrarsi dalla pena, e far allevare il figliolo. Fu doppo la suddetta monaca Abbadessa racchiusa in una stanza e la giustitia ritornò nuovamente a fare altre diligenze non solo con le dette due Monache, ma anche contro il Vescovo, dando tormenti al servitore, che non voleva confessare, essendosi posto su la negativa, per ultimo disse = che il Vescovo era innocente e che non sapeva cosa di quel fatto della Madre Abbadessa, anzi da ella gli haveva mandato a dire, che gli dicevano alcune falsità per la Terra contro l'honor suo et che il Vescovo se ne fosse adirato con dire, che egli era innocente. Gli furono dati interrogatorii a segno tale, che la Munaca fu costretta a dirgli che era un briccone e un temerario, mentre negava tutto l'opposto per quello che era successo e che Dio lo castigarebbe mentre per la sua ostinatione erano tante povere Genti Carcerate, e che dovesse confessare; rispose il servitore del Vescovo, che lei faceva errore, che il figliolo l'haveva ricevuto da una donna per suo consenso, e non per quello del Vescovo e perché persisté in quel detto fu d'huopo di rimandare la munaca in quella stessa prigione et esaminare l'altri i quali tutti facevano per il fisco, e solo restava il Vescovo inconfesso et il servitore, che ostinato sino all'ultimo disse che il Vescovo era innocente.

Finite le suddette esami, furono portate al pontefice il quale si posse a studiarle e trovò che la confessione della Monaca era veramente reale, che haveva confessato il fatto liberamente. Contuttociò il papa nun ne fece diligenza più che tanto perché il Vescovo fosse confesso di questo delitto, non vi andando la reputatione di questa santa sede nella persona di questo Vescovo, credendosi effettivamente, che monsignore fosse innocente e che le altre cose di sopra dette fossero parti di invidia e di calunnia; Ma quando Gregorio vidde che le cose s'accostavano al confronto di quell'esame, altro non disse per levare tutte le chiacchiere, e le canzone, che sarebbe stato meglio il far condurre in Roma il Vescovo, la monaca, e l'servitore per meglio esaminarli nascostamente, e che il papa volesse veramente soffogare questa causa si conosce dall'istesso esito, e dal processo imperfetto, dalla rinovatione delli giudizi, clausure, e per muta dei testimonij e dal rigoroso editto fatto pubblicare in Castro sotto pena di scommunica a chi ardisse più trattare, discorrere o parlare tanto in pubblico, che in secreto; massime che si trattava di una donna di sì alto rango, come di un Vescovo nobile, e potente per essere egli cugino del Visconti, signore di Milano.

Fu per tanto secondo il volere del Papa dato ordine all'auditore della Camera che si trasportassero in Roma i rei, e che facessero l'entrata in una carrozza coperta acciò non fossero veduti, e di notte opure come fu eseguito, essendo il Vescovo stato menato carcerato in Tordinona e le munache in Santa Marta, e perché li giudici primi non potessero far grand'ostacolo al Vescovo furono deputati giudici novi, et eletti dal papa, forsi che per non usar alcun rigore, e solo apparentemente far quell'ultimo atto di giustitia, per non parere che il papa volesse acconsentire, che si fermasse il Processo, e non si proseguisse la causa. Ma già il cardinale Farnese si era accorto, che il trasporto del Vescovo in questa città, era a solo fine di abbreviare il processo, e suffragare la sentenza, la quale era si contro il Vescovo che contro la munaca; e tanto maggiormente si confermò in questo proposito quando vide uscire dall'arringa li giudici, che erano stati deputati dal detto cardinal Farnese onde, che la causa delli suddetti restava in suo arbitrio, e potere, e che non voleva egli sentirne più trattare. Il papa finse di non intendere la forza delle parole con cui erano state dette dal cardinale, e fu gran prudenza del papa, il quale ordinò all'auditor della Camera suo partiale, che esaminasse i rei.

La prima esame fu quella del detto servitore del Vescovo; al quale fu detto dal prelato che dicesse ciò che sapeva; rispose che egli haveva confessato tutto ciò che apparteneva alla sua coscienza e che non sapeva altro che dire se non che il Vescovo non era stato quello che gli haveva dato l'ordine di trasportare il bambino a Montefiascone, ma sì bene la detta munaca.

Gli fu di novo detto dal commissario che serà per testimone, che egli haveva veduto più volte il Vescovo nel Munastero rispose che era la verità perché haveva da dare ordini per la fabrica e per il suddetto Munastero come a tal effetto era stato deputato dal cardinale non che il Vescovo era huomo da bene e non haveva mai avuti processi né in Castro, ne in Roma, ne in Milano e che si potevano a suo favore esibirne molte prove della sua Innocenza.

Fu doppo questi esaminato il Vescovo in carcere, al quale per farlo confessare più agevolmente gli disse il Giudice che il suo servitore haveva confessato, e che non restava se non egli nell'ostinatione di tal negativa, la quale ermai tempo di purgarla con li tormenti. Rispose il Vescovo che era pronto a morire, anzi a spargere il proprio sangue se veramente così fosse stimato reo di morte e che quelli l'havevano incolpato di quel fatto erano obligati di restituirgli la fama, e che era innocente, e persistendo fino all'ultimo doppo vari interrogatorij disse risoluto il Vescovo che si menassero avanti di lui i testimonii, che egli saprebbe bene reprimerli di mendacio.

La prima esame sopra detto Vescovo fu del seguente tenore.

Gli domandò il giudice deputato da sua beatitudine se per qual causa egli così frequentemente andava al Munastero, doppo anche le hore descritte in processo rispose costantemente che egli non era andato mai di notte al Monastero, ma sempre in hora che era stato veduto da tutti e dalle istesse munache e che se egli l'haveva frequentato più del solito li mesi di Aprile, Maggio, Giugno e Luglio era stato solamente per consolare la Madre Abbadessa della morte del signor Orso Orsini di lei fratello che era stato ucciso da certi con colpi di pistole nel petto, e che non gli pareva così illecita fare un officio così convenevole et honorato da Vescovo, di levare alla Madre Abbadessa quelle mestitie; per le quali era stata tanto male, e che la sua malatia la credeva dacciò derivata, e non già dall'infamia del parto, e benche egli n'haveva inteso discorrere sinistramente non haveva indi creso alle lingue della gente, che erano solite tacciare la reputatione di tutti, come si è visto dalli noti homicidii in Castro.

Fu esaminato sopra il trasporto del fanciullo, rispose non saperne cosa alcuna; replicò il giudice deputato anco s'egli negasse ciò se era stato confessato dal suo servitore, rispose il Vescovo; che le confessioni degl'innocenti si risolvino con le pene corporali per le quali si induce il paziente a farlo confessare; scavandosegli da bocca ciò che effettivamente non è; e che se egli haveva confessato e macchiato la sua coscienza era obbligato a restituirgliela come Innocente, perché non havrebbe dato tal ordini, anzi che non havrebbe permesso che un suo servitore si fosse intrigato in questa infamia così indecente, per non esser cosa appartenente ad un Vescovo, la di cui cura era sopra il governo di quelle anime.

Esaminati questi diligentemente; e non potendosi havere dalla sua bocca alcuna prova sopra detto fatto (su la quale la Madre Abbadessa haveva confessato) fu per ultimo termine andare ad esaminare suor Elena Orsina alla quale furono posti li ciufoli alle dita, e li ferri alli piedi e doppo così ne tormenti fu gli che egli confessasse, onde essa approvò tutto quello era stato di sopra detto dalle munache e dal servo medesimo cioè l'haver detto il fante allo detto servitore del Vescovo acciò come suo figliolo lo facesse allevare, e che il Vescovo gli havesse anche di più detto, che non l'incolpasse, perché era Vescovo e che si mantenesse sulla negativa, e che di più gli haveva fatto un biglietto di sopra accennato nel quale dicevan che non vi era più riparo, che la gente di Castro havevano scoperto tutto il fatto per via di quella fornara che l'haveva palesato al marito, con tutto ciò ella non temesse, che non per questo sarebbe stato gran male.

E per maggiore corroboratione della detta esame disse, che in tempo del suo male, e doppo il parto l'haveva visitata più volte ancora in letto alla presenza delle suddette due munache, e che per segno di verità le chiamava in testimonio: questa esame della Madre Abbadessa fu rincontrata con quella delle monache cioè della frequenza del monastero, della vista nel tempo della sua malatia, e doppo il parto onde contestava il tutto e di più si aggiungeva lo straporto confessato dalla donna di haverlo consegnato al servitore del Vescovo. Altro non rimaneva in questa faccenda di convincere li suddetti; Ma perché le Donne nella depositione de fatti gravi sono escluse (benché la giustitia ne faccia caso) non però tanto, che si potesse farne quel conto di che si fa nell'huomo; onde mancando le prove di questi non si poteva venire alla sentenza finale di questa causa e condannare li Rei alla pena del supplicio; Si che fu di novo il giudice per ultimo ripetere l'esami, e furono ritrovate le medesime senza alcuna variatione.

Doppo il papa per mostrare in questo fatto la giustitia fece prendere carcerati li assistenti del monastero e fino il confessore delle munache fu ridotto sotto l'esame et un certo prete Andrea d'Ancona, et un altro frate e sacerdote di Roma li quali concludettero contro il Vescovo, e precisamente anche il Servitore, che portava l'ambasciate alla suddetta Madre Abbadessa, e gli fu detto dal deputato che dicesse tutto ciò egli haveva visto e questi come confessore e homo di età avanzata, disse, che haveva visto il Vescovo più volte parlare con la Madre Abbadessa, ma però sempre di giorno, e mai di notte, e così attestavano gli altri, e da questa depositione discordante con quella della Madre Abbadessa che diceva essere stata violata di notte reccava qualche varietà, e il confessore, che era persona accorta depose, che il Vescovo mandava continuamente regali, da questo s'accresceva il sospetto, ma non poterono già machiare la reputatione del Vescovo, col dire che essi li havessero colto in fatto, o che potesse attestare di haverlo veduto entrare in hora incongrua, perché ciò nessuno poté deponere; e perciò restava tutta la condanna è terminatione del processo su la confessione del detto servitore.

A queste prove però di frequenza nel Munastero vi erano ragioni assai convincenti, che facevano a favore del Vescovo, perché egli stato deputato dal Cardinale ad interessarsi alli negotii del convento, che erano da lui maneggiati con particular cura senza che altri vi si ingerissero, si che la frequenza del monastero doveva necessariamente essere nel Vescovo per fare suo officio imposto dal cardinale e non haveva il supposto rigore della giustitia perché altro non si provava che dalli suddetti testimonii.

Finalmente fu dal Vescovo provato assai esemplarmente e da suoi partiali furono fatte molte fedi de vita, et moribus, le quali affiacchirono oltre modo il colpo alla giustitia di poterlo sententiare a morte; secondariamente li suddetti testimonii, cioè confessore sacerdote, frati e preti havevano qualche livore col Vescovo per che questi haveva superiorità in loro, onde quando se gli presentarono davanti per farne il confronto, e la contestatione, rispose il Vescovo al deputato apostolico che non si dovevano ammettere testimonii, che erano suoi nemici ma huomini neutrali, e questo si provava dal Vescovo per haver sgridato più volte il confessore a non dire la messa la mattina, ma verso il mezzogiorno, hora che le monache erano tutte puntuali, non quando erano in comunione sopra di che più volte vi erano state differenze e fra il Vescovo et il confessore, e lo seppe ben dire monsignor Cittadini quando allhora il Vescovo aveva superiorità che le cose del monastero erano mal regolate, e che voleva egli prenderne la cura, onde poco fu creso il confessore, e molto meno gl'altri sacerdoti che erano partiali suoi e che venivano dal Vescovo cumandati, anzi rendevano a lui obbedienza tutte queste difficoltà, e riscontri erano ottimi ripari e scudi tanto più per difendere il Vescovo.

Si doveva venire anche all'ultimo atto quando il Vescovo stava in segreta sotto questa esame, e per ciò fu dal fisco ordinato che fusse tolta la Abbadessa da Santa Marta e porta in faccia al Vescovo, acciò da questo ultimo atto e finale esame si potesse terminare il Processo onde di novo furono posti li ciufoli alla Madre Abbadessa e condotta in faccia al Vescovo, la quale disse che era il Vescovo detto monsignor Cittadini e come tale lo confessava gli domandò il giudice che confessasse la sua confessione e ratificasse in sua presentia tutto quello che appariva nel processo, essa senza alcun rispetto o velame di vergogna nell'istesso tempo, che il Vescovo negava, e diceva che non sapeva di haver commesso un tal misfatto, ella riprese il Vescovo dicendogli «Va' volete negare quello che è pur troppo vero e che io non ho saputo mai contradire alla giustitia nel dirgli che ho havuto commercio con voi carnalmente; sappiate, che noi siamo rei e Dio vuol castigarci e perciò volendo così Dio dobbiamo ancor noi volere quello che egli vuole, ne potremo sfuggire la pena che va doppo al peccato, Voi siete stato meco che havete dato a me». Rispose il Vescovo che tutti quelli rimproveri gli ereno dishonori ma che egli mai temerebbe per essere innocente e che non voleva acconsentire ad un Infamia che si maravigliantemente qui lei lo publicasse per tale così francamente, e che dovesse pensare bene al suo honore, e non machiarlo così vistosamente con un Vescovo, e perciò negava e di più dissapprovava anco l'esposto, anzi riceveva tutto per ingiuria de suoi nemici e di quelli che si erano esaminati contro di lui e che Dio havrebbe salvati l'Innocenti; e dato il castigo ai rei. Tutto ciò passò nella suddetta ultima esame, onde fu riportata la monaca a Santa Marta, nel suddetto monastero, e furono liberati da carcere molti huomini in che erano stati dalla Giustitia arrestati in queste per servirsene il fisco in tempo di bisogno nell'esame.

Doppo questo furono date le difese al Vescovo, e quelli che si esaminarono a suo favore furono

Pietro Castellana, il quale disse et attestò e fece la seguente fede:

«Faccio fede come monsignor Vescovo Cittadini quando egli habitava nel sua villa della Carniola, dove erano molte persone da bene, tutti dicevano che era egli honorato, e che viveva molto devotamente e che si faceva la strada per il cardinalato e che tutta la terra della Carniola l'haveva per tale e non haveva fatto dishonore ad alcuno e quando prese l'habito da Vescovo fu l'istesso detto di lui, che edificavasi nella santità del esame, che nelle sue altre Doti e qualità dell'animo e del tempo della sua minorità fino a questo punto l'habbiamo havuto per tale come le sue prove ce n'hanno dato un vero attestato, o delle sue altre qualità».

Secundus Testis.

Mattia de Bruttis sacerdote:

«Fo fede della qualità honorata di monsignor Vescovo si per haverlo conosciuto in Roma, come prima in Milano nel quale luogo è stato venerato, e particolarmente doppo che egli è Vescovo dove ha riputato grido e fama di un vero ecclesiastico e come tale io ho scritta e fatta la presente».

Tertius Testis.

«Io Geronimo Celsi milanese [...] fo fede come il signor rev. Francesco hora signor Cittadini è vissuto sempre con edificatione di tutte le persone e che era stato in Milano, et in molte terre assai publicato per un huomo di coscienza, casto, e inamorato di Dio, ed il medesimo grido si è inteso di lui doppo che ha l'habito in dosso da Vescovo, e come».

Dalle difese suddette e dalla testimonianza de suoi fautori si rese monsignor Cittadini salvo della pena della morte, onde doppo la suddetta ultima esame fattane relatione al papa, fu ordinato che egli andasse rilegato nella parocchia di San Girolamo in vicinanze di Como in una picciola terra detta Prado, dove non dovesse patire sotto pena dell'indignatione del papa, e la monaca sor Elena, fosse trasportata dal monastero di Santa Marta a quello di Piacenza e le suddette monache assistenti ritornassero in quello med.mo di Parma.

Il Vescovo fu liberato dal successore mediante il legato mandato in Milano a trattare la pace, onde gli fu data una chiesa o sia parochiale nel distretto di Milano sua patria.

La monaca essendosi posta in una malenconia, o forse la vergogna li rodesse le viscere, e consumasse il vivere, fu il primo anno del suo trasporto morta nel suddetto monastero, alcuni vogliono di veleno, altri di male naturale, et il processo restò per le suddette difficoltà interminato. Il servitore fu condannato in galera per dodici anni per essere stato convinto di quel trasporto dall'ostessa, dalle monache, e dalla Madre Abbadessa, e così fu il fine di questa causa, e non altrimenti come hanno palesato li nemici della casa Cittadini.

Ringraziamenti

Desidero ringraziare la Fondation Maison des Sciences de l'Homme di Parigi per il sostegno al progetto, i colleghi del Grihl (Groupe de Recherches Interdisciplinaires sur l'Histoire du Littéraire), del Centre de recherches historiques de l'EHESS e dell'Université de Paris 3, in particolare Sophie Houdard, Christian Jouhaud e Judith Lyon-Caen per la discussione feconda intorno alle questioni e ai temi sollevati in questo libro, Mariella Di Maio e Philippe Berthier per i consigli e l'incoraggiamento a proseguire nell'indagine. Ringrazio inoltre Michel Arrous, Michel Crouzet e la rivista «HB Revue internationale d'études stendhaliennes» per la fruttuosa occasione di confronto. Ringrazio per il loro contributo sugli aspetti archivistici e paleografici Angelo Biondi, Nicola Pastina, Renzo Iacobucci, Monica Azzolini, Maria Romana Caforio. Sono infine grata a tutti coloro che hanno contribuito alla stesura di questo libro per le loro preziose suggestioni e osservazioni, in particolare Gigliola Fragnito, Irene Fosi, Michele Di Sivo, Alba Mora, Flaminia Gennari Santori, Stefano Jossa, Mariolina Palazzolo.

Sigle e abbreviazioni

ADA   Archivio Diocesano, Acquapendente
ASDCA   Archivio Storico della Diocesi di Castro
AFCCR   Archivio Fondazione Camillo Caetani, Roma
ASC   Archivio Storico Capitolino, Roma
ASF   Archivio di Stato, Firenze
ASN   Archivio di Stato, Napoli
AF   Archivio Farnesiano
ASP   Archivio di Stato, Parma
CFE   Carteggio Farnesiano Estero
ASR   Archivio di Stato, Roma
ASV   Archivio Segreto Vaticano
BAM   Biblioteca Ambrosiana, Milano
BAR   Biblioteca Angelica, Roma
BAV   Biblioteca Apostolica Vaticana
BCR   Biblioteca Casanatense, Roma
BL   British Library, London
BNF   Bibliothèque Nationale de France, Paris
BNFi   Biblioteca Nazionale, Firenze

Caso occorso = BCR, Manoscritti 2367, ff. 403r-423v, *Caso occorso in Castro nel Monastero della Beatissima Vergine Città già del Duca di Parma, hora demolita tra Monsig. Francesco Cittadini Vescovo di quella Diocesi Nobile Milanese, e suor Elena Orsina nata di Gio: Francesco Conte di Petigliano, l'anno 1752 regnante Gregorio XIII.*

Caso occorso in Castro = BAR, Ms. 1587, *Relazioni tragiche, raccolte e messe insieme da Lorenzo Manfredi Romano l'anno 1752*, ff. 88r-98r, *Caso occorso in Castro, Città del duca di Parma, nel monastero della Visitazione della Beatissima Vergine, fra suor Elena Camporeale, abbadessa di detto monastero, e monsignore Francesco Cittadini, nobile milanese, vescovo di detto luogo).*

Discorso fatto sopra l'aggiustamento = ASV, Urb. Lat. 1704, ff. 281r-288v: *Discorso fatto sopra l'aggiustamento, e controversie tra la casa Cittadini, e Orsina. Doppo la terminazione del Processo).*

Espositione = BAV, Urb. Lat. 1704, ff. 289r-295r: *Espositione contro i Detrattori, nella Pubblicatione de Manifesti contro la Casa Farnese per l'occorso successo in Castro tra il Vescovo Mons.r Cittadini e a Madre Abbadessa.*

Intorno agli amori = BAV, Urb. Lat. 1679, ff. 295r-304v: *Intorno agli amori di Francesco Cittadini, vescovo di Castro, con la badessa Elena Orsini, nell'anno 1572.*

Processo = BL, Add. Ms. 22796: *Inquisitionis Processus contra Elenam Orsini Abbatissam de Castro, pro fornicatione cum Episcopo Castrensi.*

Relatione distinta = BAV, Urb. Lat. 1704, ff. 249r-280v: *Relatione distinta del Successo occorso in Castro Città del Duca di Parma già demolita nel Monastero della Visitatione della Bma Vergine l'anno MDLXXII Sopra gl'Amori di D. Elena Orsina figliola di Gio. Franc.o Conte di Pitigliano con Mons. Francesco Cittadino nobile Milanese Vescovo di Quella Diocesi, occorso nel pp.to i Gregorio XIII°.*

Relazione del caso = BCR, Ms. 4149, ff. 228r-245v: *Relazione del caso seguito in Castro nel Monastero della Visitazione della Beatissima Vergine tra Monsignor Francesco Cittadini nobile Milanese vescovo di detta Città, che ingravidò la Madre abbadessa di detto Monastero, che partorì un figlio maschio.*

Relazione del seguito = BCR, Ms. 2355, ff. 4r-20r: *Relazione del Seguito in Castro Città del Duca di Parma nel Monastero della Visitazione della Beatussima Vergine in tempo di Gregorio XIII° e Castigo dato da Sisto V° a Monsignor Francesco Cittadini Nobile Milanese Vescovo di Castro e Ronciglione.*

Successo occorso = BNF, Ms. 171, ff. 134-168: *Successo occorso in Castro città del duca di Parma nel monastero della Visitazione fra l'abbadessa del medemo e il vescovo di detta città.*

Nota al testo

Nella trascrizione dei documenti manoscritti riportati nel testo, per una miglior comprensione sono state sciolte le abbreviazioni più comunemente usate, si è semplificata o corretta l'accentazione, si sono omesse ripetizioni e pleonasmi, si sono adeguati gli apostrofi, le maiuscole e la punteggiatura all'uso moderno lasciando doppie, errori, distorsioni o imperfezioni solo quando non pregiudicano il senso della frase. Le letture dubbie o le integrazioni di lacune facilmente intuibili sono state poste tra parentesi quadre.

Note

Note

Prologo

[1] G. Libri, *Catalogue of the extraordinary collection of Splendid Manuscripts, chiefly upon vellum, in various languages of Europe and the East*, s.l., S. Leigh Sotheby & John Wilkinson, 1859, p. 113, n. 518.

[2] L'*Abbesse de Castro*, di cui non è conservato il manoscritto, fu pubblicata sulla «Revue des Deux Mondes» (1839, 1er février, pp. 273-328, 1er mars, pp. 628-653), con lo pseudonimo *omnibus* F. de Lagenevais e poi in un volume singolo, insieme a *Vittoria Accoramboni* e *Les Cenci*, a firma M. de Stendhal, auteur de Rouge et Noir, de La Chartreuse de Parme, etc. presso l'editore Durmont (Paris, 1839). Per una storia delle edizioni cfr. V. Del Litto, *Bibliographie*, in Stendhal, *Chroniques italiennes*, Genève, 1968, pp. LXXIX-LXXXVII, e più recentemente, con un'appendice di note e varianti, Id., *Œuvres romanesques complètes*, III, édition établie par Y. Ansel, P. Berthier, X. Bourdenet e S. Linkès, Paris, Gallimard, 2014, pp. 1200-1208.

[3] *The Libri Collection of Books and Manuscripts. Prices and purchasers' names to the Catalogue of the «Collection of Manuscripts», (eight days' sale) [...] sold by Messrs. Sotheby and Wilkinson*, 1859-1866, London, 1868, p. 6. Il manoscritto fu aggiudicato a Thomas Boone per £ 8. Sull'asta, cfr. più oltre.

[4] British Library (= BL), Add. Ms. 22796: *Inquisitionis Processus contra Elenam Orsini Abbatissam de Castro, pro fornicatione cum Episcopo Castrensi* (= *Processo*). Il manoscritto, estratto da un volume di consistenza più ampia, è di 253 fogli e presenta una doppia paginazione sul *recto*. Quella originale (probabilmente coeva al testo) va dal f. 181 al f. 434 (manca il f. 186) e risulta barrata a matita. Dal f. 182r si affianca una paginazione a matita fino al f. 183r (= 1-2) che poi riprende dal f. 187r fino al f. 416r (= 3-232) in coincidenza con la fine degli atti. I ff. 184r-185r e 417r-434r presentano la numerazione antica senza altre scritture. I segni e la paginazione a matita potrebbero risalire all'epoca della vendita del manoscritto a Londra (cfr. al f. 417r l'annotazione a matita «232 Folio's»). Sono presenti sottolineature, segni di vario tipo e macchie d'inchiostro. Alcune parole nel margine interno delle carte *verso* sono rese illeggibili a causa della rilegatura.

[5] Biblioteca Apostolica Vaticana (= BAV), Urb. Lat. 1679, ff. 295r-304v: *Sommario intorno agli amori di Francesco Cittadini, vescovo di Castro, con la badessa Elena Orsini, nell'anno 1572* (= *Intorno agli amori*), XVII-XVIII secolo, cfr. in particolare l'allusione al «processo originale esistente

nell'Archivio dell'Auditore della Camera donde è stata estratta la presente relazione» (f. 303v).

⁶ Stendhal, *L'Abbesse de Castro. La badessa di Castro*, trad. di F. Zanelli Quarantini, Torino, Einaudi, 1993, p. 199.

⁷ Bibliothèque Nationale de France (= BNF), Ms. Ital. 171, ff. 132-168: *Successo occorso in Castro città del duca di Parma nel monastero della Visitazione fra l'abbadessa del medemo e il vescovo di detta città*, pubblicata in Stendhal, *Chroniques italiennes*, II, V. Del Litto éd., Genève, Cercle du Bibliophile, 1968, pp. 218-228 e in Id., *Cronache italiane*, con un'introduzione di L. Binni, Milano, Garzanti, 2007, pp. 322-332.

⁸ N. Zemon Davis, *Storie d'archivio. Racconti di omicidio e domande di grazie nella Francia del Cinquecento*, Torino, Einaudi, 1987, p. 5.

⁹ E. Castelli Gattinara, *Vérité*, in C. Delacroix, F. Dosse, P. Garcia e N. Offenstadt (a cura di), *Historiographies*, II, *Concepts et débats*, Paris, 2010, pp. 927-940. Cfr. inoltre F. Benigno, *Dell'utilità e del danno di Hayden White per la storia*, in «Contemporanea», 11, 2008, 3, pp. 515-521; G. Calvi, *A proposito di Hayden White: master narratives e contro narrazioni*, in ivi, pp. 522-527. Sull'origine nel *milieu* giuridico del concetto di «fatto» passato poi in ambito storico e antiquario, si veda A. Giuliani, «Prova», in *Enciclopedia del diritto*, XXXVII, Milano, 1988, pp. 519-579; B. Shapiro, *The Concept of «Fact»: Legal Origins and Cultural Diffusion*, in «Albion», 26, 1994, pp. 227-252; Id., *A Culture of Fact. England, 1550-1720*, Ithaca, 2000; S. Cerutti e G. Pomata, *Premessa*, in Id. (a cura di), *Fatti: storie dell'evidenza empirica*, in «Quaderni Storici», XXXVI, 2001, 3, pp. 648-931: 647-664.

¹⁰ Sul silenzio come parte integrante di un procedimento basato sulla parola, come il processo inquisitorio, cfr. le acute osservazioni di M. Di Sivo, *Bellezza Orsini. La costruzione di una strega (1528)*, Roma, Roma nel Rinascimento, 2016, p. 15. Sull'infinità di domande che lo storico si pone cfr. C. Ginzburg, *Prove e possibilità. In margine al Ritorno di Martin Guerre di Nathalie Zemon Davis*, in N. Zemon Davis, *Il ritorno di Martin Guerre. Un caso di doppia identità nella Francia del Cinquecento*, Torino, Einaudi, 1982, p. 133.

Capitolo primo

¹ *Processo*, f. 148r, deposizione di don Cosimo Davanzati, Castro, 19 ottobre 1573.

² *Ibidem*, f. 45r e 16v, deposizioni di Ludovica Blasi, Castro, 17 settembre 1573, e Bricita Petri, Castro, 17 settembre 1573.

³ Il percorso è ricavato dalla pianta della città, conservata presso l'Archivio di Stato di Parma (= ASP), Mappe e disegni, vol. 53, f. 24, 1644, elaborata dall'ingegnere Carlo Soldati su richiesta dei Farnese per valutare le condizioni della città dopo il trattato del 31 marzo 1644 stipulato con Urbano VIII a conclusione della prima guerra di Castro (si veda *infra*, p. 17). Riprodotta da H. Giess, *Die Stadt Castro und die Pläne von Antonio da Sangallo dem Jüngeren*, in «Römisches Jahrbuch für Kunstgeschichte», 1978, 17, pp. 47-88, e messa poi a confronto da H.B. Gardner-Mc Taggart (*Eine Ortswüstung in Tuszien*,

Oxford, B.A.R., 1985, pp. 339 ss.) con il rilievo planimetrico dell'area e P. Aimo e R. Clementi (*Castro: struttura urbana e architetture dal medioevo alla sua distruzione*, in «Quaderni dell'istituto di storia dell'Architettura», 1988, 11, pp. 5-50: 9) con la planimetria dei rilievi architettonici, la carta del Soldati risulta precisa e attendibile.

[4] Così scriveva il vicario apostolico Camillo Gramineo al cardinale Barberini l'11 febbraio 1642 (BAV, Barb. lat. 8870, ff. 46-47: «La Monitione giù a piedi la Città luogo detto il Monasterio a me pare che stia troppo scoperta: e Dio ne guardi di tentativo per esser vicino alle rupi a tiro di moschetto, e così poter esser battuta, ne venissimo sequestrati», cit. parzialmente anche in Aimo e Clementi, *Castro: struttura urbana*, cit., p. 26, n. 72). La strada su cui si affacciava il monastero, detta «strada nuova», era stata progettata da Sangallo.

[5] Archivio di Stato di Napoli (= ASN), Archivio Farnesiano (= *AF*), 572, ff. 536-616, *Copia dell'informatione et discorsi dello stato di Castro. Raccolte da Francesco Giraldi gentilhuomo fiorentino et Computista di sua Altezza Serenissima l'Anno del Santissimo Giubileo 1600*, pubblicata, nella parte relativa alla città di Castro, in D. Angeli, *De depredatione Castrentium et suae patriae historia*, a cura di G. Baffioni e P. Mattiangeli, Frascati, Poligrafica Laziale, 1981, pp. 80-85: 83.

[6] Sull'omicidio del Giarda e sull'assedio di Castro cfr. R. Luzi, *L'inedito «Giornale» dell'assedio, presa e demolizione di Castro (1649)*, in «Barnabiti Studi», 1985, 2, pp. 7-55.

[7] *Ibidem*, p. 53.

[8] Per una sintesi sulla figura di Paolo III, con fonti e bibliografia aggiornate, si veda G. Fragnito, *Paolo III papa*, in *Dizionario biografico degli italiani*, 81, Roma, Istituto della Enciclopedia Italiana, 2014, pp. 98-107. Sulla storia del ducato e della sua capitale cfr. oltre ai classici F.M. Annibali, *Notizie storiche della casa Farnese della fu città di Castro del suo ducato e delle terre e luoghi che lo componevano, coll'aggiunta di due paesi Latera e Farnese*, Montefiascone, Stamperia del Seminario, 1817-1818; C. Lanzi, *Memorie storiche sulla regione castrense*, Roma, G. Menaglia, 1938, ristampata in copia anastatica a cura di R. Luzi (Grotte di Castro, Ceccarelli, 2003, ed E. Stendardi, *Memorie storiche della distrutta città di Castro (1929)*, Viterbo, Tip. F.lli Quatrini, 1959); si veda anche, per una più dettagliata rassegna storico-bibliografica, P. Fiore, *Castro Capitale Farnesiana (1537-1649): un programma di «instauratio» urbana*, in «Quaderni dell'Istituto di Storia dell'architettura», 1976, 76, pp. 75-88; *I Farnese. Dalla Tuscia romana alle corti d'Europa*, Palazzo Farnese di Caprarola, 25-26 marzo 1983, con la collaborazione del Centro di studi e ricerche sul territorio farnesiano, Viterbo, Agnesotti, 1985; R. Luzi, *Storia di Castro e della sua distruzione*, Grotte di Castro, Santuario del SS.mo Crocifisso, 1987; E. Polidori e M.G. Ramacci, *Fonti e documenti per la storia di Castro*, in «Storia della città. Rivista internazionale di storia urbana e territoriale», 1976, 1, pp. 69-99; Aimo e Clementi, *Castro: struttura urbana e architetture*, cit.; M.C.R. Mesiano, *La città di Castro. Identità, territorio e paesaggio*, Reggio Calabria, E.S.I.R., 2008.

[9] Sulla controversa questione dello *status* politico-giuridico del ducato di Castro cfr. tra gli altri, per una messa a punto storiografica, L. Scotoni, *I*

territori autonomi dello Stato ecclesiastico nel Cinquecento. Cartografia e aspetti amministrativi, economici e sociali, Galatina, Congedo Editore, 1982, pp. 65 ss., oltre a M. Caravale e M. Caracciolo, *Lo stato pontificio da Martino V a Pio IX*, Torino, Utet, 1994, pp. 374 ss.

[10] Scotoni, *I territori autonomi dello Stato ecclesiastico nel Cinquecento*, cit., p. 89.

[11] Così F. Diaz, *Il granducato di Toscana: i Medici*, Torino, Utet, 1976, pp. 377-378, cit. in C. Callard, *Le prince et la République. Histoire, pouvoir et société dans la Florence des Médicis au XVIIe siècle*, Paris, Pups, 2007, p. 92, n. 5.

[12] Sulla prima guerra di Castro, oltre a Ead., *Della Guerra in Toscana: Castro (1643-1644). Documenti, storie, immagini*, in E. Fasano Guarini e F. Angiolini (a cura di), *La Pratica della Storia in Toscana. Continuità e mutamenti tra la fine del '400 e la fine del '700*, Milano, Franco Angeli, 2009, pp. 121-144; cfr., anche sulla seconda guerra, la recente sintesi di R. Tuccini, *International issues in the Wars of Castro (1641-1649)*, in M.A. López Arandia e A. Gallia (a cura di), *Itinerarios de investigación histórica y geográfica*, Cáceres, Universidad de Extremadura, Servicio de Publicaciones, 2017, pp. 180-193.

[13] La rendita di Castro all'epoca era di 230 scudi, mentre quella del castello di Frascati era stata valutata 1.200 scudi (G. Gavelli, *La città di Castro e Antonio da Sangallo*, Ischia di Castro, Gruppo archeologico Armine, 1983, p. 35).

[14] Sull'episodio cfr. Angeli, *De depredatione Castrentium*, cit.

[15] Così alcuni anni dopo Annibal Caro la ricorda nella visita del 1532 in A. Caro, *Lettere ai familiari*, a cura di A. Greco, I, Firenze, Vallecchi, 1957, p. 281, lettera a Mons. Claudio Tolomei, 19 luglio 1543, cit. anche in G. Baffioni, *Annibal Caro e la città di Castro*, Roma, Alma Roma, 1967, p. 18.

[16] L. Alberti, *Descrittione di tutta Italia*, Bologna, Giaccarello, 1550, p. 58 che riprende F. Biondo, *Roma ristaurata, et Italia illustrata*, Venezia, Michele Tramezzino, 1543, f. 89v: «la Città di Castro così attorniata di cave, e da ripe, che chi vi va, pensa più tosto entrare in una grotta che in una città».

[17] Archivio Segreto Vaticano (= ASV), Urb. lat. 1704, ff. 281r-288v, *Discorso fatto sopra l'aggiustamento, e controversie trà la casa Cittadini, e Orsina. Doppo la terminatione del Processo* (= *Discorso fatto sopra l'aggiustamento*): 282v. Su questo documento cfr. *infra*, p. 123.

[18] Sul progetto del Sangallo, oltre agli studi citati *supra* alla n. 8, cfr. anche G. Giovannoni, *Antonio da Sangallo il giovane*, I, Roma, Tipografia regionale, 1959; C.L. Frommel (a cura di), *The architectural drawings of Antonio da Sangallo the Younger and his circle*, II, *Churches, villas, the Pantheon, tombs, and ancient inscriptions*, Cambridge, Mass., The MIT Press, 2000; C. Tabarrini, *Antonio da Sangallo il giovane. Disegni per Castro del Duca di Castro: compendio di disegni per la città capitale del Ducato di Castro*, Bolsena, Città di Bolsena, 2007.

[19] G. Vasari, *Le vite de' piu eccellenti pittori, scultori, et architettori*, 3-1, Firenze, Appresso i Giunti, 1568, p. 318, cit. anche in Angeli, *De depredatione Castrentium*, cit., p. 67.

[20] La definizione è di S.E. Anselmi, *In lilio decor. Committenze farnesiane in Tuscia tra XVI e XVII secolo*, Roma, Capisano Editore, 2008, p. 99.

[21] Fiore, *Castro Capitale Farnesiana (1537-1649)*, cit., pp. 127-132.

[22] Entrambe le lettere sono citate in I. Affò, *Vita di Pier Luigi Farnese, primo duca di Parma, Piacenza e Guastalla*, Milano, Giusti, 1821, p. 45, da P. Giovio, *Lettere volgari*, Venezia, Sessa, 1560, pp. 82 e 84.

[23] B. Zucchi, *Informazione e cronica della città di Castro, e di tutto lo stato suo, terra per terra e castello per castello, delle qualità dei luoghi, costumi, persone e ricchezze*, inviata al duca Odoardo il 10 novembre 1630, conservata presso la biblioteca dell'Archivio di Stato di Roma e pubblicata con annotazioni da Annibali, *Notizie storiche*, II, cit., pp. 3-168: 19.

[24] M. Ghezzi, *Breve discorso non men curioso, che bello sopra la salubrità dell'aria della città di Castro: contra l'estimation'volgare, dell'eccellente dottore Mariano Ghezzi di Sinalonga fisico in quella città: a cui s'aggiunge nel fine la vera, e real cronica della famosa, & antichissima città di Bulcia, ouero Volcia. Et del vescouado transferito, e ridotto doppò la ruina di essa in Castro. Con un breve trattato sopra le marauigliose virtù del Fumaiolo*, Ronciglione, appresso Domenico Domenici, 1610, parzialmente pubblicato in Angeli, *De depredatione Castrentium*, cit., pp. 92-102: 93.

[25] *Ibidem.*

[26] Cfr. a questo proposito Tabarrini, *Antonio da Sangallo il giovane. Disegni per Castro del Duca di Castro*, cit., p. 21.

[27] Archivio di Stato di Roma (= ASR), Camerale III, b. 613, V, *Relazione della Città di Castro*, pubblicata in Polidori e Ramacci, *Fonti e documenti per la storia di Castro*, cit., p. 92.

[28] *Ibidem.*

[29] B. Zucchi, *Informazione e cronica della città di Castro e di tutto lo Stato*, pubblicata con annotazioni in Annibali, *Notizie storiche*, cit., pp. 3-165: 20.

[30] Ghezzi, *Breve discorso non men curioso*, cit., p. 97.

[31] Zucchi, *Informazione e cronica*, cit., p. 23.

[32] ASN, *AF*, 570, I, f. 829, lettera del Confaloniere al duca Ranuccio Farnese, 20 novembre 1592. Sulle epidemie di malaria tra il 1568 e il 1569 che si abbatterono anche su Roma e nell'area di Civitavecchia cfr. A. Celli, *Storia della malaria nell'agro romano*, Città di Castello, Società Anonima Tipografica Leonardo Da Vinci, 1925, pp. 251-253.

[33] ASN, *AF*, 568, I, f. 501, l'auditore Giraldo Giraldi al duca Ottavio Farnese, Capodimonte, 13 ottobre 1568.

Capitolo secondo

[1] *Notizie storiche del Monastero di Maria SS.ma della Visitazione, detto «della Duchessa» in Viterbo*, s.d., pubblicato in «Informazioni Pubblicazione periodica semestrale del Centro di Catalogazione dei Beni Culturali della Provincia di Viterbo», 1998, 15, gennaio-giugno 1998, pp. 40-42: 40.

[2] Giovan Francesco Orsini (m. 1567), VIII conte di Pitigliano (feudo imperiale dal 1513), al servizio di Venezia, della Francia e della Chiesa, cavaliere dell'Ordine di San Michele, Governatore di Borgo e Capitano della guardia pontificia nel 1546, aveva sposato in seconde nozze Rosata, il cui cognome in alcune fonti viene indicato come Agostini, come per esempio nello strumento

dotale stipulato l'11 maggio 1534 nel quale Giovan Francesco Orsini assegnava a Rosata una dote di tremila scudi e «affirmavit D. Rosatam Augustini, aliter Riccio per plures annos Domi retinuit, secum cohabitavit, pluraque servitia, et animi satisfactiones multas ab eodem habuit, et prolem ex ea suscepit, suscipereque sperat. cupiensque proles suscepta, et in futurum suscipienda legitima. fuit, tamen eadem D. Rosata matrimonium contrahere decrevit, illique dotem constituere sponte, non seductus, aut circumventus, animo deliberato per se, et suos heredes, et successores» (Archivio Storico Capitolino di Roma (= ASC), Archivio Orsini, I/478C, «Istrumentum dotale D. Rosata Ursina Comitisse. Pitiliani», f. 2r). Da J.W. Imhof, *Genealogiae viginti illustrium in Italia familiarum: in tres classes secundum totidem Italiae regiones superiorem, mediam & inferiorem divisae, & exegesi historica perpetua illustratae insigniumque iconibus exornatae*, Amstelodami, ex officina Fratum Chatelain, 1710, p. 310, viene indicata invece come «Rosata Vanni de Sorano».

[3] Queste notizie sono tratte da ASC, Archivio Orsini, I/407f, t. II, *Discorso genealogico della Famigli Orsini di Pitigliano, nel quale si tratta ancora di tutte le altre linee Orsine, cioè Gravina, Bracciano, Monte Rotondo e Castello, composto da Dario Stanchi*. Vi sono aggiunte *l'osservationi del conte Francesco Baschi con altre osservationi del presente anno 1724* (= *Stanchi*): f. 189r-192r. L'opera fu commissionata da Antimo Orsini, figlio di Niccolò e ultimo della stirpe, che affidò a un vecchio segretario di casa il compito di stendere una dettagliata genealogia per fare in modo che restasse «almeno la memoria» dei suoi avi sulla base delle scritture sopravvissute alle «divisioni, revolutioni, incendij e rapine» (cit. in E. Mori, *L'Archivio Orsini. La famiglia, la storia, l'inventario*, p. 140). Altre due copie sono conservate in ASC, Archivio Orsini, I/406, dove Stanchi indica come data finale di redazione del manoscritto il 15 marzo 1612; *ibidem*, AO, I/406; BNFi, fondo Gino Capponi, ms. 322.

[4] *Stanchi*, f. 190v. La porcacchia, o portulaca, è un'erba selvatica commestibile.

[5] L'accordo di pace stipulato il 26 gennaio 1558, con la mediazione del duca di Paliano Giovanni Carafa e di Camillo Orsini di Mentana, tra Giovan Francesco e uno dei suoi figli di primo letto, Niccolò, stabiliva che quest'ultimo dovesse versare cinquemila scudi per la dote di Camilla e la metà per Ippolita perché piccola; di quella di Porzia, già entrata in convento, non si faceva menzione, probabilmente perché già assegnata anche se non interamente versata e dunque, quando lo scandalo scoppiò e Porzia dovette lasciare il convento, rivendicata dal fratello Orso (cfr. *infra*, p. 95). L'accordo tra Giovan Francesco e Niccolò è parzialmente pubblicato in G. Bruscalupi, *Monografia storica della contea di Pitigliano*, a cura di G.C. Fabriziani, Firenze, Tip. Ed. Martini, Servi e C., 1906, pp. 347-349: 348). Secondo quanto riferisce Stanchi, la pace sarebbe stata voluta da Paolo III Farnese che «non passando per questo quiete le cose sue, poiche di continuo andavano crescendo le discordie trà di lui, e Nicola il figlio, e trà di esso, e li Popoli di Pitigliano» fece imprigionare Nicola a Castel Sant'Angelo finché non s'impegnò a rappacificarsi col padre. Su Giovan Francesco e Niccolò e sui loro difficili rapporti si veda I. Fosi, *Niccolò Orsini, ribelle al papa e a Cosimo I (1561-1568)*, in Y. Bercé (a cura di), *Les procès politiques (XIVe-XVIIe siècle)*, Roma, 2007, pp. 273-289; Id., *Orsini, Niccolò*, in *Dizionario biografico degli italiani*, cit., 79, 2013, pp. 681-685 e B. Furlotti, *Giovanni Francesco Orsini, un nome per il «Ritratto di gentiluomo» della Pinacoteca del Castello Sforzesco di Milano*, in «Bollettino d'Arte», 2010,

1, pp. 61-68. Da una verifica condotta da Angelo Biondi, che ringrazio, presso l'Archivio Diocesano di Pitigliano, dove i registri dei battesimi cominciano dal 1539, non risulta il nome di Portia. Potremmo quindi ragionevolmente considerare il 1539 come termine *ante quem* per la sua data di nascita.

[6] *Stanchi*, f. 189r.

[7] Rilevato già da F. Sansovino, *L'Historia di casa Orsina*, Venezia, appresso Bernardino, & Filippo Stagnini, fratelli, 1565, c. 89v, cit. in Furlotti, *Giovanni Francesco Orsini*, cit., p. 61. Per una messa a punto della documentazione archivistica superstite degli Orsini di Pitigliano cfr. E. Mori, *L'Archivio Orsini. La famiglia, la storia, l'inventario*, pp. 140-143, 235, 260-261.

[8] Per un racconto dettagliato dell'episodio e sulle sue conseguenze cfr. Bruscalupi, *Monografia storica*, cit., pp. 331 ss., e, tra gli altri, il più recente I. Corridori, *Il Palazzo Orsini di Pitigliano nella storia e nell'arte. Dai conti Aldobrandeschi ai Conti Orsini, dai Granduchi di Toscana ai Vescovi di Sovana*, Firenze, Aska, 2004, p. 57.

[9] A proposito dell'impopolarità di Giovan Francesco e di Nicola e del saccheggio cfr. Stanchi, ff. 176r-181r: «Dalli Vassalli fu poco amato, onde l'anno 1547 segli ribelarono gli huomini di Pitigliano, nel qual rumore ammazzorono l'Auditore, saccheggiorno il Publico Palazzo, abbrugiorono li statuti, e scritture così publiche che, come private, e posta a sacco la sua casa, ferirno la moglie, occuporno la fortezza». Sulla violenza baronale cfr., tra gli altri, I. Fosi, *La giustizia del papa. Sudditi e tribunali nello Stato Pontificio in età moderna*, Roma-Bari, Laterza, 2007, pp. 67 ss., e Id., *La società violenta: il banditismo nello Stato pontificio nella seconda metà del Cinquecento*, Roma, Edizioni dell'Ateneo, 1985. Sulla posizione strategica della contea, cfr. A. Biondi, *Lo Stato di Pitigliano e i Medici da Cosimo a Ferdinando I*, in *I Medici e lo Stato senese*, a cura di L. Rombai, Roma, De Luca Editore, 1980, pp. 75-88.

[10] Così rivela il *Discorso fatto sopra l'aggiustamento*, f. 286v, elaborato successivamente ma sulla base di fonti attendibili (*infra*, pp. 95 ss.). Si sposarono invece le due sorelle: Ippolita con Giovanni Conti signore di Roccagorga (fu seppellita nella chiesa dell'Araceli a Roma in una cappella fatta restaurare nel 1586, cfr. Casimiro da Roma, *Memorie istoriche della chiesa e convento di S. Maria in Araceli di Roma*, Roma, Rocco Bernabò, 1736, p. 106) e Camilla con Giambattista Spiriti da Viterbo (cfr. G. Coretini, *Brevi notizie della citta di Viterbo e degli uomini illustri della medesima prodotti*, Roma, Paolo Giunchi, 1774, p. 104).

[11] Sull'episodio cfr. B. Quaglieri, *Orsini, Gerolama*, in *Dizionario biografico degli italiani*, cit., 71, 2001, pp. 511-514.

[12] *Notizie storiche del Monastero di Maria SS.ma della Visitazione*, cit., p. 40. Il monastero della Visitazione di Viterbo fu fondato da Gerolama Orsini, con breve di Paolo IV del 1° gennaio 1557, che lo aveva posto sotto la protezione del figlio, il cardinale Ranuccio Farnese, penitenziere maggiore (cfr. ASV, Archivum Arcis, Arm I-XVIII, 3527, «Dispensationes et translationes Monasterij ex Castri ad Civitatem Viterbii»: copia del breve di Gregorio XIII, 1° aprile 1574 nel quale si cita il breve di Paolo IV; F. Tamburini, *Per la storia dei Cardinali Penitenzieri Maggiori e dell'Archivio della Penitenzieria Apostolica. Il trattato «De antiquitate Cardinalis Poenitentiarii Maioris» di G.B. Coccino (†1641)*, in «Rivista di Storia della Chiesa in

Italia», 1982, pp. 332-386: 348, n. 32). Sull'ingresso in monastero cfr. anche *Stanchi*, ff. 190r-v: «Portia si fece monaca in Viterbo nel suo monastero della Duchessa edificato da Gerolama sua zia, che fu presente quando entrò nel monasterio, come si cava da una scrittura, che stà tra l'altre nostre». Qualche accenno alla storia del monastero anche in Annibali, *Notizie storiche della casa Farnese*, cit., pp. 6-7, n. 1; F. Caraffa (a cura di), *Monasticon Italie*, I, Roma e Lazio, Cesena, 1981, p. 196; G. Signorelli, *Viterbo nella Storia della Chiesa*, Viterbo, 1938, pp. 248, 384-385.

[13] Sulle istituzioni per le fanciulle «pericolanti» e il recupero delle prostitute cfr. S. Cohen, *The evolution of Women's Asylums since 1500. From Refuges for Ex-Prostitutes to Shelters for Battered Women*, Oxford-London-New York, Oxford University Press, 1992 e A. Groppi, *I Conservatori della virtù. Donne recluse nella Roma dei papi*, Roma-Bari, Laterza, 1994; T. Storey, *Carnal commerce in Counter-Reformation Rome*, Cambridge, Cambridge University Press, 2012.

[14] E. Novi Chavarria, *Monache e gentildonne. Un labile confine. Poteri politici e identità religiose nei monasteri napoletani. Secoli XVI-XVII*, Roma, Franco Angeli, 2001, pp. 112 ss.

[15] Cfr. *infra*, pp. 95 ss.

[16] In principio, secondo la volontà di Paolo IV, doveva essere benedettino: per questa ragione la duchessa aveva ottenuto licenza di far trasferire il 31 ottobre 1557 sei monache dal monastero di San Donato in Polveroso vicino a Firenze, ma quattro di loro, dopo la vestizione delle «zitelle» con l'abito cistercense, non potendo rimanere nel loro originario ordine, tornarono nel monastero di San Donato (*Notizie storiche del Monastero di Maria SS.ma della Visitazione*, cit., p. 41).

[17] A. Tarabotti, *L'inferno monacale di Arcangela Tarabotti*, a cura di F. Medioli, Torino, Rosemberg & Sellier, 1990, p. 70, cit. in M. Laven, *Monache. Vivere in convento nell'età della Controriforma*, Bologna, Il Mulino, 2004, p. 37. Su questo genere di letteratura cfr. *infra*, pp. 125 ss.

[18] Così le chiama padre Alberto Lino in una lettera indirizzata il 25 luglio al vicario dell'arcivescovo Borromeo per descrivere lo stato d'animo di alcune monache trovate nei vari monasteri milanesi visitati, cit. in E. Cattaneo, *Le monacazioni forzate tra Cinque e Seicento*, in *Vita e processo di suor Virginia Maria de Leyva Monaca di Monza*, a cura di U. Colombo, Milano, Garzanti, 1985, pp. 145-195. Sulla questione delle malmonacate cfr. *infra*, p. 101.

[19] Sul *Decretum de regularibus et monialibus* approvato nel 1563 nella XXV sessione del Concilio, sulle questioni da esso lasciate irrisolte e sui problemi connessi con la sua applicazione si veda, oltre a R. Creytens, *La riforma dei monasteri femminili dopo i decreti tridentini*, in *Il Concilio di Trento e le riforme tridentine*, Atti del Convegno storico internazionale, Roma, Herder, 1965, pp. 45-84, le osservazioni di G. Fragnito, *Gli ordini religiosi*, in M. Rosa (a cura di), *Clero e società nell'età moderna*, Roma-Bari, Laterza, 1992, pp. 115-205; G. Zarri, F. Medioli e P. Vismara Chiappa, *De monialibus*, in «Rivista di Storia e Letteratura religiosa», 1998, pp. 643-715 e G. Zarri, *Recinti. Donne, clausura e matrimonio nella prima età moderna*, Bologna, Il Mulino, pp. 100-130. Si veda anche *infra*, p. 101.

[20] *Infra*, pp. 54 ss.

[21] Sulla vita «accettabile» nei monasteri grazie al rango di appartenenza cfr., oltre a M. Rosa, *La religiosa*, in R. Villari (a cura di), *L'uomo barocco*, Roma-Bari, Laterza, 1991, pp. 219-267: 220, anche Novi Chavarria, *Monache e gentildonne*, cit., pp. 120 ss., a proposito del sistema a celle «privatizzate» e organizzate su base familiare e clientelare in uso nei monasteri napoletani ma esteso anche nell'Italia centro-settentrionale (Zarri, *Recinti*, cit., p. 87). Sulla distinzione tra professe e converse cfr. alle relative voci il *Dizionario degli istituti di perfezione*, II, Roma, Edizioni Paoline, 1974, pp. 1154-1158. I voti solenni rendevano gli eventuali atti illeciti commessi (come il matrimonio) invalidi, mentre quelli semplici li lasciavano comunque validi anche se illeciti. Sul carattere elitario dei conventi cfr. Laven, *Monache*, cit., p. 59 e Zarri, *Recinti*, cit., *passim*.

[22] Sulla riflessione storiografica sui conventi come luoghi «aperti» e di opportunità per le donne in alternativa a matrimoni forzati cfr., oltre agli studi citati nelle precedenti note, anche le osservazioni di Laven, *Monache*, cit., pp. 17-18.

[23] *Ibidem*, p. 50.

[24] *Processo*, f. 112 v, deposizione di Francesco Cittadini, Castro, 22 settembre 1573: alla domanda se sapesse in quale stanza la badessa fosse solita abitare o dormire, Cittadini rispose: «vi dico che io non so la propia dell'abbadessa ne [...] lei sia solita di dormire o stare ma se io anda[sse] in quella dove l'ho visitato ultimamente questa ultima volta, io la ricognosciria per li vasi che vi erano e anco l'altra che mi fu monstra per sua se vi fu[ssero] li medesimi mobili».

[25] ASN, *AF*, 578, f. 456, suor Maria Maddalena Gandolfi al card. Alessandro Farnese, 12 ottobre 1573. I «forzieri di corame» si ritrovano spesso tra i mobili e negli inventari dei palazzi nobiliari (qualche esempio in L. Sebregondi e T. Parks, *Denaro e Bellezza. I banchieri, Botticelli e il rogo delle vanità*, Firenze, Giunti, 2011, p. 166; M. Bevilacqua, *Il monte dei Cenci: una famiglia romana e il suo insediamento urbano tra Medioevo ed età Barocca*, Roma, Gangemi, 1988, p. 280; M.C. Terzaghi, *Caravaggio, Annibale Carracci, Guido Reni tra le ricevute del banco Herrera & Costa*, Roma, L'Erma di Bretschneider, 2007, pp. 387-388). Sulla custodia di mobili e oggetti personali nelle celle cfr. Zarri, *Recinti*, cit., p. 88.

[26] Il termine «badessa» poteva indicare sia l'abbadessa sia la priora e più in generale la superiora (*Dizionario degli istituti di perfezione*, I, cit., pp. 14-22). Nel caso di Elena Orsini indica il ruolo di abbadessa.

[27] *Ibidem*, p. 42.

[28] Zucchi, *Informazione e cronica*, cit., p. 25.

[29] Sull'edificio monastero cfr. Aimo e Clementi, *Castro: struttura urbana*, cit., p. 18 e p. 25, nn. 68-69 e Anselmi, *In lilio decor*, cit., p. 116 e p. 120, nn. 74-75. Priva di fondamento sembrerebbe l'identificazione del disegno di Antonio da Sangallo il giovane U 1108A (Firenze, Uffizi) con un presunto progetto per il monastero della Visitazione di Castro del 1537 proposta in C. Frommel e C.L. Frommel (a cura di), *The architectural drawings of Antonio da Sangallo the Younger*, II, pp. 208-209, scheda di S. Eiche: il monastero fu infatti aperto soltanto nel 1566, vent'anni dopo la morte del Sangallo, per accogliere le monache provenienti da quello di Viterbo fondato da Gerolama Orsini nel 1557 e non nel 1537.

[30] Questa descrizione è ricavata dal sopralluogo effettuato durante il processo dal commissario Cerbelli, accompagnato dal notaio e dal confessore delle monache don Aloisio Ferrer; cfr. *Processo*, f. 96v-97r, il 22 settembre 1573: «la chiesia è posta a mano diritta partendosi da[lla] piazza per andare diritto alla porta di Castello quasi per [un] tiro di schioppo discosto dalla piazza ha solo detta chiesa [la] porta la quale se serra con una grossa maschia con la s[erra]tura fatta con la spranghetta et con detta chiave se po ap[rire] di dentro et di fuori [...] intrato che sia in detta chiesa a mano manca [vi] cino allo scalino dell'altare grande vi è una porti[cina] la quale se po serrare con una chiave dalla banda di [...] et da questa porticella se va su per uno paro de scale [di] sasso coperte, et se intra nel coro di dette moneche d[al] coro poi vi è un ponte tutto coperto di tavole il quale [...] et è fatto accio le moneche dal monasterio possano veni[re al] coro sensa essere viste atteso che la sudetta chiesa [è] separata dal monasterio et vi passa la strada publ[ica] per mezzo et il corritoro è fatto sopra detta strada, et [si po] uscire del ponte per intrare nel monasterio a man diritta [se] trova la camera solita della sopradetta madre abbadessa».

[31] ASV, Vescovi e regolari, Visite apostoliche, 37, Visita apostolica di Mons. Alfonso Binarini, notaio Gio. Battista Antigliani, 1-9 dicembre 1573 (= *Visita apostolica*), ff. 1r-6v. Cfr. anche *infra*, pp. 99 ss.

[32] Si veda *infra*, pp. 101 ss.

[33] Il cognome Campi Reali o Camporeale o del Campo Reale figura in Biblioteca Casanatense di Roma (= BCR), Ms. 2355, ff. 4r-20r: *Relazione del Seguito in Castro Città del Duca di Parma nel Monast. o della Visitazione della B: ma Verg. e in tempo di Gregorio XIII° e Castigo dato da Sisto V° à Mons. Francesco Cittadini Nobile Milanese Vescovo di Castro e Roncig.e.* (= *Relazione del seguito*); Biblioteca Angelica di Roma (= BAR), Ms. 1587, *Relazioni tragiche, raccolte e messe insieme da Lorenzo Manfredi Romano l'anno 1752*, ff. 88r-98r: *Caso occorso in Castro, Città del duca di Parma, nel monastero della Visitazione della Beatissima Vergine, fra suor Elena Camporeale, abbadessa di detto monastero, e monsignore Francesco Cittadini, nobile milanese, vescovo di detto luogo* (= *Caso occorso in Castro*); British Library, ADD 8408, ff. 144-157, *Caso occorso in Castro nel Monastero della Beatissima Vergine tra l'Abbadessa Elena de Campi Reali e Monsignor Francesco Cittadini vescovo di quella diocesi, parto di quella medesima e carcerazione d'ambedue Gregorio XIII regnante 1572*; Bibliothèque Royale de Belgique, Ms. 7139, *Caso occorso in Castro nel monastero della visitazione della Beatissima Vergine tra la madre abbadessa Elena del Campo reale e Monsignore Francesco Cittadini vescovo di detta citta e punizione data dal Pontefice ad essi. 1572*. P.P. Trompeo, nella prefazione a Stendhal, *Suora Scolastica*, Roma, Contemporanea, 1944, in seguito pubblicata in Id., *Incontri di Stendhal*, Napoli, Esi, 1963, pp. 252-257, riferisce di aver individuato il nome di Elena Orsini in alcuni manoscritti vaticani (che però non poté consultare a causa della guerra), senza però cogliere le conseguenze del rapporto di parentela, sfuggite anche ad Aimo e Clementi, *Castro: struttura urbana*, cit., p. 25, nn. 68-69 e F. Casini, *Personaggi e luoghi farnesiani della Tuscia viterbese nell'opera di Stendhal*, in «Rivista di Letterature moderne e comparate», LXV, 2012, 3, pp. 277-300. Su questo punto cfr. anche *infra*, pp. 47 ss.

[34] ASN, *AF*, 568, II, 517r-v, Francesco Cittadini, vescovo di Castro, al cardinale Alessandro Farnese, Castro, 16 marzo 1569.

[35] G. Fragnito, *Storia di Clelia Farnese. Amori, potere e violenza nella Roma della Controriforma*, Bologna, Il Mulino, 2013. Sul soggiorno di Clelia a Castro cfr. in particolare pp. 20-21. Cittadini arrivò a Castro il 16 marzo 1569 e Clelia fece il suo ingresso a Roma con la zia il successivo 28 marzo.

[36] *Processo*, f. 84, deposizione di Francesco Cittadini, Castro, 21 settembre 1573: «La prima volta io intrai [nel monastero] quando ci era la duchessa a visitare sua eccelenza et lei fece venire l'abbadessa a bagiarmi le mane».

[37] Sul *Decretum de regularibus et monialibus* approvato nel 1563 nella XXV sessione del Concilio, sulle questioni da esso lasciate irrisolte e sui problemi connessi con la sua applicazione si veda, oltre a R. Creytens, *La riforma dei monasteri femminili dopo i decreti tridentini*, in *Il Concilio di Trento e le riforme tridentine*, Atti del Convegno storico internazionale, Roma, Herder, 1965, pp. 45-84, le osservazioni di G. Fragnito, *Gli ordini religiosi*, in M. Rosa (a cura di), *Clero e società nell'età moderna*, Roma-Bari, Laterza, 1992, pp. 115-205; G. Zarri, F. Medioli e P. Vismara Chiappa, *De monialibus*, in «Rivista di Storia e Letteratura religiosa», 1998, pp. 643-715 e G. Zarri, *Recinti. Donne, clausura e matrimonio nella prima età moderna*, Bologna, Il Mulino, 2000, pp. 100-130. Si veda anche *infra*, p. 101.

[38] ASN, *AF*, 576, f. 371r, Elena Orsini al cardinale Alessandro Farnese, Castro, 11-?-1569.

[39] *Ibidem*, AF, 568, II, f. 535r, Elena Orsini al duca di Parma e Piacenza Ottavio Farnese, Castro, 11 agosto 1569: «Con quantto mio dispiacere e danno iovenihi a condolermi con Vostra eccellentia della perditta crande della eccellente e santa memoria della signora duchessa e mia patrona. Vostra eccellentia potener per certo che io più che qual sivoglia altra sua serva ne sono dolentte e abandonata, per che esendo stata la vita mia sotto lombra di quella bona memoria senpre resto avilita. e intantto travalglio quanto inporta il peso di questo infilice locho: e quale loracomando a Vostra eccellentia che li volglia eser patre e patrone in e nella qual speranza si riposa ungni infilice stato di tutte queste sue serve e vassale lequali tutte insieme ci butiamo ai piedi di quello per misericordia c'ancor di Lodovico mio fratello parllera di alcona partticholarita mia con Vostra Signoria Eccellentissima con questo fine li bacio umil mentte le mani prechando perlla sua filicita».

[40] *Ibidem*, AF, 576, f. 373r, Elena Orsini al cardinale Alessandro Farnese, Castro, 13 agosto 1569: «Avendo senpre congnociutto ser rugiere servitore amorevolissimo di sua eccellentia quali stili debo senpre osservare lio conferitte alcone estreme necessita del monesterio che volglia racionerne con Vostra Revendissima e questo volglia esser cottento darlli crata audientia e come benignio patrone nel quale e rimasta ungni nostra speranza si dengniera commetterlli per noi quantto lipara di concederci gratia. circha di sua eccellentia dal medesimo inttendo nella estremita chella si trova contantto mio dolore quanto esserva oblichata debo premere una tantta perdita el signore idio quieti el corpo e lanima sua quantto Vostra Reverendissima dezidera e conzervi Vostra Illustrissima e Reverendissima in filicissimo statto».

[41] *Ibidem*, AF, 568, II, f. 555r, Elena Orsini al cardinale Alessandro Farnese, Castro, 8 settembre 1569: «la cenccccia ah auto ardimentto di scivare una lettera che vol venire per essa la figliola per maritarlla e dici avere avuta licentia da Vistra Signoria Reverendissima col che non credo ma precho Vostra Illustrissima che sia contentto far conmandare a questa donna che mai più

abia ardimento a costarsi a questo locho ne meno nominare questa giovana per sua filgliola per che fino che questa cura tochara che mai si potesi dire che io avessi stimato tantto poco lonor mio di dar le mie moniche inmano di simile ettantto dico a Vostra Signoria Illustrissima dapartte della giovana la quale emonicho 8 anni fa volintierissima». Sul controllo da parte del cardinal Farnese sulle giovani da accogliere in convento si veda per esempio per il caso cui la badessa alludeva *ibidem*, «Pella lettera di Vostra Signoria Illustrissima o visto quantto lui mi conmanda circha la nipote di Mascioto e per che pezo che Vostra abia cara ungni sodisfatione licita dell monesterio per questa li fo inttendere come la bona memoria di sua nolla mese questa giovana con animo risoloto che fusse monicha ma che fussi ai tenpi racettata come lusanza dal capitolo delle moniche ora [...] il capitolo nostro la racettata e precamo Vostra Signoria Illustrissima a non sconpiacerci di questo remettendoci pero senpre aisui conmandamenti».

⁴² Cfr. *infra*, p. 101.

⁴³ Secondo le *Notizie storiche del Monastero di Maria SS.ma della Visitazione*, cit., p. 42, la richiesta sarebbe stata formulata in occasione della visita di Nicolas Boucherat, abate generale dell'ordine, che aveva partecipato al Concilio di Trento e che lasciò alle monache del monastero della Visitazione di Castro i decreti di disciplina regolare secondo gli Statuti e la Costituzione dell'ordine, ma avevano trovato l'opposizione del cardinal Farnese «per non venir meno alla fede data alla duchessa sua madre». Sarebbe intervenuto allora, su pressione di Boucherat, il duca Ottavio che, con una lettera del 19 maggio 1572, avrebbe dato il beneplacito anche se non erano mancate «ulteriori difficoltà specialmente da parte del cardinal Farnese». L'archivio del monastero della Visitazione di Viterbo, ancora esistente, è ad oggi inaccessibile.

⁴⁴ ASN, *AF*, 576, ff. 377r-v, Elena Orsini al cardinale Alessandro Farnese, Castro, 3 ottobre 1569: «Per che penzo che Vostra Signoria Illustrissima abia bene a memoria el desiderio del Signore contte mio patre bona memoria el mio insieme nel tenpo che si trasmuto il monesterio di viterbo in castro: non replicharo a quello lecause ma solo dico chella presintia della bona memoria della signora g. [gerolama] duchessa ella giuto suo faceva a me le cose inpossibile facilissime ella mia insufitientia suplire a ugni cosa ora essendo piaciuto al signore idio privarmi di lei mi trovo per mia discratia sola al coverrno di queste moniche: perlla scomodità delle case e pella cattiva aria conttinova mentte inferma hio con tutte loro per el quale impedimentto non si pote osservare nisona cosa promessa a idio nella profezion nostra e vi di piu vista la deliberatione di Vostra Signoria Reverendissima chelle moniche stiano qua: una inquietudine ema la sodisffatione di tutto el conventto che de cosa in credibile: preco Vostra Signoria Reverendissima sia conttento darmi bona licentia chio penzo colla cratia deidio adarmi a quietare in un monesterio anttico dove in ubidientia o senpre deziderato finire la vita mia parendomi stato piu sichuro per conquistare la salute mia che a tener cura dellanime daltri: ma come serva ublichatissima di Vostra Signoria Reverendissima e di quella in Illustrissima casa dezidero el tutto fare con sua bona cratia e con questo fine umil mentte».

⁴⁵ *Ibidem*, AF, 568, II, f. 575r, Elena Orsini al cardinale Alessandro Farnese, Castro, 3 ottobre 1569. Sulla condizione di povertà dei monasteri considerata come una delle cause principali dell'inosservanza delle regole

e sui provvedimenti presi in proposito dopo il Tridentino, nel quale si era consentito agli istituti monastici di possedere beni immobili cfr. Zarri, *Recinti*, cit., pp. 109 ss.

[46] ASN, *AF*, 568, II, f. 600r-v, Francesco Cittadini al cardinale Alessandro Farnese, Milano, 30 maggio 1570.

[47] *Ibidem.*

[48] Zarri, *Recinti*, cit., p. 109.

Capitolo terzo

[1] ASN, *AF*, 568, II, 517r-v, Francesco Cittadini, vescovo di Castro, al cardinale Alessandro Farnese, Castro, 16 marzo 1569.

[2] Sulla complessa cerimonia dell'*Adventus Episcopi* in epoca pre e post-tridentina, cfr. D. Rando, *Ceremonial episcopal entrances in fifteenth century North-Central Italy: Images, symbols, allegories*, in *Religious ceremonials and images: Power and social meaning (1400-1750)*, Coimbra, Centro de Historia da Sociedade e da Cultura, Palimage Editores, 2002, pp. 27-46. Sugli aspetti politici dei cerimoniali religiosi cfr. le osservazioni di M.-A. Visceglia, *Il cerimoniale come linguaggio politico. Su alcuni conflitti di precedenza alla corte di Roma tra Cinquecento e Seicento*, in M.A. Visceglia e C. Brice, *Cérémonial et rituel à Rome (XVIᵉ-XIXᵉ siècle)*, Rome, École française de Rome, pp. 117-176.

[3] ASN, *AF*, 568, II, 517r-v, Francesco Cittadini al cardinale Alessandro Farnese, Castro, 16 marzo 1569.

[4] *Ibidem.*

[5] *Ibidem*, AF, 570, I, f. 137r, minuta del cardinale Alessandro Farnese al pontefice Pio V, Caprarola, 26 settembre 1568. Sulle dimissioni di Maccabei, sulla sua figura di vescovo e sulla storia della diocesi cfr. C. Nanni, *All'indomani del Concilio di Trento. Il sinodo del Vescovo di Castro Girolamo Maccabei (16 novembre 1564)*, Roma, LAS, 2013. Sulle ragioni delle dimissioni di Maccabei si veda la significativa lettera a Carlo Borromeo del 30 aprile 1569 (menzionata anche *ibidem*, p. 51), nella quale si lamentava delle scarse entrate a fronte della «qualità, povertà et miseria» in cui si trovavano la cattedrale di San Savino e il vescovado che avrebbero necessitato di ulteriori lavori: per queste ragioni oltre che per il «continuo pericolo di vita che si sta per li turchi» concludeva che non poteva «più viverci» (BA, F 84 inf., f. 203r-v).

[6] ASN, *AF*, 568, I, f. 491r, minuta del cardinale Alessandro Farnese ad Ascanio Celsi, Caprarola, 24 agosto 1568.

[7] *Ibidem.* Cristoforo Scotti, filofarnesiano della prima ora, fu nominato un anno dopo vescovo della diocesi di Cavaillon, dove il cardinal Farnese ventenne era stato amministratore apostolico (P. Blet, *Correspondance du nonce en France Ranuccio Scotti: 1639-1641*, Rome, Presses de l'Université Grégorienne, Paris, E. de Boccard, 1965, p. 4, n. 4; / P.B. Gams, *Series Episcoporum Ecclesiae Catholicae*, Graz, Akademische Druck / U. Verlagsanstalt, 1957, p. 532; C. Eubel, *Hierarchia catholica Medii aevi sive summorum pontificum [...]*, III, 1968, p. 161).

[8] ASN, *AF*, 570, I, f. 135r, minuta del cardinale Alessandro Farnese a Girolamo Maccabei, vescovo di Castro, Caprarola, 12 settembre 1568: «Io laudo infintamente a questi di la risolutione fatta da V S circa la sua Chiesa et hora laudo medesimamente la eletione fatta dal lei della persona di Mons. Cittadino parendomi per ogni rispetto che non si possa migliorare. Onde non macherò di aiutare il negotio affine che ne segua questo buono effetto certificando VS. che io desidero al pari di lei, et di detto Monsignore e mi piacerà che si usi dal canto suo ogni diligentia perché la cosa riesca quanto prima, che tanto mi sarà più cara».

[9] *Ibidem*, f. 136r, minuta del cardinale Alessandro Farnese al card. Savelli, Caprarola, 26 settembre 1568.

[10] *Ibidem*, f. 137r, minuta del cardinale Alessandro Farnese al pontefice Pio V, Caprarola, 26 settembre 1568.

[11] ASN, *AF*, 568, II, 517r-v, Francesco Cittadini al cardinale Alessandro Farnese, Castro, 16 marzo 1569.

[12] Francesco Cittadini, di famiglia nobile milanese, referendario «utriusque signaturae» e «iuris utriusque doctor» (B. Katterbach, *Referendarii utriusque Signaturae a Martino V ad Clementem IX et praelati Signaturae supplicationum a Martino V ad Leonem XIII*, Roma, Biblioteca Apostolica Vaticana, 1961, pp. 122, 127, 144), era stato nominato nel 1561 canonico di San Pietro (Eubel, *Hierarchia catholica Medii aevi*, cit., III, 1968, p. 157; F. Ughelli, *Italia sacra* (1717), I, Sala Bolognese, A. Forni, 1984, p. 582). Nel 1563 era stato governatore di Fano e nel 1564 governatore di Orvieto (C. Weber, *Legati e governatori dello Stato pontificio (1550-1809)*, Roma, Ministero per i Beni Culturali e Ambientali, Ufficio Centrale per i Beni Archivistici, 1994, I, pp. 233, 320, II, p. 584; P.M. Amiani, *Memorie historiche della città di Fano*, Fano, Giuseppe Leonardi, 1751, p. 188). Il fratello Ottaviano era anch'egli canonico di San Pietro mentre l'altro fratello, Giovanni Donato Cittadini, giureconsulto, era vicario di Provvisione a Milano e dal 1571 divenne ambasciatore presso il re di Spagna (A. Salomoni, *Memorie storico-diplomatiche degli Ambasciatori, Incaricati d'affari, Corrispondenti e Delegati che la Città di Milano inviò a diversi suoi Principi dal 1500 al 1796*, Milano, Pulini al Bocchetto, 1806, pp. 177-178; D. Rezza e M. Stocchi, *Il capitolo di San Pietro in Vaticano dalle origini al XX secolo*, I, Città del Vaticano, Edizioni Capitolo Vaticano, 2008, pp. 319, 490; P. Pecchiai, *L'Ospedale maggiore di Milano nella storia e nell'arte*, Milano, Pizzi e Pizio, 1927, p. 204).

[13] «Res sacras Citadine geras ubicumque locorum: / Ne vivas munda ut si esses extorris: at illud / Perpendas potiùs: quantae levitate per ipsum / Cuncta ruant, ut per torrentem, res hominisque. / Quod si a me scribi, possunt quae a quolibet, optas: / Ut sibi consulat, et nobis, ferventibus horis: / Petrum mutavit Marco Pius: Avalus Urbem / Parthenope: matris pietate, et fratris amore. / Adductus qualisque annus, si vere careret; / Est omnis sine eo nunc Roma, sacer que Senatus. / Intimus est Borromaeo charusque Brisemnus: / Accumbit, rhedam scandit, tegit, et sedet ut vult: / It quavis, vel per cochleam. et compendia caeca. / Quinetiam a domino contendit saepe vocatus, / De Regum primore loco: laetantibus illic / Paucis: hic multis maerentibus: ut fit in aula. / Caesareos census valuit qui temnere Doctor / Bucchia, Pontificem demespilat: atque ita tegnat. / Excessit primus Fernandus: iamque recepit / Garsia Pinnonis Libycis ex hostibus arces. /» di J. Verzosa y Ponce

De León, *Epístolas*, I, a cura di E. Del Pino González, 2006, pp. 640-645. Su Verzosa cfr. anche I. Aguirre Landa, *Archivi e documentazione politica: Juan de Verzosa archivista dell'Ambasciata di Spagna a Roma*, in pp. 217-231. Cfr. anche nell'edizione curata da J. López de Toro (*Epistolas de Juan Verzosa*, Madrid, Consejo Superior de Investigaciones Cientìficas, 1945, p. 222, n. 72), l'epigramma dedicato a Cittadini quando era vescovo di Castro da Giovanni Matteo Toscano (m. 1580): «AD FRANCISCUM CITADINUM CASTREN-SEM EPISCOPUM: Tune praesul, dudum qui nostra Thalia / Haesitat an doctus an vocitere pius: / Tene putas nostris intextum vivere chartis / Posse? Quis huic Musae plus tribuisse queat? / Quae Lethes si funereas prerrumpere leges / Possit, et longa posteritate legi: / Non tunc ingenio vivent tua nomina nostro, / Sed genio vivent Carmina nostra tuo».

[14] Cfr., tra gli altri, M. Infelise, *Gli avvisi di Roma. Informazione e politica nel secolo XVII*, in G. Signorotto e M.A. Visceglia, *La corte di Roma tra Cinque e Seicento teatro della politica europea*, Roma, Bulzoni, 1998, pp. 189-205; B. Dooley e S. Baron (a cura di), *The Politics of Information in Early Modern Europe*, London-New York, Routledge, 2001; J. Petitjean, *Mots et pratiques de l'information. Ce que aviser veut dire (XVIe-XVIIe siècles)*, in «Mélanges de l'École française de Rome - Italie et Méditerranée modernes et contemporaines», 122/1, 2010, pp. 107-121.

[15] Verzosa alludeva qui alla famosa scala a chiocciola realizzata dal Bramante all'epoca di Giulio II. Per il testo originale in latino cfr. *supra* n. 13. Tra i personaggi citati l'abate Bernardino Brassenio o Briceno, nato a Roma da famiglia spagnola, al servizio degli Asburgo sotto Carlo V, in seguito delegato e nunzio sotto Pio IV e Pio V presso il granduca di Toscana dal 1565 al 1573, e poi vescovo di Vigevano (Eubel, *Hierarchia catholica Medii aevi*, cit., III, 1968, p. 334; M. Van Durme, *Les Archives générales de Simancas et l'histoire de la Belgique (IXe-XIXe siècles)*, IV, 2, Bruxelles, Palais des Académies, 1990, p. 147).

[16] Verzosa y Ponce De León, *Epístolas*, cit., III, pp. 926-931: 930: «[...] Apta presertim cum sustentere domi re / Maioremque bona facias ratione quotannis, / Seu scripto sit pus seu lingua, Curiae Apollo, / Atque Antenorios, Frumentos et Citadinos / Quoslibet exuperes splendentis nectare victus [...]». Verzosa allude qui a Ludovico Antinori (1531-1576), ecclesiastico e diplomatico fiorentino, che iniziò la sua carriera sotto Paolo IV, dal 1568 vescovo a Volterra, in seguito a Pistoia e infine arcivescovo di Pisa (G. Miani, *Antinori, Ludovico*, in *Dizionario biografico degli italiani*, cit., 3, 1961, pp. 462-464).

[17] Da un appunto di Antonio da Sangallo il giovane sul disegno U 746 A (Firenze, Uffizi), cit. in Gardner-Mc Taggart, *Eine Ortswüstung in Tuszien*, cit., p. 101.

[18] Cfr. *supra* n. 5.

[19] ASN, *AF*, 568, II, f. 573r, Francesco Cittadini al cardinale Alessandro Farnese, Castro, 15 gennaio 1570.

[20] ADA, *ASDCA*, Sinodi, 1, G. Maccabei, ff. 3r-8r: 4r. Il sinodo si tenne il 16 novembre 1564.

[21] *Ibidem*, 5v-6v. I decreti «per maggior comprensione di tutti» furono letti e trascritti «in lingua volgare» (in particolare «decreto delle Decime», «decreto delli funerali», «decreto della custodia delle sacrestie, vasi sacri, paramenti et ornamenti ecclesiastici»), cosa che non fece invece Cittadini nel sinodo del 26

febbraio 1570 (*ibidem*, Sinodi, 2, ff. 16r-20v). Il sinodo di Maccabei è pubblicato in L. Osbat, *Lo «scavo archivistico» dell'Alto Lazio. I risultati della prima campagna di scavo 1995/1996*, in A. Fiorini e L. Galli, *Comunità e dialetto: giornata di studi sul tema La storia della lingua in prospettiva interdisciplinare, la ricerca nell'alto Lazio e in aree limitrofe*, Viterbo, 1999, pp. 69-102: 85-97 e in Nanni, *All'indomani del Concilio di Trento. Il sinodo del Vescovo di Castro Girolamo Maccabei*, cit., pp. 66-97.

[22] ASN, *AF*, 568, II, f. 573r, Francesco Cittadini al cardinale Alessandro Farnese, Castro, 15 gennaio 1570.

[23] *Ibidem*, f. 600r-v, Francesco Cittadini al cardinale Alessandro Farnese, Milano, 30 maggio 1570. Sulla vicenda *supra*, p. 32.

[24] *Processo*, f. 211r, deposizione di Giovanni Francesco quondam Guido Morelli di Gubbio, Roma, 6 marzo 1574: «è ben vero che gli homini di Castro l'hanno in odio et gli vogliono male per multe cose et particularmente per multi terreni che ha levati alli homini di Castro per beneficio del vescovato». Sulle voci circolanti a proposito della questione dei terreni e dei pascoli cfr. anche *ibidem*, f. 198r, deposizione di Alessandro Bufalario gonfaloniere, 24 gennaio 1574: «Il Capitolo delli canonici di Castro pretendevano oltre alli [erratici] delli Colli essere anco [patroni] del herbaggio et percio hav[iano] la differentia con la Comunita di Castro».

[25] ASN, *AF*, 568, II, f. 816r, Francesco Cittadini al duca di Parma Ottavio Farnese, Castro, 7 gennaio 1572.

[26] *Ibidem*. In una successiva lettera indirizzata al cardinale riprese, modificandola leggermente, la stessa frase: «non è poco merito ne piccola pena d'ogni grave peccato, che un gintilhuomo nato in Milano et nodrito in Roma sia confinato in Castro» (*ibidem*, f. 828, Francesco Cittadini al cardinale Alessandro Farnese, Castro, 27 gennaio 1572).

[27] *Ibidem*.

[28] ASN, *AF*, 568, II, f. 863r, Francesco Cittadini al cardinale Alessandro Farnese, Castro, 18 marzo 1572.

[29] *Ibidem*, f. 830r, Gonfaloniere e Priori di Castro al cardinale Alessandro Farnese, 29 gennaio 1572.

[30] *Ibidem*, f. 863r, Francesco Cittadini al cardinale Alessandro Farnese, Castro, 18 marzo 1572.

[31] *Ibidem*, 570, I, f. 176-177, Ottaviano Lalatta al duca di Parma Ottavio Farnese, Castro, 23 febbraio 1573.

[32] *Bandi Generali fatti et pubblicati nella Città di Castro*, 11 novembre 1547, all'epoca del duca Orazio Farnese, conservati presso l'Archivio Storico del 1547, cit. in R. Luzi, *Il brigantaggio «di confine» al tempo del Ducato farnesiano di Castro (1537-1649)*, in «Biblioteca e Società», XIX, 1, 2000, ripresi poi negli Statuti promulgati nel 1558 dal duca Ottavio, di cui citiamo qui la riedizione seicentesca: *Sanctiones municipales statuum Castri, et Roncilionis editae per sereniss. quondam dominum ducem Octavium Farnesium*, Ronciglione, 1648, «Liber Tertius», Rub. 21, fol. 97: «De Bannitis, et poena recipientium eos». Cfr. I. Polverini Fosi, *La società violenta. Il banditismo dello Stato Pontificio nella seconda metà del Cinquecento*, Roma, Edizioni dell'Ateneo, 1985, pp. 31, 93.

³³ ASN, *AF*, 576, f. 387r, Elena Orsini alla duchessa di Parma, 8 settembre 1571.

³⁴ *Processo*, f. 40r, deposizione di Elena Orsini, Castro, 17 settembre 1573.

³⁵ *Ibidem*, f. 85r, deposizione di Francesco Cittadini vescovo di Castro, Castro, 21 settembre 1573.

³⁶ ASP, Carteggio Farnesiano Estero (= *CFE*), Castro e Ronciglione 1536-1599, 212, Francesco Cittadini al duca di Parma Ottavio Farnese, 26 gennaio 1573.

³⁷ Si veda per esempio, BAV, Urb. lat., 1679, ff. 295r-304v, *Quanto sia pernicioso il conversare l'uomo con la donna il presente caso ce lo dimostra. Intorno agli amori di Francesco Cittadini, vescovo di Castro, con la badessa Elena Orsini, nell'anno 1572*: f. 395v; BCR, 2355, 4r-22r, *Relazione del caso seguito in Castro città del Duca di Parma nel Monastero della Visitazione della Beatissima Vergine tra Mons. Francesco Cittadini e la Madre Abbadessa di detto Monastero, castigo dato*: 4r.

³⁸ Cfr. *infra*, p. 54.

³⁹ *Processo*, f. 26v, verbale del ritrovamento del figlio di Elena Orsini, Ronciglione, 15 settembre 1573.

Capitolo quarto

¹ ASP, *CFE*, Roma, 470, Pietro Ceuli al duca di Parma e Piacenza, Roma, 9 settembre 1573.

² *Processo*, f. 67r, deposizione di Gabriele Del Bene, 18 settembre 1573: «Publica voce et fama che il vescovo è stato quello che ha ingravidata l'abbadessa e questo se cominciato a dire verso la fine di luglio overo l'intrata d'agosto in qua et inanzi. Et ad opportunas domini interrogationes dixit: da donna io ho inteso dire che l'abbadessa che era gravida del vescovo, ma non vi saprei dire che donne fussero queste e, la cosa di tanto tempo che io non la tengo amente».

³ *Ibidem*, f. 54v, f. deposizione di Lorenzo Scaramucci, Castro, 18 settembre 1573.

⁴ *Ibidem*, f. 131v, deposizione di Simona Agostini, fornaia, Roma, 3 ottobre 1573.

⁵ *Ibidem*, f. 43v, deposizione di Ludovica Blasi, 17 settembre 1573.

⁶ ASN, *AF*, 578, f. 413r, Ottavio Lalatta al cardinale Alessandro Farnese, Valentano, 5 settembre 1573.

⁷ *Ibidem*, f. 420r, Ottavio Lalatta al cardinale Alessandro Farnese, Valentano, 7 settembre 1573.

⁸ *Ibidem*, *AF*, 578, f. 416r, Ottavio Lalatta al cardinale Alessandro Farnese, Valentano, 5 settembre 1573.

⁹ Sulla complessità del tema cfr. D. Lombardi, *Il reato di stupro tra foro ecclesiastico e foro secolare*, in S. Seidel Menchi e D. Quaglioni (a cura di), *Trasgressioni. Seduzione, concubinato, adulterio, bigamia (XIV-XVIII secolo)*, Bologna, Il Mulino, 2004, pp. 351-382. Nello Stato Pontificio, ad esempio,

erano di misto foro «bestemmia, spergiuro, sortilegio, sacrilegio, i delitti di carne (stupro, adulterio, incesto, concubinato e sodomia), falsità di lettere apostoliche, di usura o di violazione di pace» (G. Bonacchi, *Legge e peccato. Anime, corpi, giustizia alla corte dei papi*, Roma-Bari, Laterza, 1995, p. 75).

[10] Promulgati dal duca Ottavio Farnese nel 1558 citiamo qui da una successiva riedizione: *Sanctiones municipales statuum Castri, et Roncilionis editae per sereniss. quondam dominum ducem Octavium Farnesium*, Ronciglione, 1648, pp. 98-99: «Liber Tertius Criminalium», rub. 49 «De adulterio, incestu, stupru mulierum», pp. 98-99; cfr. anche rub. 1 «De modo procedendi super maleficis», p. 77.

[11] *Sanctiones municipales statuum Castri*, cit., rub. 2 «De non ponendo quem in carcere sine licentia», p. 87.

[12] Cfr. *supra*, p. 24. Orso era stato nominato dal duca di Firenze Cavaliere di Santo Stefano (M. Aglietti, *Cavalieri dell'Ordine di Santo Stefano in casa Orsini a Pitigliano*, in «Quaderni stefaniani», XVII, 1998, pp. 103-131).

[13] P. Fanciulli, *La contea di Pitigliano e Sorano nelle carte degli Archivi Spagnoli di Simancas e Madrid e dell'Archivio di Stato di Firenze (Mediceo del Principato)*, Pitigliano, 1991, p. 11. Cfr. il testamento del 7 maggio 1567 conservato presso l'Archivio di Stato di Firenze (= ASF), Archivio Capponi, 159, n. 134.

[14] Sulla storica inimicizia tra i due cardinali cfr. G. Fragnito, *Rivalità cardinalizie nella Roma del secondo Cinquecento*, in *From Florence to the Mediterranean and Beyond. Essays in Honor of Anthony Molho*, a cura di D. Curto, E.R. Dursteler, J. Kirshner e F. Trivellato, Firenze, Olschki, 2009, pp. 517-530 e Id., *Storia di Clelia Farnese*, cit., pp. 86 ss. Sul ruolo del cardinale de' Medici nella questione di Pitigliano dal 1572 cfr. E. Fasano Guarini, *ad vocem* in *Dizionario biografico degli italiani*, cit., 46, 1996, pp. 258-278.

[15] Sull'omicidio dal movente incerto cfr. A. Biondi, *L'uccisione del Duchino di Latera. Nuova luce da un documento di Parma*, in *Cardinale Girolamo Farnese ultimo Duca di Latera*, Giornata di Studi 15 novembre 1999, Grotte di Castro Ceccarelli, 2004, pp. 39-50: 40-41.

[16] *Processo*, deposizione di don Cosimo Davanzati, 19 ottobre 1573, 145v.

[17] Mancino e Romeo, *Clero criminale*, cit., pp. 132, 181-182. Per le norme di riferimento cfr. J.B. Diaz De Lugo, *Practica criminalis canonica*, Lugduni, 1569, cap. LXXV, *Monialibus*, pp. 157-158.

[18] Così G. Santoncini, *Il groviglio giurisdizionale dello Stato ecclesiastico prima dell'occupazione francese*, in «Annali dell'Istituto storico italo-germanico in Trento», XX, 1994, pp. 82-102.

[19] Su questi temi, e in particolare sulla giustizia criminale della Chiesa, cfr. le recenti osservazioni di M. Mancino e G. Romeo, *Clero criminale. L'onore della Chiesa e i delitti degli ecclesiastici nell'Italia della Controriforma*, Roma-Bari, Laterza, 2013, a proposito di un vero e proprio «puzzle del governo del clero delinquente nell'Italia tridentina» (ivi, p. 53), Fosi, *La giustizia del papa*, cit., pp. 136 ss. ed E. Bonora, *Giudicare i vescovi. La definizione dei poteri nella Chiesa postridentina*, Roma-Bari, Laterza, 2007.

[20] *Processo*, deposizione di Francesco Cittadini vescovo di Castro, Castro, 22 settembre 1573, ff. 109r e 115r.

²¹ *Ibidem.* Sull'attività di Galeazzo Cossa come auditore del cardinal Farnese cfr. F.T. Fagliari Zeni Buchicchio, *Isola nel passaggio dagli Orsini ai Farnese. Alcuni documenti d'archivio*, in AA.VV., *Il parco di Veio. L'identità storica di un territorio*, Roma, Parco di Veio/Università La Sapienza, 2005, pp. 95-103.

²² ASP, *CFE*, Roma, 470, Pietro Ceuli al duca di Parma e Piacenza, Roma, 9 settembre 1573.

²³ *Processo*, f. 3r. In quel periodo il *modus procedendi* del tribunale era indicato dalla Costituzione apostolica di Pio V *Inter Illae* del 20 novembre 1570 (*Bullarum diplomatum et privilegiorum [...]*, Torino, Vecco, 1857-1872, VII, pp. 865-872), le cui norme furono successivamente raccolte insieme alle altre bolle precedenti e successive da S. Tiberi, *De modo procedendi in causis, quae coram Auditore Camerae aguntur*, Venezia, Marco Amadori, 1584, ripubblicata poi a Roma nel 1593 con il titolo *Causarum, quae coram auditore camerae aguntur. Practica iudiciaria* (cit. in A. Cicerchia, *Giuristi al servizio del papa. Il Tribunale dell'auditor Camerae nella giustizia pontificia di età moderna*, Città del Vaticano, Archivio Segreto Vaticano, 2016, pp. 91 ss. Sulla figura e sulla nomina del Riario cfr. *ibidem*, pp. 86-87.

²⁴ Gli atti del processo istruito dal podestà di Castro non sono ad oggi reperibili (dopo la distruzione di Castro, l'archivio dell'ex ducato, comprendente anche gli atti criminali, fu trasferito a Valentano dove fu in gran parte distrutto nel 1870 su disposizione papale). I verbali degli interrogatori (o una copia di essi) svolti dall'auditore dello Stato Galeazzo Cossa e dal podestà, che continuarono ad interrogare alcuni testi tra il 10 e il 14 settembre 1573, furono consegnati al commissario Cerbelli (*Processo*, ff. 5r, 12v, 18v, 23r, 24v, 25v) ma non risultano allegati ai costituti.

²⁵ ASP, *CFE*, Roma, 470, Ascanio Celsi al duca di Parma Ottavio Farnese, Roma, 15 settembre 1573: «Ho tratato per conto del caso della Badessa di Castro. S.S.ta ne ha fatto iudice l'auditore della Camera che tutto ne sia col Car. le, il quale auditore e in cap.la». Ringrazio Gigliola Fragnito per avermela segnalata.

²⁶ Cfr. *infra*, p. 120.

²⁷ *Discorso fatto sopra l'aggiustamento.*

²⁸ *Ibidem*, f. 281r-v.

²⁹ Su questo punto si veda *infra*, pp. 120 ss.

³⁰ *Discorso fatto sopra l'aggiustamento*, ff. 281v. L'attribuzione del cappello cardinalizio al Birago, ottenuto nel 1578 ma promesso da Gregorio XIII già dal 1576 su richiesta esplicita di Enrico III di Francia e poi di Caterina de' Medici, fu oggetto effettivamente di una controversia a causa dell'opposizione del cardinale di Granvelle (L. Pastor, *Storia dei papi*, IX, Roma, Desclée, 1925, p. 163; P. Tiepolo, *Relazione di Roma 1578*, in E. Alberi, *Le relazioni deli ambasciatori Veneti al Senato durante il secolo decimosesto*, IV, Firenze, Società Editrice Fiorentina, 1857, p. 261; M. François, *Birago, Renato*, in *Dizionario biografico degli italiani*, cit., 10, 1968, pp. 613-618).

³¹ BAV, Urb. lat. 1704, ff. 289r-295r: *Espositione contro i Detrattori, nella Pubblicatione de Manifesti contro la Casa Farnese per l'occorso successo in Castro tra il Vescovo Monsignor Cittadini e a Madre Abbadessa* (= *Espositione*).

³² *Ibidem.*

[33] Cit. dalla bolla *Cum alias* emanata da Pio V il 10 giugno 1566 da Cicerchia, *Giuristi al servizio del papa*, cit., p. 81. Il tribunale aveva facoltà di procedere salvo che sui delitti indicati nella bolla *In Coena domini* (*ibidem*, p. 108). Sul tribunale nel quadro più generale della giustizia pontificia Fosi, *La giustizia del papa*, cit., pp. 23 ss.

[34] Cicerchia, *Giuristi al servizio del papa*, cit., *passim*.

[35] Relazione dell'ambasciatore Paolo Paruta letta al Senato veneto nel 1595, pubblicata in *Le relazioni degli ambasciatori veneti*, X, a cura di E. Alberi, Firenze, Società editrice fiorentina, 1857, p. 370, cit. in Cicerchia, *Giuristi al servizio del papa*, cit., p. 11.

[36] Su questo punto e sulle finalità di controllo dell'episcopato attribuite da Gregorio XIII anche alla Congregazione dei Vescovi e Regolari, che proprio in quegli anni iniziava la sua attività, cfr. Mancino e Romeo, *Clero criminale*, cit., pp. 58 ss.

[37] Se già Pio IV aveva attribuito all'auditore della Camera facoltà di giudicare vescovi che avessero violato l'obbligo di residenza, Pio V, con la bolla *Cum alias* del 10 giugno 1566, aveva concesso al Riario di poter procedere «summarie, simpliciter et de plano, sola veritate inspecta, et manu regia de inobedientia propria usque ad sententiam exclusive procedat» (cit. in Cicerchia, *Giuristi al servizio del papa*, cit., p. 81).

[38] La documentazione archivistica è assai ridotta per tutto il periodo 1556-1846 (360 unità a fronte delle 5.694 per la sezione civile), conservata presso l'Archivio di Stato di Roma e relativa soltanto a tre degli uffici notarili nei quali il tribunale era organizzato. In modo particolare, per gli anni in cui si svolse la causa sul caso di Castro è conservato un unico manuale d'atti relativo solamente all'ufficio del notaio Pompeus Antonius per gli anni 1567-1578, mentre le sentenze sono conservate soltanto dal 1591 in poi.

Capitolo quinto

[1] Alcuni testimoni furono ascoltati «pro informatione curiae», non potevano cioè essere trattenuti se non in caso di indizi molto gravi ed erano esenti dal pagamento di una mercede al notaio (su questo aspetto della procedura cfr. Cicerchia, *Giustizia al servizio del papa*, cit., p. 115).

[2] M. Sbriccoli, *«Tormento idest torquere mentem». Processo inquisitorio e interrogatorio per tortura nell'Italia comunale*, in *La parola all'accusato*, a cura di J.-M. Vigueur e A. Paravicini Bagliani, Palermo, Sellerio, 1991, pp. 17-32, poi in Id., *Storia del diritto penale e della giustizia. Scritti editi e inediti (1972-2007)*, Milano, Giuffrè, 2009, pp. 111-128: 112.

[3] Sbriccoli, *«Tormento idest torquere mentem»*, cit., p. 112.

[4] *Processo*, 8r, deposizione di Cesare Del Bene, Castro, 13 settembre 1573.

[5] *Ibidem*, 4v-12v.

[6] Cfr. *supra*, pp. 38 ss.

[7] *Processo*, f. 12v-15v, deposizione di Simona Agostini, Castro, 13 settembre 1517. Lombarda di origine, viveva fuori Castro con il marito.

[8] *Ibidem*, deposizione di Cesare Del Bene, Castro.

[9] *Ibidem*, 17r.

[10] *Ibidem*, 18v-20v, Francisco Messeri di Portico detto Contino, Montefiascone, 14 settembre 1573.

[11] *Ibidem*, 23r-24v, deposizione di Virginia moglie di Contino, Montefiascone, 14 settembre 1573.

[12] *Ibidem*, 24v-25v, deposizione di Bianca del quondam Menico, Montefiascone, 14 settembre 1573.

[13] Così lo descrisse il marito della balia (*ibidem*, deposizione di Camillo Petrisco, 14 settembre 1573).

[14] *Ibidem*, 25v-r, deposizione di Ridolfa moglie di Camillo Petrisco, 14 settembre 1573.

[15] Disse di averli acquistati Camillo Petrisco con gli scudi ricevuti da Cesare Del Bene (*ibidem*, f. 21r).

[16] *Ibidem*, f. 26v, verbale del ritrovamento del figlio di Elena Orsini, Ronciglione, 15 settembre 1573.

[17] Si tratta del convento di Santa Maria della Quercia costruito accanto all'omonimo santuario, popolare luogo di devozione dalla fine del XV secolo e visitato anche da Michel de Montaigne (N.M. Torelli, *Miracoli della Madonna della Quercia di Viterbo e sua istoria*, Venezia, Poletti, 1725, pp. 16 ss.; *Moroni. Dizionario di erudizione Storico Ecclesiastica*, CII, Venezia, Tipografia Emiliana, 1861, pp. 177-184).

[18] *Processo*, ff. 27r-32v, deposizione di Vittoria di Barberino, Castro, 16 settembre 1573.

[19] *Ibidem*, ff. 32v-35r, deposizione di Bernarda Liberati, Castro, 16 settembre 1573.

[20] *Ibidem*, f. 9r, deposizione di Cesare Del Bene, 13 settembre 1573: «La putta poteva havere da sette overo otto anni et era una putta stracciata et non guardai bene a tutte le sue fattezze perche io mi andavo distringando per fare un mio servitio, pigliai la polisa et me ne andai via».

[21] Sulla complessa materia probatoria (prove legali, prove piene e semipiene, indizi e presunzioni) e sulla sua applicazione cfr. G. Alessi, *Prova legale e pena. La crisi del sistema tra evo medio e moderno*, Napoli, Jovene, 1979.

[22] Su questi temi cfr. tra gli altri A. Prosperi, *Dare l'anima. Storia di un infanticidio*, Torino, Einaudi, 2005 e Id. (a cura di), *Salvezza delle anime, disciplina dei corpi. Un seminario sulla storia del battesimo*, Pisa, Edizioni della Normale, 2006, in particolare V. Lavenia, *«D'animal fante». Teologia, medicina legale e identità umana. Secoli XVI-XVII*, pp. 482-525.

[23] F. Reggiani, *«Si consegna questo figlio...». Segnali, messaggi, scritture*, in M. Canella, L. Dodi e F. Reggiani (a cura di), *«Si consegna questo figlio». L'assistenza all'infanzia e alla maternità dalla Ca' Grande alla Provincia di Milano 1456-1920*, Università degli Studi di Milano, Milano, Skira, 2008, pp. 135-158: 137. Si veda anche *ibidem*, E.M. Riva, *«... e per segno una piccola chiave»*, pp. 165-180: 165, e, tra gli altri, E. Renzetti, *Il segno degli esposti*, in *Benedetto ti chi porta, maledetto chi ti manda. L'infanzia abbandonata nel Triveneto (secoli XV-XIX)*, a cura di C. Grandi, Treviso, Fondazione Benetton, Canova, 1997, pp. 23-32. Per una rassegna storiografica cfr. G. Da Molin, *Per*

una storia dell'infanzia abbandonata in età moderna: i messaggi dell'abbandono, in «Itinerari di ricerca storica», XXX, 2016, 2, pp. 79-94.

Capitolo sesto

[1] *Processo,* ff. 35r-39r, deposizione di Elena Orsini, Castro, 16-17 settembre 1573.

[2] *Ibidem,* 36r: «La polisa che io scrissi a quel Cesari et che dicevo che un suo amico havia interesse nel putto io intendevo et intendo d'un messere Giovanni Baptista che a me pare fusse un genuese il quale hebbe che fare con me et da lui restai gravida».

[3] Cit. in G. Vigorelli, *Introduzione,* in *Vita e processo di suor Virginia Maria de Leyva,* p. X. Com'è noto, Manzoni spostò la vicenda dal 1597-1608 al 1628-1630. Per un raffronto tra le due figure e il loro destino letterario cfr. *infra,* pp. 141 ss.

[4] Per una sintesi recente su questi temi oggetto di una vasta bibliografia cfr. N. Maria Filippini, *Generare, partorire, nascere. Una storia dall'antichità alla provetta,* Roma, Viella, 2017, in particolare pp. 119 ss.

[5] Così riporta G. Da Vigo, *Prattica universale in cirugia,* Venetia, Nicolini, 1560, p. 176.

[6] Cfr. *supra,* p. 60.

[7] *Processo,* 49r-v, deposizione di Lucia Benedetta, 17 settembre 1573.

[8] *Ibidem,* 55r-56v, deposizione di Lorenzo Scaramucci, Castro, 18 settembre 1573.

[9] *Ibidem,* «Una volta sola io ho visto intrare il vescovo dentro il monasterio che fu o nel fine del mese di luglio o nel principio del mese di agosto, e fu un giorno che havendo io fatto compagnia a monsignore li all'monasterio secondo il mio solito in quello che monsignore volse intrare dentro messere Sigismundo medico voleva lui uscire fora che era stato dentro il monasterio a vedere l'amalate, et veddi che detto messere Sigimundo retornò in dietro e lui cioè monsignore vescovo andorno dentro et la porta fu serrata et io assieme con li altri aspettassimo di fore fin tanto che il vescovo retornò, et in quell'hora havevo già per inteso che la madre abbadessa havia parturito». Cfr. anche *ibidem,* 68r, deposizione di Ludovica Blasi, portinaia, Castro, 17 settembre 1573: «in una matina nanti pranzo quando il vesco venne a visitare la madre abbadessa et con il vescovo ci era uno medico chiamato messere Gismondo et lui ando insieme con il vescovo su nella spitiaria dove che giaceva la madre abbadessa et non ci era altri in compagnia del vescovo».

[10] *Ibidem.*

[11] *Ibidem,* 59v-60v, deposizione di Francesco Fidanti, 18 settembre 1573.

[12] *Ibidem,* 52-55v, deposizione di Giulio Antonio di Appiano, 17 settembre 1573. Riascoltato anche il 24 gennaio 1574, così confermò: «Quando io stetti su nel campanile a fare la sentinella io andavo hora ad un fenestrone e hora dallo altro, et quando io veddi quello homo che mi parse il vescovo dentro il monasterio si como ho detto nel altro mio examine, ero in quello fenestrone

che reguarda verso il monasterio ma io non so se era verso levante ponente che io non me intendo di queste cose» (*ibidem*, f. 205r).

¹³ *Ibidem*, ff. 77v-80v, deposizione di Elena Orsini, 20 settembre 1573.

¹⁴ Cit. in *Vita e processo di suor Virginia Maria de Leyva*, p. VII.

¹⁵ *Processo*, f. 188v, deposizione di Elena Orsini, Roma, 21 dicembre 1573.

¹⁶ *Ibidem*, ff. 81v, deposizione di Francesco Cittadini, Castro, 20 settembre 1573.

¹⁷ ASP, *CFE*, Roma, 470, Ascanio Celsi al duca Ottavio Farnese, Roma, 15 settembre 1573.

¹⁸ ASN, *AF*, 578, f. 428, Galeazzo Cossa al card. Farnese, Castro, 22 settembre 1573.

¹⁹ *Ibidem*, ff. f. 432, Galeazzo Cossa al card. Farnese, Castro, 23 settembre 1573.

²⁰ *Ibidem*.

²¹ Cfr. *supra*, pp. 40 ss.

²² *Processo*, ff. 97r-99r, deposizione di Paolo d'Hermete.

²³ Cfr. *infra*, p. 83.

²⁴ *Processo*, ff., f. 82r-91r, deposizione di Francesco Cittadini, Castro, 21 settembre 1573.

²⁵ *Ibidem*, ff. 91r-94r, deposizione di Elena Orsini, 21 settembre 1573.

²⁶ *Ibidem*, ff. 94r, deposizione di Vittoria di Barberino, Castro, 21 settembre 1573.

²⁷ ASN, *AF*, 578, ff. 430r, Galeazzo Cossa al cardinale, 22 settembre 1573.

²⁸ *Processo*, ff. 108r-117v, deposizione di Francesco Cittadini, Castro, 22 settembre 1573.

²⁹ *Ibidem*, f. 115r, «perche la speranza di guarire presto et provedere ad ogni cosa, e, li dolori della febre et le gravezze del male non lassano pensare ad altro che la salute et quella speranza fa differire le cose, ma il fatto è che quando uno sta in letto con quelli febroni gli esce de mente ogni altra cosa».

³⁰ *Ibidem*, ff. 116v, confronto tra Francesco Cittadini ed Elena Orsini, 22 settembre 1573.

³¹ Sulle due carceri cfr. M. Di Sivo, *Sulle carceri dei tribunali penali a Roma: Campidoglio e Tordinona*, in L. Antonielli (a cura di), *Carceri, carcerieri e carcerati. Dall'antico regime all'Ottocento*, Soveria Mannelli, Rubbettino, 2006, pp. 9-22; A. Borzacchiello, *Luoghi e modi della giustizia a Roma al tempo dei Cenci. La storia, il mito*, cit., pp. 82-97.

³² R. Venuti, *Accurata e succinta descrizione topografica e istorica di Roma moderna*, Roma, Barbiellini, 1766, p. 286.

³³ S. Andretta, *Il governo dell'osservanza: poteri e monache dal Sacco alla fine del Seicento*, in *Roma, città del papa – Storia d'Italia*, Annali 16, a cura di L. Fiorani e A. Prosperi, Torino, Einaudi, 2000, p. 400, n. 18.

³⁴ *Constitutioni del Monasterio Delle Monache Convertite di S. Maria Maddalena di Roma. Sotto la Regola di S. Agostino. Approvate, confirmate & accresciute*

dall'Illustriss. & R.mo Sig. Cardinale Aldobrandino Camerlengo della Santa Romana Chiesa, protettore, Roma, Stampatori Camerali, 1603. Sulle istituzioni per le fanciulle «pericolanti» e il recupero delle prostitute cfr. S. Cohen, *The evolution of Women's Asylums since 1500. Frome Refuges for Ex-Prostitutes to Shelters for Battered Women*, Oxford-London-New York, Oxford University Press, 1992 e A. Groppi, *I Conservatori della virtù. Donne recluse nella Roma dei papi*, Roma-Bari, Laterza, 1994; T. Storey, *Carnal commerce in Counter-Reformation Rome*, Cambridge, Cambridge University Press, 2008.

Capitolo settimo

[1] *Processo*, ff. 75v-76r, deposizione di Alessandro Bufalario gonfaloniere, Castro, 20 settembre 1573.

[2] *Ibidem*, ff. 123r-124v, deposizione di Elena Orsini, Roma, 29 settembre 1573: «fatta santa Maria prossima passata cominciandomi io un poco alenare et essendo desiderosa di intendere qualche cosa del putto un giorno messere Cesari del vescovo venne li al monasterio et li al parlatorio era alla grata, io parlai con lui et gli dissi come fussero passate le cose et lui mi disse che erano passate e reuscite bene e gli dissi che cosa era del putto et lui me disse che l'havia portato a Montefi[ascone et che l'havia allocata molto bene, et che era retornato a vedere il putto et che stava[accolto bene et che havia havuta la recivuta delli denari che havia pagati».

[3] *Ibidem*, 118v-123r, deposizione di Cesare Del Bene, 28 settembre 1573; cfr. anche l'interrogatorio del 29 settembre 1573, *ibidem*, 124v-127v.

[4] Così per esempio a Verona dal vescovo Matteo Giberti nel *Decreto del Sacro Concilio Tridentino sopra la riforma delle monache, etc.*, 1565, cit. in Zarri, *Recinti*, cit., p. 92. Sulle attività culinarie nei conventi cfr. anche *ibidem*, pp. 170-171.

[5] *Processo*, f. 213r-216v, deposizione di Nicola Maiorano, vescovo di Molfetta, Roma, 23 marzo 1574.

[6] Cit. in *Vita e processo di suor Virginia Maria de Leyva*, p. 16.

[7] *Ibidem*, p. 71.

[8] Sulla complessa ritualità del dono, sulla sua rilevanza in termini storici e antropologici cfr. le acute osservazioni di N. Zemon Davis, *Il dono. Vita familiare e relazioni pubbliche nella Francia del Cinquecento*, Milano, Feltrinelli, 2002, pp. 21 ss. Sui doni nei rituali di fidanzamento e matrimoniali cfr. Lombardi, *Matrimoni di antico regime*, Bologna, Il Mulino, 2001, pp. 208 ss.

[9] Sulle immagini forti del dono, sulla reciprocità e sull'eventuale asimmetria degli scambi regolati da complesse ritualità sociali cfr. J. Starobinski, *A piene mani. Dono fastoso e dono perverso*, Torino, Einaudi, 1995, pp. 3 ss.

[10] *Ibidem*, ff. 132v 142r, dcposizioni di Cesare Del Bene, Roma, 9, 10, 11 ottobre 1573. Sulla tortura, oltre a Sbriccoli, «*Tormento idest torquere mentem*», cit., cfr. M. Di Sivo, *Per via di giustizia. Sul processo penale a Roma tra XVI e XIX secolo*, in M. Calzolari, M. Di Sivo ed E. Grantaliano, *Giustizia e criminalità nello Stato pontificio: ne delicat remaneant impunita*, Roma, Gangemi, 2002, pp. 13-35.

¹¹ *Processo*, ff. 142r-151r, 162r-167r, deposizione di Cosimo Davanzati, Roma, 19 ottobre 1573.

¹² *Ibidem*, ff. 143v, 163r, deposizione di don Cosimo Davanzati, Roma, 19 ottobre 1573.

¹³ *Ibidem*, f. 84v, deposizione di Francesco Cittadini, 21 settembre 1573.

¹⁴ *Ibidem*.

¹⁵ Su questa materia, regolata nel decreto *De reformatione* e nel *De regularibus et monialibus*, cfr. G. Zarri, *Ordini religiosi e autorità episcopale: le visite pastorali a chiese esenti e a monasteri*, in C. Nubola e A. Turchini (a cura di), *Fonti ecclesiastiche per la storia sociale e religiosa d'Europa: XV-XVIII secolo*, Bologna, Il Mulino, 1996, pp. 347-368, e anche R. Creytens, *La giurisprudenza della Sacra congregazione del Concilio nella questione della clausura delle monache (1564-1576)*, in *La Sacra Congregazione del Concilio. Quarto centenario della Fondazione (1564-1964), Studi e ricerche*, Città del Vaticano, 1964, pp. 563-597.

¹⁶ *Processo*, deposizione di don Cosimo Davanzati, 19 ottobre 1573, f. 147r-v.

¹⁷ *Ibidem*. Cinque giorni dopo don Cosimo scriveva al duca Ottavio riferendo di aver testimoniato contro il vescovo e candidandosi al posto di quest'ultimo per succedergli nel governo della diocesi.

¹⁸ *Ibidem*, f. 147v, deposizione di don Cosimo Davanzati, Roma, 19 ottobre 1573.

¹⁹ *Ibidem*, f. 38v, deposizione di Elena Orsini, Castro, 16 settembre 1573.

²⁰ ASP, *CFE*, Roma, 470, Cosimo Davanzati al duca di Parma e Piacenza, Roma, 24 ottobre 1573.

²¹ Sebastiano Gualfreduccio, già vicario generale del vescovo di Pistoia Giambattista Ricasoli (cfr. L. Bandini e R. Fantappiè, *L'archivio del Capitolo della Cattedrale di Prato (secoli XI-XX): inventario*, Prato, 1984, p. 26), fu nominato «commissarium, administratorem, et vicarium in spiritualibus, et temporalibus generalem cum omnibus et singulis facultatibus, auctoritate, et potestate quod ad ea exercenda quae sunt jurisdictionis quam idem episcopus haberet, vel habere posset» con facoltà di visitare e riformare luoghi pii e monasteri e, in particolare di vigilare sulle monache di clausura del monastero della Visitazione (ASV, Sec. Brev., Reg. 65, f. 256r-257r). Una copia del breve si trova anche in ADA, *ASDCA*, Amministrazione del Capitolo, 9, Deliberazioni, ff. 84r-85r. Non si tratta, come erroneamente indicato da Casini, *Personaggi e luoghi farnesiani*, cit., p. 289, del breve di liberazione del vescovo che, al contrario, risulta «ob nonulla delicta de quibus est imputatus in carceribus in Alma Urbe detentus» (*ibidem*, f. 84r). Gualfreduccio fu in seguito sostituito dal commissario Raffaele Tomei dall'8 novembre 1573 almeno fino al 17 novembre 1780 (*ibidem*, ff. 87r e 93v; cfr. anche ASV, Vescovi e Regolari, reg. episc., 1, ff. 170, 274-275, 340-343, 386-387).

²² *Processo*, f. 143v.

²³ ASN, *AF*, 578, f. 431, Galeazzo Cossa al cardinale Alessandro Farnese, 22 settembre 1573.

²⁴ *Processo*, f. 173r, deposizione di Francesco Ancorino, Roma, 30 ottobre 1573.

[25] ASP, *CFE*, 470, Roma, lettera al duca in forma di *avviso*, 2 dicembre 1573: «La Priora di Castro si dice si sia disdetta, et habbia ratificato il detto suo di prima che sia stato quel servitore del vescovo, che morse gia qui in Roma, a tal ch'el vescovo che sta ala larga, se così è, verrà assoluto et liberato come innocente».

[26] *Processo*, ff. 188v: costituto di Elena Orsini, Roma, 21 dicembre 1573.

[27] Di Sivo, *Per via di giustizia*, cit.

[28] *Processo*, ff. 189v-1597, deposizioni di Vittoria, Aloisio Ferrer e Francesco Cittadini, Roma, 20 dicembre 1573 - 11 gennaio 1574.

[29] Su questo aspetto della procedura e sui termini di difesa concessi all'imputato cfr. quanto disposto nella bolla di Pio IV *Inter multiplices pastoralis* del 2 giugno 1562 (cit. in Cicerchia, *Giustizia al servizio del papa*, cit., p. 103 e Tiberi, *Practica iudiciaria*, cit., pp. 230-231).

[30] *Processo*, 209r, f. 213v, f. 218v, deposizioni di Giovanni Mattei, Roma, 29 marzo 1574, Giovan Francesco Morelli, Roma, 6 marzo 1574 e di Nicola Maiorano, Roma, 23 marzo 1574.

[31] *Ibidem*, ff. 205v-509v, deposizione di Aldobrandino Aldobrandini, 24 gennaio 1574.

[32] *Ibidem*, ff. 509v-513r, deposizione di Giovan Francesco Morelli, Roma, 6 marzo 1574.

[33] Si allude qui alla parentela con Clemente Dolera (Oneglia 1501 - Roma 1568), francescano e inquisitore, nominato cardinale nel 1557 da Paolo IV col titolo di S. Maria in Ara Coeli (cfr. A.M. Giraldi, *Dolera, Clemente*, in *Dizionario biografico degli italiani*, cit., 40, 1991, pp. 447-449).

[34] *Processo*, f. 217r, deposizione di Silvio de Silvestri, Roma, 25 marzo 1573.

[35] *Ibidem*, ff. 228r-233r, deposizione di Cesare Sutio, Roma, 22 aprile 1573.

[36] *Ibidem*, ff. 219v-221r, deposizione di Giovan Matteo Fabbri, Roma, 29 marzo 1573.

[37] *Ibidem*, f. 221r-v, deposizione di Ippolito Capilupi, Roma, 3 aprile 1573. Sulla sua complessa figura cfr. G. De Caro, *Capilupi, Ippolito*, in *Dizionario biografico degli italiani*, 18, cit., 1975, pp. 536-542.

[38] *Processo*, ff. 216-217r, deposizione di Giulio Sclafenato, Roma, 23 marzo 1574. Sulle origini nobiliari del vescovo cfr. anche le opinioni espresse in proposito dal canonico di Castro Silvio de Silvestri: «io sonno stato in Milano seco come ho detto et li generalmente ho inteso che era di casa di Cittadini et che la casa Cittadini di Milano sia nobile io non la so per altra strada salvo che quando ero in Milano intendevo che non poteva essere dottore di Collegio, se uno non havia provato prima essere stato nobile per tanti anni onde vedendo io chel signore Giovanni Donato fratello carnale di esso vescovo era dottore di Collegio per questo me emaginavo che questa casa Cittadini fusse nobile in Milano» (*ibidem*, f. 217r, deposizione di Silvio de Silvestri, Roma, 23 marzo 1574).

[39] Cfr. *supra*, pp. 36 ss.

[40] *Processo*, ff. 213r-216v, deposizione di Nicola Maiorano, Roma, 23 marzo 1574.

[41] *Ibidem*, ff. 233v-225v, deposizione di Giulio Villani, Roma, 5 aprile 1574.

⁴² *Ibidem*, ff. 234v-236v, deposizione di Paolo Paravicini, 5 maggio 1574. Su Crivelli cfr. A. Borromeo, *Crivelli, Alessandro*, in *Dizionario biografico degli italiani*, cit., 31, 1985, pp. 104-107.

⁴³ BAV, Urb. Lat. 1679, ff. 295r-304v, *Sommario intorno agli amori di Francesco Cittadini, vescovo di Castro, con la badessa Elena Orsini, nell'anno 1572, XVII secolo*, in particolare f. 303v.

Capitolo ottavo

¹ *Intorno agli amori*, f. 304r.

² Cfr. rispettivamente *Relazione del seguito*, f. 20v e *Relazione del caso*, f. 245r: «Furono deputati alcuni cardinali acciò studiassero questa Causa e dassero il loro parere». Cfr. anche *Caso occorso*, f. 422v: «hebbe per bene Sua Santità di deputare alcuni giudici, e prelati per ultimarne la sentenza». Nel *Successo occorso* si parla invece di una «particolar Congregazione criminale».

³ *Caso occorso in Castro*, ff. 98 r.

⁴ *Caso occorso*, f. 422v.

⁵ *Ibidem*, f. 422r.

⁶ *Relazione del seguito*, f. 20r.

⁷ *Relazione del caso*, f. 233v.

⁸ *Relazione del seguito*, f. 20r.

⁹ *Successo occorso*, f.

¹⁰ *Caso occorso in Castro*, 98v.

¹¹ *Relazione distinta*, f. 380r-v. Quanto a Cesare Del Bene: «fu condannato in galera per dodici anni per essere stato convinto di quel trasporto dall'ostessa, dalle monache, e dalla madre abbadessa» (*ibidem*).

¹² Biblioteca Ambrosiana di Milano (= BAM), F 95 inf., 530r-v, 537r-v, lettera di Francesco Cittadini a Carlo Borromeo, S. Pietro di Beolco (Lecco), 13 ottobre 1579.

¹³ *Ibidem*, ff. f. 453r-454v, lettera di Francesco Cittadini a Carlo Borromeo, S. Pietro di Beolco (Lecco), 7 agosto 1579.

¹⁴ *Relazione distinta*, f. 380r.

¹⁵ Cittadini fu ufficialmente deposto nel 1581 quando, il 31 gennaio, si insediò al suo posto Celso Paci, mantenendo però fino al 1601 il titolo (cfr. A. Masini, *Bologna perlustrata*, II, Bologna, 1666, p. 124; P.B. Gams, *Series episcoporum Ecclesiae Catholicae*, Graz, 1957, p. 660). Segnalato al seguito di Carlo Borromeo durante la visita nella diocesi di Brescia del 1580, nella chiesa parrocchiale di Maderno per la traslazione del corpo di sant'Ercolano: lo sostituì durante le ordinazioni delle *tempora* autunnali a Mirasole del 1582 (G.P. Giussano, *Vita di S. Carlo Borromeo*, Milano, 1610, pp. 404 e 479). La sua presenza è poi di nuovo segnalata a Milano, come «vescovo già di Castro», durante la cerimonia di entrata solenne di Federico Borromeo nell'agosto del 1595 (F. Rivola, *Vita di Federico Borromeo*, Milano, 1656, p. 189) e in alcune cerimonie di ordinazione a Sant'Ambrogio (*Memorie storiche della diocesi di Milano*, Milano, 1966, pp. 54, 120, 126-128, 137). Nel 1601, sempre a

Milano, consacra la chiesa di Sant'Antonio da Padova a porta Romana (S. Latuada, *Descrizione di Milano [...], delle Fabbriche più cospicue che si trovano in questa Metropoli*, II, Milano, 1737, p. 291, che riporta la lapide: *Ecclesia haec / Sub titulo Visitationis B. Virginis Mariae / ac S. Antonii de Padua / Ab reverendiss. D. Francisco Episc. Cittadino Illustis. Et Reverentiss. D.D. Federici Borrhomaei / S.R.E. Cardinalis Amplissimi / ac S. mediol. E. Archiepiscopi concessu / Consecrata est Die I. Septembris M.D.C.I.*; cfr. anche G. Cappelletti, *Le chiese d'Italia dalla loro origine sino ai nostri giorni*, V, Venezia, 1846, p. 562) per poi partecipare, ai primi di novembre di quello stesso anno, a una messa solenne in onore di Carlo Borromeo (M.A. Grattarola, *Successi maravigliosi della veneratione di S. Carlo Cardinale di S. Prassede, & Arciuescouo di Milano*, Milano, 1614, p. 19). Secondo quanto riporta R. Beretta, *Appunti storici su alcuni monasteri e località della Brianza*, 1966, p. 358, Francesco Cittadini l'11 ottobre 1603 consacrò la parrocchiale di Barzago.

[16] Cfr. a questo proposito l'allusione che Verzosa fa proprio al Borromeo nell'*epistola* dedicata a Cittadini, *supra*, p. 37.

[17] BAM, F 108 inf., ff. 385r-v, 391r-v, Roma, 7 novembre 1566.

[18] *Ibidem*, F 86 inf. 139r-140v e 275r-v, 280r-v, 6 giugno 1570 e 11 luglio 1570; F 126 inf. 155r-v, 170r-v, Castro, 20 febbraio 1573. Cfr. anche *ibidem*, F 111 inf. 124r-v, 133r-v e F 116 inf. 490r-491v, lettere di Ottaviano Cittadini al cardinale del 20 settembre 1567 e 23 luglio 1569.

[19] *Relazione distinta*, f. 280r.

[20] *Discorso fatto sopra l'aggiustamento*, ff. 285v-288v.

[21] Cit. in Andretta, *Il governo dell'osservanza*, cit., p. 403, da P. Paschini, *I monasteri femminili in Italia nel Cinquecento*, in AA.VV., *Problemi di vita religiosa in Italia nel Cinquecento*, Atti del Convegno di storia della Chiesa in Italia, Bologna, 2-6 settembre 1958, Padova, Antenore, 1960, pp. 31-60: 34.

[22] Cfr. Zarri, *Recinti*, cit., pp. 238-248; D. Lombardi, *Matrimoni di antico regime*, Bologna, Il Mulino, 2001, pp. 290 ss.; E. Brambilla, *Sociabilità e relazioni femminili nell'Europa moderna. Temi e saggi*, a cura di L. Arcangeli e S. Levati, Roma, Franco Angeli, 2013, pp. 90 ss.

[23] *Discorso fatto sopra l'aggiustamento*, f. 288v.

[24] ASN, *AF*, 578, f. 456, Maria Maddalena Gandolfi al card., 12 ottobre 1573.

[25] G. Pietro Barco, *Specchio religioso per le monache posto in luce d'ordine dell'illustriss. et reverendiss. Federico Borromeo arciuescovo di Milano*, Milano, Locarni, 1609, cit. in Cattaneo, *Monacazioni forzate*, cit., pp. 170 ss.

[26] Cfr. a questo proposito le osservazioni di A.M. Hespanha, *Early Modern Law and the Anthropological Imagination of Old European Culture*, in J. Marino (a cura di), *Early Modern History and the Social Sciences: Testing the Limits of Braudel's Mediterranean*, Kirksville (MO), Truman State University Press, 2002, p. 195, riprese da O. Niccoli, *Stendhal e la duchessa di Paliano: passioni e rituali*, in R. Mancini (a cura di), *La trama del tempo: reti di saperi, autonomie culturali, tradizioni. Studi in onore di Sergio Bertelli*, Roma, 2005, pp. 205-225: 209, poi in Ead., *Rinascimento anticlericale*, Roma-Bari, 2005, pp. 137 ss. Per una messa a punto sulla storiografia riguardo alle «emozioni» in età moderna si veda S. Ferente, *Storici ed emozioni*, in «Storica», 43-44-45, XV, 2009, pp. 371-391.

[27] Niccolò Orsini, favorito dal bando imperiale emesso nel novembre del 1573 contro Orso, aveva però finito per cedere a Francesco I la fortezza di Pitigliano, che gli fu riconsegnata nel 1576 salvo poi essere definitivamente annessa al granducato nel 1604 insieme alla contea; Orso, macchiatosi dell'assassinio della moglie nel 1575 fu poi ucciso il 2 marzo del 1576 (A. Biondi, *Introduzione* a Fanciulli, *La contea di Pitigliano e Sorano*, cit., p. 80).

[28] Sulla giustizia transattiva e sui rituali di pace cfr. M. Sbriccoli, *Giustizia negoziata, giustizia egemonica. Riflessioni su una nuova fase di studi della storia della giustizia criminale*, in M. Bellabarba, G. Schwerhoff e A. Zorzi (a cura di), *Criminalità e giustizia in Germania e in Italia. Pratiche giudiziarie e linguaggi giuridici tra tardo medioevo ed età moderna*, Bologna-Berlino, 2001, pp. 346-350; M. Bellabarba, *Pace pubblica e pace privata: linguaggi e istituzioni processuali nell'Italia moderna*, in ivi, pp. 189-213; O. Niccoli, *Perdonare. Idee, pratiche, rituali in Italia tra Cinque e Seicento*, Roma-Bari, 2007 e P. Broggio e M.P. Paoli, *Stringere la pace. Teorie e pratiche della conciliazione nell'Europa moderna (secoli XV-XVIII)*, Roma, 2011.

[29] Sulle composizioni delle cause criminali istruite dal tribunale dell'Auditor Camerae, cfr. Cicerchia, *Giuristi al servizio del papa*, cit., pp. 104, 115.

[30] Sull'attività iniziale della Congregazione e sulle visite apostoliche cfr. G. Romeo, *La Congregazione dei Vescovi e Regolari e i visitatori apostolici nell'Italia post-tridentina: un primo bilancio*, in M. Sangalli (a cura di), *Per il Cinquecento religioso italiano. Clero, cultura e società*, II, Roma, Edizioni dell'Ateneo, 2003, pp. 607-614 e Mancino e Romeo, *Clero criminale*, cit., pp. 57 ss.

[31] *Ibidem*, p. 59.

[32] ASV, Vescovi e regolari, Visite apostoliche, 37, Visita apostolica di mons. Alfonso Binarini, notaio Gio. Battista Antigliani, 1-9 dicembre 1573, f. 1r-6v.

[33] ASN, *AF*, 578, f. 440, le monache della Visitazione al card. Farnese, Castro, 25 settembre 1573. Su questa lettera cfr. anche *ibidem*, f. 438, frate Francesco Bartolini al card. Farnese, Castro, 25 settembre 1573.

[34] ASV, Archivum Arcis, Arm I-XVIII, 3527, «Dispensationes et translationes Monasterij ex Castri ad Civitatem Viterbii»: copia del breve di Gregorio XIII, 1° aprile 1574.

[35] Zarri, *Recinti*, cit., p. 117.

[36] Novi Chavarria, *Monache e gentildonne*, cit., pp. 71 ss.; Laven, *Monache*, cit., p. 25.

[37] Sull'intransigenza nei confronti delle pratiche sessuali consumate nei monasteri femminili e sulle diverse posizioni in merito nei vertici della Chiesa sotto Gregorio XIII e Sisto V cfr. i casi citati da Mancino e Romeo, *Clero criminale*, cit., pp. 131 ss.

[38] G. Priuli, *I Diarii*, IV, a cura di R. Cessi, Bologna, Zanichelli, 1933-1938, p. 34, 6 giugno 1509, cit. in Laven, *Monache*, cit., p. 136 e in Zarri, *Recinti*, cit., p. 73.

[39] Grattarola, *Successi maravigliosi della veneratione di S. Carlo Cardinale di S. Prassede*, cit., p. 19.

Capitolo nono

[1] *Successo occorso*, pubblicato in Stendhal, *Chroniques italiennes*, II, V. Del Litto éd., Genève, Cercle du Bibliophile, 1968, pp. 218-232. Sulla base delle annotazioni dello stesso Stendhal sul primo foglio («J'ai bravé, pour trouver cette histoire, la poussière infame de la bibliothèque. La c[ontesse] me dit: "Entrez, cherchez et trouvez, si vous pouvez". J'en ai mal aux yeux», in BNF, Ms. Ital. 171, f. 132v, pubbl. *ibidem*, p. 218), Del Litto ritiene che la cronaca dell'*Abbesse* sia stata rinvenuta nella biblioteca romana della famiglia Caetani consultata su autorizzazione della contessa Teresa (Del Litto, *Préface*, cit., pp. XXXVI-XXXVIII) e non in altre biblioteche come ipotizzato da L.F. Benedetto, *La Parma di Stendhal (1950)*, Milano, Adelphi, 1991, pp. 33-34. Priva di fondamento l'ipotesi formulata da F. Casini, *Personaggi e luoghi farnesiani della Tuscia viterbese nell'opera di Stendhal*, in «Rivista di Letterature moderne e comparate», LXV, 2012, 3, pp. 277-300, che individua nel ms. 4149 conservato presso la Biblioteca Casanatense di Roma il manoscritto fatto copiare da Stendhal, che invece è stato acquisito dalla biblioteca nel novembre 1899 (*Relazione del seguito*).

[2] *Infra*, p. 134, n. 23.

[3] Per un indice completo con le annotazioni di Stendhal, cfr. Stendhal, *Chroniques italiennes*, II, cit.

[4] BNF, Ms. Ital. 171, f. 2r pubbl. in Stendhal, *Chroniques italiennes*, II, cit., p. 21.

[5] Lettera a Sainte-Beuve del 21 dicembre 1834 in Stendhal, *Correspondance*, II, Paris, Gallimard, 1967, p. 348: «parfaitement vraies», espressione ripresa poi in Id., *Vittoria Accoramboni*, Roma, Salerno Editrice, 1990, p. 24.

[6] Dalla bozza di prefazione pubblicata in Stendhal, *Chroniques italiennes*, I, éd. H. Matineau, Paris, Le Divan, 1929, p. 6, cit. in H.-F. Imbert, *Les Chroniques italiennes: une expérience d'écriture bayliste*, in M. Colesanti, A. Jeronimidis, L. Norci Cagiano e A.M. Scajola (a cura di), *Stendhal, Roma e l'Italia*, Atti del Congresso internazionale, Roma, 7-10 novembre 1983, Roma, Edizioni di Storia e Letteratura, 1985, pp. 487-550: 497. Questa stessa espressione viene poi ripresa in Stendhal, *Vittoria Accoramboni*, cit., p. 27: «Quando tuttavia, mentre si viaggia da soli al calar della notte, ci si ponesse a riflettere sulla grande arte di conoscere il cuore dell'uomo».

[7] Archivio Fondazione Camillo Caetani di Roma (= AFCCR), Fondo generale 146753/1585 Nov. 13, ff. 6, XVII-XVIII sec., «Relatione della morte dell[mutilo] e Flaminio Accorambuoni [mutilo] che n'è seguito». *Inc.*: «Doppo la morte dell'Ill.mo S.or Paolo Giordano Orsino, che fù in Salò à XIII di Novembre la Sra Vittoria Accorambona sua moglie se ne parti per la volta di Padova», *Exc.*: «la qual sarà causa, che per l'avenir i scelerati non haveranno ardire di fare molte cose, che fin qui hanno fatto». L'archivio Caetani è stato drasticamente riordinato tra il 1924 e il 1935 da Gelasio Caetani per redigere la *Domus Caietana*, una storia della famiglia rimasta però incompiuta (L. Fiorani, *Gli ultimi Caetani. Una famiglia, una civiltà XIX-XX secolo*, in Fondazione Camillo Caetani, *Palazzo Caetani storia arte cultura*, a cura di L. Fiorani, Roma, Istituto Poligrafico e Zecca dello Stato, Libreria dello Stato, 2007, pp. 315-330).

⁸ Così sono intitolate nella raccolta conservata presso BAR, Ms. 1587, *Relazioni tragiche, raccolte e messe insieme da Lorenzo Manfredi Romano l'anno 1752*. Cfr. a questo proposito, anche in relazione all'uso che ne fece Stendhal, le ricerche pionieristiche svolte da Benedetto, *La Parma di Stendhal*, cit., in particolare pp. 21 ss.

⁹ Casini, *Personaggi e luoghi farnesiani*, cit., data la redazione del *Successo occorso* all'epoca in cui i fatti narrati si svolsero, benché H. Martineau abbia già definito nel 1951 le relazioni individuate da Stendhal dei «romans populaires, presque toutes composées dans la seconde moitié du XVIIe siècle» (*L'œuvre de Stendhal, histoire de ses livres et de sa pensée*, Paris, Albin Michel, 1951, p. 568). Stesso equivoco di datazione in Y. Houssais, *Histoire et fiction dans les Chroniques italiennes de Stendhal*, Moncalieri, C.I.R.V.I., 2000, p. 13, che definisce i manoscritti stendhaliani «chroniques de la Renaissance».

¹⁰ BL, ADD 8409, *Avvenimenti Tragici, et esemplari di delitti seguiti, et puniti in Roma in Diversi Personaggi ed accadute in diversi tempi et sotto diversi Governi, et Pontificati*, f. 2r. Parte di queste considerazioni è stata anticipata in L. Roscioni, *L'omicidio funesto del principe Savelli. Una fonte cronachistica*, in *Prima lezione di metodo storico*, a cura di S. Luzzatto, Roma-Bari, Laterza, 2010, pp. 87-104.

¹¹ Sulle «relazioni di giustizia» e la cosiddetta «letteratura del patibolo» in Italia cfr. per uno sguardo d'insieme M. Bellabarba, *La giustizia nell'Italia moderna*, Roma-Bari, Laterza, 2008, pp. 154-158, pp. 30 ss.; I. Fosi, *La giustizia del papa. Sudditi e tribunali nello Stato pontificio*, Roma-Bari, Laterza, 2007, pp. 208 ss.; A. Prosperi, *Delitto e perdono. La pena di morte nell'orizzonte mentale*, Torino, 2013, pp. 502-536.

¹² Si veda per esempio A. Natale, *Gli specchi della paura. Il sensazionale e il prodigioso nella letteratura di consumo (secoli XVII-XVIII)*, Roma, Carocci, 2008; A.M. Sobrero, *Crudeli e compassionevoli casi. La cronaca nera nella letteratura popolare a stampa*, in «Ricerca folklorica» 15, 1987, pp. 19-26.

¹³ Per uno sguardo d'insieme, oltre agli studi di M. Sbriccoli, cfr. G. Alessi, *Il processo penale. Profilo storico*, Roma-Bari, Laterza, 2011, e la recente messa a punto di L. Faggion e L. Verdon (sous la dir. de), *Rite, justice et pouvoirs. France-Italie XIV-XIX siècle*, Aix-en-Provence, Presses Universitaires de Provence, 2012. Su rituali di giustizia e la pubblicità dei processi, cfr. T. Pech, *Exemplarité et publicité des procès*, in *Littérature et droit du Moyen Âge à la période baroque: le procès exemplaire*, éd. par S. Geonget et B. Meniel, Paris, Champion, 2008, pp. 115-119.

¹⁴ Per un bilancio Bellabarba, *La giustizia nell'Italia moderna*, cit., p. 76. Cfr., anche *supra*, p. n.

¹⁵ Così H.-J. Martin, *Livres pouvoirs et société à Paris au XVIIᵉ siècle (1598-1701)*, I, Genève, Droz, 1969, p. 358.

¹⁶ Sul concetto di *acculturation judiciaire* cfr., tra gli altri, X. Rousseaux e R. Lévy (a cura di), *Le pénal dans tous ses États: justice, États et sociétés en Europe (XIIᵉ-XXᵉ siècles)*, Bruxelles, Facultés universitaires Saint-Louis, 1997.

¹⁷ Natale, *Gli specchi della paura*, cit., p. 50.

¹⁸ Sulla circolazione manoscritta di questo genere di testi e sul loro contenuto potenzialmente eversivo cfr. E. Mori, *Isabella de' Medici e Paolo Giordano Orsini. La calunnia della corte e il pregiudizio degli storici*, in *Le donne Medici*

nel sistema europeo delle corti (secoli XVI-XVIII), a cura di G. Calvi e R. Spinelli, Firenze, II, 2008, pp. 537-550.

[19] Sui diversi gradi di lettura e sulla lettura popolare e collettiva cfr. tra gli altri R. Chartier, *Letture e lettori «popolari» dal Rinascimento al Settecento*, in G. Cavallo e R. Chartier, *Storia della lettura nel mondo occidentale*, Roma-Bari, Laterza, pp. 316-335.

[20] Sulla circolazione delle notizie sui processi attraverso gli avvisi a mano, le corrispondenze diplomatiche ecc. manca ancora uno studio sistematico. Cfr. inoltre M. Infelise, *Criminali e «cronaca nera» negli strumenti pubblici d'informazione tra '600 e '700*, in «Acta Histriae», 15, 2007-2, pp. 507-520. Sulle potenzialità di questo genere di fonti cfr. F. De Vivo, *Patrizi, informatori, barbieri: politica e comunicazione a Venezia nella prima età moderna*, Milano, Feltrinelli, 2012.

[21] M. Di Sivo (a cura di), *I Cenci: nobiltà di sangue*, Roma, Colombo, 2002; Bevilacqua e Mori (a cura di), *Beatrice Cenci. La storia, il mito*, cit.

[22] Baldassare Paolucci agente di Modena in Roma il 14 agosto al cardinal d'Este, cit. in *ibidem*.

[23] Così il romanzo storico di G. Brigante Colonna, *La nepote di Sisto V*, Milano, 1936. Sulla sua tragica fine, che ispirò tra gli altri J. Webster per la sua tragedia *The White Devil* (1612) e J.L. Tieck (1840), cfr. D. Gnoli, *Vittoria Accoramboni. Storia del secolo XVI*, Firenze, Le Monnier, 1870, e qualche cenno in E. Mori, *L'onore perduto di Isabella de' Medici*, Milano, Garzanti, pp. 329 ss. Sulla fortuna delle storie di Vittoria Accoramboni e Beatrice Cenci, cfr. rispettivamente Ringger, *Vittoria Accoramboni entre Stendhal et Ludwig Tieck*, cit., pp. 266 ss. e Bevilacqua e Mori (a cura di), *Beatrice Cenci. La storia, il mito*, cit., ai quali rimando per una dettagliata bibliografia.

[24] G. Boklund, *The Sources of «The White devil»*, Uppsala, A.-B. Lundeqvistska Bokhandeln, Cambridge (Mass.), Harvard University Press, 1957.

[25] Cfr. tra gli altri E. Menetti, *Enormi e disoneste: le novelle di Matteo Bandello*, Roma, Carocci, 2005; L. Sozzi, *L'«histoire tragique» nella seconda metà del Cinquecento francese*, Torino, Genesi Editrice, 1991; M. Lever, *De l'information à la nouvelle: les «canards» et les «histoires tragiques» de François de Rosset*, pp. 577-593.

[26] N. Tommaseo, *Dizionario della lingua italiana*, Torino, Società l'Unione Tipografica editrice, 1877, p. 1839.

[27] Sugli stereotipi narrativi della giustizia «narrata» cfr. D. Rieger, *«Histoire de loi – histoire tragique – authenticité et structure de genre chez F. de Rosset*, in «XVIIe siècle», 1994, n. 184, pp. 461-477; tra gli altri R. De Romanis e R. Loretelli, *Il delitto narrato al popolo: immagini di giustizia e stereotipi di criminalità in età moderna*, Palermo, Sellerio, 1999.

Capitolo decimo

[1] *Supra*, p. 17.

[2] A proposito dei libelli antifarnesiani sulla «leggenda degli amori prostituiti» cfr. le osservazioni di G. Fragnito, *Storia di Clelia Farnese*, Bologna, Il Mulino, 2013, pp. 8 ss. Sull'utilizzo di queste relazioni per interessi familiari o scopi

ereditari cfr. le osservazioni di E. Mori, *La Relazione sulla morte dei Cenci. Un falso storiografico?*, in *Beatrice Cenci. La storia, il mito*, cit., pp. 203-205.

[3] *Intorno agli amori*, f. 295r.

[4] *Ibidem*, f. 295v.

[5] *Processo*, ff. 77v-80v, deposizione di Elena Orsini, 20 settembre 1573.

[6] *Intorno agli amori*, f. 295v.

[7] *Ibidem*, f. 295r.

[8] *Ibidem*, f. 297r.

[9] *Processo*, f. 131v, deposizione di Simona Agostini, fornaia, Roma, 3 ottobre 1573.

[10] *Intorno agli amori*, f. 298v.

[11] *Ibidem*, f. 301v.

[12] *Processo*, f. 55v, deposizione di Lorenzo Scaramucci, Castro, 18 settembre 1573; f. 66v, Gabriele Del Bene, Castro, 18 settembre 1573; 74v, Aldobrandino Aldobrandini, 20 settembre 1573.

[13] *Intorno agli amori*, f. 303v.

[14] In realtà l'autore riporta tra virgolette la deposizione della badessa: «monsignore vescovo me scrisse una polisa dove me diceva che poi che era scoperta la cosa, et che la stava cusì che io recetasse di recoprirla meglio che se possia et per levare maggiore scandolo che dovesse io dire che era stato Giovanni Baptista poiche Giovanni Baptista a quell'hora era morto» (*Processo*, f. 188r, deposizione di Elena Orsini, Roma, 21 dicembre 1573) che così veniva trasformata in lettera: «Già vi sarà noto essersi pubblicato per tutto ciò che è successo si che se vi è caro salvarmi insieme con la riputazione la vita è per evitare scandalo maggiore potreste incolpare Giovanni Battista Doleri morto da pochi giorni, che se non riparate al vostro honore almeno ristarà illeso il mio». Ogni documento, o presunto tale, è preceduto e seguito dalla sigla «Proc. fol».

[15] Bruscalupi, *Storia della contea di Pitigliano*, cit., p. 393.

[16] *Supra*, pp. 81 ss.

[17] *Relatione distinta*, f. 274r. Fa parte di un volume contenente relazioni di giustizia, abiure e cronache di processi proveniente dalla collezione di manoscritti dell'incisore e letterato romano Giovanni Andrea Lorenzani (1637-1712), artista, «ottonaro», incisore, letterato romano, autore di alcuni scritti contenuti nel volume, acquistato dalla Biblioteca Vaticana nel 1720 (G. Morelli, *Giovanni Andrea Lorenzani artista e letterato romano*, in «Studi Secenteschi», 1972, pp. 193-251; E. Russo, *Lorenzani, Giovanni Andrea*, in *Dizionario biografico degli italiani*, cit., 65, 2005, pp. 783-785).

[18] *Relatione distinta*, f. 266v.

[19] *Ibidem*, f. 271v.

[20] *Ibidem*, f. 267v.

[21] *Supra*, p. 68.

[22] *Relatione distinta*, f. 265v.

[23] *Supra*, p. 50.

[24] *Espositione*, f. 289v.

[25] *Ibidem*, f. 290r.

[26] *Ibidem*, f. 291r.

[27] *Relazione distinta*, f. 250v.

[28] *Ibidem*, f. 250r.

[29] Sulla figura della monaca nella letteratura libertina del Seicento cfr. M. Rosa, *La religiosa*, in R. Villari (a cura di), *L'uomo barocco*, Roma-Bari, Laterza, 1991, pp. 219-267: 259.

[30] *Relazione distinta*, f. 251r.

[31] *Processo*, f. 40v, deposizione di Elena Orsini, Castro, 16-17 settembre 1573.

[32] Cfr. *supra*, p. 40.

[33] Così B. Croce, «*Le couvent de Baiano*» *e un romanzo di Girolamo Brusoni*, in Id., *Nuovi saggi sulla letteratura italiana del Seicento*, Bari, Laterza, 1931, pp. 172-174.

[34] Sul «romanzo a chiave» del Brusoni, poi ripubblicato nel 1558 con il titolo *Degli amori tragici*, e le cronache sullo scandalo di Baiano cfr. oltre a B. Croce, *Le «couvent de Baiano» e un romanzo di Girolamo Brusoni*, in «La Critica. Rivista di Letteratura, Storia e Filosofia diretta da B. Croce», 28, 1930, pp. 220-227, anche G. De Caro, *Brusoni, Girolamo*, in *Dizionario biografico degli italiani*, XIV, 1972, pp. 712-720. Sul processo che interessò il convento di Baiano negli anni Venti del Cinquecento cfr. Novi Chavarria, *Monache e gentildonne*, cit., pp. 48 ss. e G. Romeo, *Inquisitori, esorcisti e streghe nell'Italia della Controriforma*, Firenze, Sansoni, 1990, p. 241, n. 42. Sui *Successi tragici e amorosi* cfr. G. Parenti, *Corona, Ascanio e Silvio*, in *Dizionario biografico degli italiani*, cit., XXIX, 1983, pp. 281-283. Su Stendhal e la cronaca *Le couvent de Baiano* pubblicata a Parigi nel 1829 cfr. *infra*, p. 142.

[35] M. Bandello, *Novelle*, Torino, Pomba, 1853, p. 277, cit. anche in Cattaneo, *Monacazioni forzate*, cit., p. 152.

[36] *Relatione distinta*, f. 251v.

[37] *Ibidem*, f. 252v.

[38] *Ibidem*, f. 257r.

[39] *Ibidem*, f. 260r.

[40] *Ibidem*, f. 260v.

[41] *Ibidem*, f. 261v.

Capitolo undicesimo

[1] G. Dennis, *Vulci*, a cura di F. Cambi, Siena, Nuova Immagine Editrice, 2014, p. 49. Sul viaggio di Dennis, cfr. G.M. Della Fina, *Introduzione all'edizione italiana*, in G. Dennis, *Città e necropoli d'Etruria*, I, a cura di E. Chiatti e S. Nerucci, Siena, Nuova Immagine Editrice, 2015, pp. IX-XVIII; D. Rhodes, *Dennis of Etruria: The life of George Dennis / Dennis E. Rhodes*, London, C.&A. Woolf, 1973.

[2] Dennis, *Vulci*, cit., p. 50. Sugli interessi «etruschi» di Stendhal e sulla sua visita a Canino e alle tombe di Corneto cfr. A. Hus, *Stendhal et les Etrusques*,

in *L'Italie préromaine et la Rome républicaine*, I, *Mélanges offerts à Jacques Heurgon*, Rome, École Française de Rome, 1976, pp. 437-469. Sul rapporto con il principe Bonaparte e i figli cfr. anche L. Sciascia, *Il principe Pietro*, in Id., *Cronachette*, Milano, Adelphi, 1998, pp. 27-44, segnalatomi da Valerio Magrelli che ringrazio.

³ F.M. Misson, *Nouveau voyage d'Italie*, II, Utrecht, Water et Poolsum, 1722 (V ed.), p. 305. Sui diari di viaggio consigliati da Stendhal in *Rome, Naples, Florence (1826)*, in Stendhal, *Voyages en Italie*, textes établis, présentés et annotés par V. Del Litto, Paris, Gallimard, 1973, p. 444. Sulle fonti di viaggio stendhaliane cfr. G. Bertrand, *Un voyageur dans le sillage des Lumières. Stendhal lecteur des guides et récits de voyage en Italie du XVIIIe et du début du XIXe siècle*, in Id. (sous la direction de), *La culture du voyage. Pratiques et discours de la Renaissance à l'aube du XXe siècle*, Paris, L'Harmattan, 2004, pp. 207-237; A. Amoia ed E. Bruschini, *Stendhal's Rome: Then and now*, Roma, Edizioni di Storia e Letteratura, 1997, pp. 13 ss.

⁴ Così nell'*Itinerario italiano ossia Descrizione dei viaggi per le strade più frequentate alle principali città d'Italia coll'indicazione delle distanze in poste, in miglia, in ore e minuti; de' migliori alberghi; degli oggetti piu interessanti di Belle Arti, Antiquaria e Storia Naturale; delle principali produzioni e manifatture locali; e di altre utili cognizioni*, Milano, Vallardi, 1816, p. 141, consigliato da Stendhal come la guida più valida per le strade e le stazioni di posta.

⁵ Stendhal, *Passeggiate romane*, a cura di M. Colesanti, Milano, Garzanti, 1983, p. 198. Sulle insinuazioni satiriche a proposito dell'episodio circolate durante la «guerra di scritture» che accompagnò il conflitto cfr. Callard, *Della guerra in Toscana*, cit., p. 140. Sulla prima guerra di Castro cfr. *supra*, p. 17.

⁶ Stendhal, *Journal*, 5, nouv. éd. établie sous la direction de V. Del Litto et E. Abravanel Genève, Paris, Slatkine reprints 1986, p. 229.

⁷ Stendhal, *L'Abbesse*, cit., pp. 107-109. Sul convento immaginato da Stendhal come «labirinto piranesiano» simbolo di «interiorità inaccessibile» cfr. P. Berthier, *Topo-énergetique de l'Abbesse de Castro*, in «Stendhal Club», 110, 1986, pp. 134-145.

⁸ Stendhal, *Chroniques italiennes*, II, cit., p. 89, a margine della *Relazione della morte seguita in Roma di Felice Peretti, e di Vittoria Accoramboni seguita in Padova, con il castigo dato dalla Repubblica agl'uccisori della medesima*, in BNF, Ms. Ital. 171: «To make a nouvelle. Non, la verité vaux mieux». Sull'importanza delle annotazioni di Stendhal cfr. H. de Jacquelot, *Stendhal, marginalia e scrittura*, Roma, Edizioni di Storia e Letteratura, 1991.

⁹ Stenhdal, *Vittoria Accoramboni*, cit., p. 23.

¹⁰ C. Dédéyan, *Stendhal adaptateur dans Vittoria Accoramboni*, in «Symposium», V, 1921, pp. 292-301, riporta l'opinione di Contini secondo il quale si tratterebbe, in ragione dello stile, di un pamphlet anticlericale molto recente, della fine del XVIII o dell'inizio del XIX secolo. È anche possibile che la copia vista da Stendhal sia più tarda, tuttavia un raro opuscolo conservato presso la Biblioteca Vaticana dal titolo *Il miserabile compassionevol caso, successo nella città di Padova. Con li nomi, et cognomi delli morti, condennati et assoluti, et il tempo della condennatione*, in forma di avviso, prova come le relazioni sul caso siano circolate subito dopo gli eventi narrati.

[11]   Del Litto, *Préface*, cit., p. LXXI.

[12]   Stendhal, *I Cenci*, in Id., *Cronache italiane*, cit., p. 77. Sul presunto ritratto della Cenci e sulle incisioni derivate cfr. R. Vodret, *Un volto per un mito*, in Bevilacqua e Mori (a cura di), *Beatrice Cenci. La storia, il mito*, cit., pp. 131-139, e B. Jatta e T. Sacchi Ladispoto, *Schede*, in *ibidem*, pp. 145-155.

[13]   Stendhal, *La badessa di Castro*, cit., p. 19.

[14]   Su questo punto cfr. *infra*, p. 143 ss.

[15]   Stendhal, *La badessa di Castro*, cit., p. 21.

[16]   Termine che ricorre più volte tra le annotazioni alle copie di manoscritti conservati presso la Biblioteca Nazionale di Parigi (Stendhal, *Chroniques italiennes*, II, cit., *passim*).

[17]   «The R[evue] [des] D[eux] M[ondes] as ask for one or two volumes of these coglionerie», 17 marzo 1837, in Stendhal, *Journal*, 5, cit., p. 193.

[18]   Stendhal, *Correspondance*, cit., p. 19, lettera a François Buloz, 28 aprile 1837: «Ces nouvelles ne sont pas de moi, et il a été convenu verbalement que jamais mon nom ne serait prononcé».

[19]   Così congettura Del Litto, *Préface*, cit., p. XLIV.

[20]   Così efficacemente M. Crouzet, *Stendhal. Il signor Me stesso*, Roma, Editori Riuniti, 1992, p. 818.

[21]   Houssais, *Histoire et fiction*, cit., p. 27.

[22]   «Beaucoup de crime plats dans ce volume; peu à prendre» (Stendhal, *Chroniques italiennes*, II, cit., p. 16).

[23]   Sul poema di Browning cfr., tra gli altri, B. Corrigan, *Browning's Roman Murder Story*, in «English Miscellany», XI, 1960, pp. 333-400; M. Bellorini, *The Ring And The Book di Robert Browning: Poesia e Dramma*, Milano, Isu, Università Cattolica, 2004. Sul caso A. Foa, *Comparini, Pompilia*, in *Dizionario biografico degli italiani*, 27, cit., 1982, pp. 678-682; Ead., *Un delitto d'onore*, in Ead., *Eretici. Storie di streghe, ebrei, convertiti*, Bologna, Il Mulino, 2004, pp. 117-137.

[24]   Stendhal, *L'Abbesse de Castro*, cit., p. 193.

[25]   *Ibidem*, p. 199. I presunti volumi del processo ricordano gli «huit volumes in-folio» che, nella lettera a Sainte-Beuve del 21 dicembre 1834, Stendhal diceva di essersi fatto copiare a Roma (cfr. *supra*, p. 134, n. 5).

[26]   Così C. Galderisi nell'*Introduzione* a Stendhal, *Vittoria Accoramboni*, cit., p. 10.

[27]   Benedetto, *La Parma di Stendhal*, cit., pp. 80 e 89.

[28]   Così M. Colesanti nell'edizione del 1962, pp. 5-8, cit. in M. Di Maio, *Interno di un racconto: L'Abbesse de Castro*, in Colesanti, Jeronimidis, Norci Cagiano e Scajola (a cura di), *Stendhal, Roma e l'Italia*, cit., pp. 517-527: 519, n. 3. Cfr. anche il giudizio sulla «gioiosa avventura» dell'*Abbesse* di P. Berthier, *Topo-énérgetique de «L'Abbesse de Castro»*, in Id., *Espaces stendhaliens*, Paris, Puf, 1997, pp. 283-299. Per una sintetica rassegna sulla critica cfr. Zanelli Quarantini, *Introduzione*, cit., anche per i riferimenti bibliografici aggiornati e P. Berthier, *Bibliographie*, in Stendhal, *Oeuvres romanesques complètes*, III, cit., pp. 1201-1202.

[29] «Sous le rapport de la prudence, faut-il laisser Castro ou mettre un ville plus eloignée de Rome?», in Stendhal, *Chroniques italiennes*, II, cit., p. 218, a margine del *Successo occorso*.

[30] Sul misto di attrazione e repulsione di Stendhal nei confronti della curia romana P. Boutry, *Entre répulsion, Fascination et fiction. Stendhal et la curie romaine*, in *Arrigo Beyle «Romano» (1831-1841). Stendhal fra storia, cronaca, letteratura, arte*, a cura di M. Colesanti, H. de Jacquelot, L. Norci Cagiano e A.M. Scaiola, Roma, Edizioni di Storia e Letteratura, 2004, pp. 39-80.

[31] Cit. in *ibidem*, p. 55.

[32] L'episodio è riportato in G. Lockhart, *Memoirs of the Life of Walter Scott*, IX, Boston, Ticknor & Fields, 1862, pp. 206-207.

[33] Lettera a Walter Scott, 18 febbraio 1821, cit. in F. Zanelli Quarantini, *Introduzione* a Stendhal, *L'Abbesse de Castro*, cit., p. XXV, e Del Litto, *Préface*, in Id., *Croniques italiennes*, cit., I, p. VII.

[34] Così Stendhal a proposito dell'*Origine delle Grandezze della Famiglia Farnese*: «To make of this sketch a tomanzetto» (*ibidem*, p. 229).

[35] Per una lista delle inesattezze e degli svarioni storici di Stendhal cfr. H. Baudoin, *À propos de l'«Abbesse de Castro»; remarques sur la chronologie dans le récit stendhalien*, in «Stendhal Club», 1971, pp. 329 ss. Sul divario tra l'Italia rinascimentale immaginata da Stendhal e quella storica nel racconto cfr. le osservazioni di O. Niccoli, *Stendhal e la duchessa di Paliano: passioni e rituali*, cit.

[36] Stendhal, *L'Abbesse de Castro*, cit., p. 207.

[37] Accolgo qui la traduzione proposta da F. Zanelli Quarantini in Stendhal, *L'Abbesse*, cit., p. 235, da *Chroniques italiennes*, II, cit., p. 219: «Pour [l']ab[b] esse de Castro]: L'ab[b]esse, fille fort belle, forcée d'abandonner sa maison à seize ans. L'évêque, la même aventure. La pitié pour un malheur analogue fait leur première liaison», in BNF, Ms. Ital. 171, annotazione a margine del *Successo occorso*.

[38] Sull'utilità narrativa della seconda parte del racconto tratta dalla fonte antica cfr. J. Prévost, *La Création chez Stendhal*, Paris, Gallimard, 1951, p. 411, cit. in Zanelli Quarantini, *Introduzione*, cit., p. XXIX.

Capitolo dodicesimo

[1] Lettera ad Adolphe de Mareste, 19 novembre 1827, in Stendhal, *Correspondance*, II (1821-1834), Paris, 1967, p. 127, cit. in G.F. Grechi, *Stendhal e Manzoni*, Milano, La Vita Felice, 2006, p. 17. Sui rapporti tra i due scrittori e le loro opere cfr. anche G. Bezzola, *Stendhal e Manzoni*, in *Stendhal e Milano*, Atti del XIV Congresso internazionale stendhaliano (Milano, 19-23 marzo 1980), Firenze, 1982, pp. 125-135; P.P. Trompeo, *Nell'Italia romantica sulle orme di Stendhal*, Roma, Leonardo Da Vinci, 1924, e Id., *Nota introduttiva* a Stendhal, *La badessa di Castro*, Torino, Einaudi, 1982 (I ed. 1942), p. VIII.

[2] Stendhal, *Correspondance*, cit., p. 112. Si trattava del terzo volume dell'edizione cosidetta «ventisettana» (A. Manzoni, *I promessi sposi, storia milanese del sec. XVII scoperta e rifatta da Alessandro Manzoni*, Milano, Ferrario, 1827)

nel quale la monaca di Monza non è più la Geltrude del *Fermo e Lucia*, ma è diventata Gertrude.

³ Stendhal, *Correspondance*, cit., p. 122.

⁴ Sull'«enigma» del *Vanina Vanini*, pubblicato sulla «Revue de Paris» il 13 dicembre 1829, cfr. la rassegna critica e le acute osservazioni di P. Berthier, *Notice*, in Stendhal, *Oeuvres romanesques*, I, cit., pp. 925 ss. *Trop de faveur tue* fu invece pubblicata postuma nelle *Chroniques italiennes* curate da H. Martineau (Paris, 1923). Sul tema claustrale in Stendhal cfr. Di Maio, *Interno di un racconto*, cit. Sul vero e proprio rompicapo critico rappresentato dal manoscritto sullo scandalo di Baiano conservato presso la BNF tra i tomi stendhaliani e la cronaca pubblicata nel 1829 in Francia tradizionalmente attribuita a Stendhal cfr. le convincenti conclusioni di Ead., *Stendhal e il convento di Baiano*, in Stendhal, *Interni di un convento, con due cronache di Sant'Arcangelo a Baiano*, a cura di M. Di Maio, Roma, Editori Riuniti, 1987, pp. 7-36 e, più recentemente, N. Takaki, *Quelques remarques sur la publication du Couvent de Baïano: dix lettres inédites de Henri Fournier à Paul Lacroix*, in «Revue internationale d'études stendhaliennes», 15-16, 2011-2012, pp. 181-194.

⁵ Rispettivamente Stendhal, *Passeggiate romane*, cit., p. 271, e Manzoni, *I promessi sposi*, cit., p. 253. Sull'analogia tra i due ritratti cfr. R. Ortiz, *Dal Manzoni allo Stendhal*, in Id., *Varia romantica*, Firenze, La Nuova Italia, 1932, pp. 275 ss., cit. in A. Mazza Tonucci, *Virginia-Gertrude tra storia e romanzo: fascino e fortuna di un personaggio*, in *Vita e processo di Suor Virginia Maria de Leyva*, cit., pp. 871-918: 875.

⁶ Così Berthier, *Notice à Trop faveur tue*, in Stendhal, *Oeuvres romanesques*, III, p. 1350.

⁷ BNF, Ms. Ital. 171, f. 132v (pubbl. in Stendhal, *Chroniques italiennes*, cit., II, pp. 218).

⁸ M. Crouzet, *Stendhal et l'italianité*, Paris, 1982, p. 287. Come è noto, l'idea della *Chartreuse* emerse nel settembre del 1838 per essere poi sviluppata a dicembre, mentre la prima parte de l'*Abbesse* fu scritta il 12-13 settembre e la seconda il 19-21 febbraio del 1839 (cfr. H.F. Imbert, *Les chroniques italiennes: une expérience d'écriture beyliste*, in Colesanti *et al.*, *Stendhal, Roma e l'Italia*, cit., pp. 487-550: 499, n. 5).

⁹ Stendhal, *L'Abbesse de Castro*, cit., pp. 185 e 175.

¹⁰ Su questo punto mi permetto di rimandare a L. Roscioni, *L'invention de la mélancolie religieuse? Quelques réflexions sur un concept pluriel*, in «Études Épistémè», 28, 2015, online since 11 December 2015, URL: http://episteme.revues.org/868; DOI: 10.4000/episteme.868.

¹¹ Manzoni, *I promessi sposi*, cit., p. 314.

¹² Stendhal, *L'Abbesse de Castro*, cit., p. 11, n. 2.

¹³ Id., *Passeggiate romane*, cit., pp. 31-32.

¹⁴ Pur considerando deludente e «piatta» *The Life and Pontificate of Leo the Tenth* di Roscoe (pubblicata nel 1805 e tradotta in Francia nel 1808 e nel 1813), vi aveva attinto, così come dal *The Life of Lorenzo de' Medici* (pubblicata nel 1795 e tradotta in Francia nel 1799) come mostra V. Del Litto, *La vie intellectuelle de Stendhal: genèse et évolution de ses idées (1802-*

1821), Paris, Slatkine, 1997, p. 439. Sul giudizio negativo a proposito della celebratissima *The History of the Reign of the Emperor Charles V* (1769) di William Robertson e sull'uso che ne fa cfr. P. Arbelet, *L'histoire de la peinture en Italie et les plagiats de Stendhal*, Paris, Slatkine, 2001, *passim*. Sull'idea di Rinascimento di Roscoe, se pur ancora priva della connotazione storiografica che poi avrebbe avuto nel corso del XIX secolo, legata alla visione classica dell'emergere degli studi umanistici e del «protagonismo eroico» dei principi italiani, cfr. A. Quondam, *Tre inglesi, l'Italia, il Rinascimento. Sondaggi sulla tradizione di un rapporto culturale e affettivo*, Napoli, Liguori, 2006, p. 195.

[15] Stendhal, *Passeggiate romane*, cit., pp. 31-32.

[16] Traggo queste considerazioni da M. Farnetti, *Il manoscritto ritrovato. Storia letteraria di una finzione*, Firenze, Società Editrice Fiorentina, 2005, in particolare pp. 139 ss., al quale si rimanda per la bibliografia sul tema.

[17] Cit. in *ibidem*, p. 21, da G. Agnoli, *Gli albori del romanzo storico in Italia e i primi imitatori di Walter Scott*, Piacenza, Forni, p. 174.

[18] Così M. Mazzucchelli, *Prefazione* a Id., *La monaca di Monza*, Varese, Dall'Oglio, 1962, p. 153, cit. in Farnetti, *Il manoscritto ritrovato*, cit., p. 153. Sul romanzo di Rosini, pubblicato nel 1829, cfr. Mazza Tonucci, *Virginia-Gertrude tra storia e romanzo*, cit., pp. 875 ss.

[19] G. Vigorelli, *Presentazione*, in *Vita e processo di suor Virginia Maria de Leyva*, cit., p. XII.

[20] Stendhal, *L'Abbesse de Castro*, cit., p. 79.

[21] *Ibidem*, p. 183.

[22] *Relatione distinta*, f. 250v e *Discorso fatto sopra l'aggiustamento*, f. 286v, cfr. *supra*, p. 24.

[23] *Relatione distinta*, f. 250v.

[24] Stendhal, *L'Abbesse de Castro*, cit., pp. 25-27.

[25] Si veda, a questo proposito, la *Guida per le Gallerie dei Quadri del Museo Reale Borbonico*, Napoli, 1831, pp. 50, 65, 77, annotata da Stendhal durante la sua visita del 2 maggio 1836 e conservata oggi presso il Fondo Stendhaliano Bucci nel Centro Stendhaliano di Milano.

[26] *Relazione distinta*, f. 250r.

[27] Stendhal, *I Cenci*, in Id., *Cronache italiane*, cit., p. 78.

[28] L'episodio è ricostruito da H. Baudoin, *A propos des Cenci*, in «Stendhal Club», 1964, 8, pp. 105-120. Stendhal si sarebbe quindi orientato verso la collezione di manoscritti della famiglia Borghese per il tramite dell'ambasciatore Artaud. Sulla storia del manoscritto del processo Cenci cfr. L. Londei, *Il processo: l'apografo Stramazzi*, in *Beatrice Cenci. La storia, il mito*, cit., pp. 81-82.

[29] Del Litto, *Préface*, cit., pp. VI-VIII. Le due edizioni citate furono pubblicate a Parigi rispettivamente da Vernarel et Tenon, e dalla Société des bibliophiles François.

[30] P. Mérimée, *Lettres à Panizzi, 1850-1870*, I, éd. par Louis Fagan, Paris, C. Levy, 1881, p. 1, Mérimée a Panizzi, 31 décembre 1850 [la traduzione è mia].

[31] *Ibidem*, p. 2. Sui rapporti tra Panizzi e Mérimée, cfr. C. Brooks, *Antonio Panizzi scholar and patriot*, Manchester, 1931, p. 144.

³² Su Panizzi cfr. *infra*, p. 150, n. 13.

³³ Su Libri cfr. L. Giacardi, *Libri Carucci, Guglielmo*, in *Dizionario biografico degli italiani*, 65, cit., pp. 60-64; A. Maccioni Ruju e M. Mostert, *The Life and Times of Guglielmo Libri (1802-1869), Scientist, Patriot, Scholar, Journalist and Thief. A Nineteenth Century Story*, Hilversum, 1995. Cfr. anche A. Del Centina e A. Fiocca, *L'archivio Guglielmo Libri dalla sua dispersione ai fondi della Biblioteca Moreniana*, Firenze, Olschki, 2004.

³⁴ P. Ciurenau, *Stendhal et Hortense Allart*, in «Quaderni di filologia e lingue romanze», 1985, I, pp. 183-207; A. Bottaccin, *Stendhal e Firenze (1811-1841)*, Moncalieri, C.I.R.V.I., 2005, pp. 41 ss.

³⁵ Sui rapporti tra Mérimée e Panizzi, cfr. tra gli altri H.A.C. Collingham, *Prosper Mérimée and Guglielmo Libri. A account of Merimée's role in the «affaire» Libri, with five unpublished letters*, in «French Studies», 33, 1981, pp. 135-147.

³⁶ G. Libri, *Histoire de sciences mathématiques en Italie depuis la Renaissance des lettres jusqu'à la fin du dix-septième siècle*, IV voll., Paris, Renouard, 1838.

³⁷ P. Lacroix, *Bibliophiles et bibliomanes*, in «Le bibliophile. Gazzette illustre des amateurs et bibliophiles des deux mondes», 1, 1883-1885, pp. 49-52, 87-94, cit. in Maccioni Ruju e Mostert, *The Life and Times of Guglielmo Libri*, cit., p. 121.

³⁸ Così P.A. Orlandi, *Origine e progressi della stampa*, Bologna, Costantino Pisarri, 1722, cit. in F. Cristiano, *L'antiquariato librario in Italia. Vicende, protagonisti, cataloghi*, Roma, Gela Editrice, 1986, p. 19.

³⁹ Presso la BNF, nel fondo NAF 3276-3279, sono conservati i cataloghi e le lettere dei librai e mercanti italiani ed europei dai quali si riforniva Libri quando viveva a Parigi. Sulla vendita attraverso i cataloghi cfr. G. Del Bono, *I cataloghi italiani di antiquariato librario nella seconda metà dell'Ottocento. Un'ipotesi di censimento*, in *Collezionismo, restauro e antiquariato librario*, Convegno internazionale di studi e aggiornamento professionale per librai antiquari, bibliofili, bibliotecari conservatori, collezionisti e amatori di libri, Spoleto, Rocca Albornoziana, 14-17 giugno 2000, Milano, Edizioni Sylvestre Bonnard, 2002, pp. 233-244.

⁴⁰ Cit. in P.A. Maccioni, *Guglielmo Libri and the British Museum: A Case of a Scandal Averted*, in «The British Library Journal», 17, 1991, pp. 36-60: 37 [la traduzione è mia].

⁴¹ *Ibidem*, p. 45, dal diario di Madden, 11 maggio 1846, conservato presso la Bodleian Library di Oxford (Mss. Eng. Hist. Cc. 40-182) [la traduzione è mia].

⁴² Su questo episodio cfr. G. Fumagalli, *Guglielmo Libri*, Firenze, Maracchi Biagiarelli, 1963, pp. 75 ss.

⁴³ Dal diario di Madden, 3 giugno 1846, cit. in Maccioni, *Guglielmo Libri and the British Museum*, cit., p. 49 [la traduzione è mia].

⁴⁴ *Catalogue de la Bibliothèque de M.L. dont le vente sera le lundi 28 juin 1847, et les vingt-neuf jours suivants*, Paris, I..C. Sylvestre e P. Jannet, 1847.

⁴⁵ Cit. in M. Norman, *Scientist, Scholar and Scoundre. A Bibliographical Investigation of the Life and Exploits of Count Guglielmo Libri. Mathematician, Journalist, Patriot, Historian of Science, Paleographer, Book Collector, Bibliographer, Antiquarian Bookseller, Forger and Book Thief*, New York, The Grolier Club, 2013, p. 65.

[46] *Intorno agli amori*, f. 303v.

[47] Sulla costruzione ottocentesca del mito letterario italiano cfr. S. Jossa, *L'Italia letteraria*, Bologna, Il Mulino, 2006, in particolare pp. 101 ss.

Epilogo

[1] É. Laboulaye, *La Manie des Livres, à propos d'un catalogue*, in «Revue des Deux Mondes», XXIII, 1859, pp. 212-224: 212 [la traduzione è mia]. Labalaye scrive «Charenton», il più noto ospedale parigino, che indicava per antonomasia il manicomio. Laboulaye, noto ai più per aver ideato la Statua della Libertà di New York, fu tra i firmatari insieme a Mérimée e a Guizot della *Pétition adressée au Sénat sur l'affaire de M. Libri*, Paris, Lahure, 1861.

[2] Su questo punto cfr. M. Isabella, *Risorgimento in esilio. L'internazionale liberale e l'età delle rivoluzioni*, Roma-Bari, Laterza, 2011, pp. 249 ss.

[3] Dalla lettera di H.C. Robinson a Madden, Londra, 24 marzo 1848, cit. in Maccioni, *Guglielmo Libri and the British Museum*, p. 55 [la traduzione è mia].

[4] *Ibidem* [la traduzione è mia].

[5] Collingham, *Prosper Mérimée and Guglielmo Libri*, cit.

[6] Mérimée, *Lettres à Panizzi*, cit., I, pp. 67, 212, II, p. 102 [la traduzione è mia].

[7] Libri, *Catalogue of the extraordinary collection of Splendid Manuscripts*, cit. [la traduzione è mia].

[8] *Ibidem*, pp. XXIV-XXV.

[9] *Ibidem*, p. XXXIX.

[10] L'episodio è riportato in A.N.L. Munby, *Portrait of an Obsession. The Life of Sir Thomas Phillips*, New York, Putnam, 1967, pp. 102, 181-182, cit. in Norman, *Scientist, Scholar and Scoundrel*, cit., pp. 102-103.

[11] Cit. in Maccioni Ruju e Mostert, *The Life and Times of Guglielmo Libri*, cit., p. 293.

[12] Sui rapporti di Panizzi con Roscoe e Foscolo, cfr. C. Dionisotti, *Panizzi Esule* (1980), in Id., *Ricordi della scuola italiana*, Roma, Edizioni di Storia e Letteratura, 1998, pp. 213 ss.

[13] *Ibidem*, p. 221. Tra il 1830 e il 1834 pubblicò in nove volumi l'edizione comparata del Boiardo e dell'Ariosto. In quegli anni, molti esuli italiani rileggevano e commentavano Dante in chiave patriottica, da Foscolo a Mazzini e all'esule napoletano Gabriele Rossetti. Le «strane fantasie» di quest'ultimo a proposito delle allegorie dantesche esposte nel *Commento analitico alla Divina Commedia* (1826-1827) e poi nell'*Anti-Papal Spirit of the Italian Classics* (1832) il cui pregiudizio anticattolico era stato bene accolto dai recensori inglesi, erano invece state stroncate sul piano culturale e filologico da Panizzi, con il quale Rossetti aveva rivaleggiato per ottenere il posto all'università che era stato invece attribuito al patriota emiliano. Sul canone didattico cfr. W. Spaggiari, *The Canon of the Classics: Italian Writers and Romantic-Period Anthologies of Italian Literature in Britain*, in L. Bandiera e D. Saglia, *British Romanticism*

and Literature: Translating, Reviewing, Rewriting, Amsterdam-London, Rodopi, 2005, pp. 27-39.

[14] Su Panizzi e il British Museum cfr. E. Miller, *Prince of Librarians. The Life and Times of Antonio Panizzi of the British Museum,* London, Deutsch, 1967. Sulle sue politiche di acquisizione cfr. P.R. Harris, *The Development of the Collections of the Department of Printed Books, 1846-1875,* in «British Library Journal», 1984, pp. 114-146.

[15] Libri, *Catalogue of the extraordinary collection of Splendid Manuscripts,* cit., p. 113, n. 518.

[16] *Ibidem*: «This most curious volume contains the original record of the process institued by the Inquisition against the Abbess of Castro (Elena of the great Roman family Orsini) on account of her having been the mistress of Francesco Cittadino, Bishop of Castro. Thi manuscript, constisting of about 500 pages, seems to have benn a portion of a larger volume, contaning apparently other processes of Inquisition, but is complete in itself as regards this trial, wich commences on leaf 181 and ends on leaf 417, beginning with the first information (dated Sept. 13th, 1573) to the 5th of May, 1574, when the prosecutions was stopped by the authority. The examinations are in Italian, and full of the most extraordinary details of debauchery. The Autograph Signatures of all the parties and witnesses, including those of the Abbess and the Bishop themselves are, in this remarkable volume, subscribed to the depositions. A recent French novel, the Abbesse de Castro, is based on the facts so minutely described in the present unpubblished and hitherto unknown manuscript».

[17] *Catalogue of extraordinary [...],* in «Bulletin du Bouquiniste», 55, 1859, 1er avril, pp. 183-186: 186. Il bollettino era a cura del libraio Aubry in rue Dauphine.

[18] Libri, *Catalogue of the extraordinary collection of Splendid Manuscripts,* cit., rispettivamente p. 42, n. 180 e p. 86, n. 377: entrambi furono acquisiti dal collezionista Thomas Phillips (*The Libri Collection of Books and Manuscripts. Prices and purchasers' names,* cit., pp. 3-4).

[19] Sul nesso lessicale e concettuale tra i due termini cfr. la recente messa a punto di A. Cotugno, *Rinascimento e Risorgimento (secc. XVIII-XIX),* in «Lingua e stile», XlVII, 2012, pp. 265-310.

[20] Lettera alla contessa de Tascher del 16 marzo 1839 in Stendhal, *Correspondence,* cit., II, p. 219, pubblicata anche in Grechi, *Stendhal e Manzoni,* cit., p. 73.

[21] «Vous voyez qu'avec un tel sujet, rien n'était plus facile que d'étager un de ces romans vulgaires, avec prologue, épilogue, dialogues, paysages, érudition largement épandue, effets dits de style, drame, péripéties et tout ce pédantesque attirail à l'usage des malheureux que Walter Scott a dévoyés. [...] Mais que M. de Stendhal se rassure: c'est à grand-peine que ces trois récits, habilement déguisés en roman, se glisseront dans les cabinets de lecture, objets de mépris pour les belles dames et leurs couturières», in Old Nick [Paul-Emile Forgues], *Critique. Au rédacteur, 1. L'Abbesse de Castro,* in *Stendhal sous l'oeil de la presse contemporaine,* textes réunis et publiés par V. Del Litto, Paris, Honoré Champion, 2001, pp. 808-812: 812.

[22] P. Dinaux [P.P. Gobeaux] e G. Lemoine, *L'Abbaye de Castro* (Paris, Ambigu-comique, 4 avril 1840), Paris, 1859.

²³ Cit. in C. Pellegrini, *Tradizione italiana e cultura europea*, Messina, D'Anna, 1947, p. 226. Su Piccini cfr. F. Bertini, *Risorgimento e questione sociale. Lotta nazionale e formazione della politica a Livorno e in Toscana (1849-1861)*, Firenze, Le Monnier, 2007, pp. 48-49.

²⁴ [F. Venosta], *Elena di Campireali, Abbadessa di Castro*, Milano, Canadelli e C., 1858.

²⁵ *Ibidem*, p. 4.

²⁶ *Sisto V, ossia l'Abbazia di Castro* di Paolo Ciampini (un'ulteriore versione di Gobeaux tradotto già nel 1859 con il titolo *L'abbadia di Castro o Il papa Sisto Quinto*, Milano, P.M. Visaj, 1859) rappresentato dalla compagnia Sadowski andò in scena nei teatri Corea e Quirino di Roma nel luglio e nel dicembre 1872.

²⁷ *La monaca di Cracovia Barbara Ubrik. Dramma in cinque atti e tre epoche dell'abate I.K. al secolo Busnelli, Valerio*, Milano, C. Barbini, 1870; *I misteri dell'Inquisizione di Spagna. Dramma in cinque atti dei signori Luigi Gualtieri ed Antonio Scalvini*, Milano, Barbini, 1883. Per le reazioni de «La Civiltà Cattolica», cfr. P. Droulers (a cura di), *La vita religiosa a Roma intorno al 1870. Ricerche di storia e sociologia*, Roma, Università Gregoriana, 1971, p. 73.

²⁸ «Osservatore romano», 27 luglio 1872, *Cronaca cittadina*; «La Civiltà Cattolica», *Cronaca contemporanea*, pp. 491-492. Su questo episodio e sul clima romano di quei mesi cfr. C.M. Fiorentino, *L'inchiesta governativa del gennaio 1872 sullo stato patrimoniale delle parrocchie di Roma*, in «Rivista di Storia della Chiesa in Italia», 1992, XLVI, 2, pp. 398-482: 414, e Id., *Chiesa e Stato a Roma negli anni della destra storica, 1870-1876: il trasferimento della capitale e la soppressione delle Corporazioni religiose*, Roma, Istituto per la storia del Risorgimento italiano, 1996, pp. 190-191.

²⁹ M. Vanni, *La storia del vescovo – profili italiani dell'estremo Cinquecento*, Pavia, Tip. del «Corriere Ticinese», 1896, pp. 210-228. La relazione pubblicata da Vanni non è però il manoscritto 4149 della Biblioteca Casanatense (come erroneamente riportato in Casini, *Personaggi e luoghi farnesiani*, cit., p. 286) ma il manoscritto 2367, dove si parla di «Suor Elena Orsina figlia di Gio: Francesco Conte di Petigliano».

³⁰ Sulla verità dogmatica del processo inquisitorio opposta alla verità argomentativa e convenzionale cfr. le lucide osservazioni di Sbriccoli, *«Tormento idest torquere mentem»*, cit., p. 119.

³¹ Cit. in Vigorelli, *Presentazione*, cit., p. XVIII.

³² Di Maio, *Stendhal e il convento di Baiano*, in Ead., *Interni di un convento*, cit., p. 9.

³³ Così in una pagina del diario di Stendhal del 29 marzo 1809, citata da C. Ginzburg, *Il filo e le tracce. Vero falso finto*, Milano, Feltrinelli, 2006, p. 180, come progetto che arriverà a compimento con *Il rosso e il nero* successivamente criticato da Stendhal in quanto privo di «quelle piccole parole che aiutano l'immaginazione del lettore benevolo a figurarsi le cose» (da una lettera del 5 maggio 1834 cit. in *ibidem*).

Appendice

[1] BAV, Urb. Lat. 1679, ff. 295r-304v.

[2] BAV, Urb. Lat. 1704, ff. 249-280.

[3] Il tema della leggendaria santa Uliva, risalente al XVI secolo in ambito fiorentino (la più antica edizione risale al 1568), fu molto popolare anche a Roma e nel Lazio; cfr. fra le edizioni seicentesche *La Ritrovata Oliva. Sacra rappresentazione di Fr. Santho Laurente da Cora Minore osservante*, Viterbo, Diotall., 1632, *La rapresentatione di Santa Uliva. Novamente corretta, & ristampata*, Orvieto, Colaldi, 1612. Tra le edizioni laziali, nelle quali viene talvolta indicato come autore Girolamo Marzi, cfr. Roma, Landini, 1640; Viterbo, Mariano Diotallevi, 1649; Viterbo, Girolamo Diotallevi, 1659; Viterbo, Diotallevi, 1665; Ronciglione, Menichelli, 1694 (S. Franchi, *Drammaturgia romana (1701-1750)*, Roma, Edizioni di Storia e Letteratura, 1997, II, pp. 68, 181, 239, 284, 337, 385, 682; *Romanzesche avventure di donne perseguitate nei drammi fra '4 e '500*, Convegno internazionale, Roma, 7-10 ottobre 2004, a cura di M. Chiabò e F. Doglio, Roma, Torre D'Orfeo, 2005, p. 400).

Indice dei nomi

Indice dei nomi

Finito di stampare nel mese di febbraio 2018
presso la Tipografia Casma, Bologna